谨以此书献给有志于"双新"政策背景下
进行学校课程改革的广大教学工作者。

—— 陶志成

陶志诚 著

"双新"政策背景下的
学校课程教学改革探索

——新中初级中学的实践

上海教育出版社
SHANGHAI EDUCATIONAL
PUBLISHING HOUSE

引言

在教育强国的时代征程中讲好学校故事

中国基础教育的改革发展，既面临良好的外部发展机遇，又面临多维度的现实挑战。如何以系统性、深层次的教育教学变革来主动把握机遇、迎接挑战，这是每一所学校教育改革发展都应关注的重要命题。

教育改革发展不是孤立的，任何教育变革都意味着其与社会环境的动态关系和联动。作为一种社会构成，教育是不能脱离社会而存在的。当社会结构发生变迁时，必然会导致社会制度和人们行为方式的变化，教育也必然会出现功能性、适应性的调整和变化。[①] 党的十九大报告宣告我国经济社会发展进入新时代，新时代的变革，是认知模式、生存环境、社会生产力等基础层面的变革。这对教育实践与理论必将产生基础性、颠覆性的影响和改变，当前教育理论研究正在面临全方位、系统性的重大创新挑战。[②] 这种挑战首先体现在社会主要矛盾转型后人们对高质量教育供给的迫切需求，也就是说，新时代中国经济社会发展主要矛盾在教育领域的核心体现是：人民日益增长的美好教育生活需求与不平衡、不充分的教育发展之间的矛盾。如何化解矛盾？从国家层面的战略举措看，最为核心的是持续深化教育改革，打造公平和高质量的教育体系，加快教育强国建设。

教育强国是一个富有时代价值的命题和挑战。党的十九大报告第一次明确指出"建设教育强国是中华民族伟大复兴的基础工程"，这为社会主义新时代我国教育优先发展从根本上指明了方向。党的二十大报告则强调要"坚持以人民为中心发展教育，加快建设高质量教育体系，发展素质教育，促进教育公平"，实

①　张行涛.教育与社会共变格局与过程[J].集美大学学报,2004,5(01):42-46.

②　杨宗凯,吴砥等.教育信息化2.0:新时代信息技术变革教育的关键历史跃迁[J].教育研究,2018,39(04):16-22.

际上这是教育强国建设在实践领域中的具体要求。在中央政治局第五次集体学习中,习近平总书记专门就教育强国建设问题做出了重要部署:建设教育强国,是全面建成社会主义现代化强国的战略先导,是实现高水平科技自立自强的重要支撑,是促进全体人民共同富裕的有效途径,是以中国式现代化全面推进中华民族伟大复兴的基础工程。要全面贯彻党的教育方针,坚持以人民为中心发展教育,主动超前布局、有力应对变局、奋力开拓新局,加快推进教育现代化,以教育之力厚植人民幸福之本,以教育之强夯实国家富强之基,为全面推进中华民族伟大复兴提供有力支撑。

　　新时代教育强国建设是一个兼具政治意义和教育意义的重要命题。习近平总书记对教育强国战略的重要论述清晰地呈现了其政治意义,对学校教育而言,要在深刻把握这种政治意义的基础上,注重从学术和教育的视角对教育强国的内涵、价值、诉求等进行分析,以建构实践领域变革创新的行动基础。从学理角度分析,新时代教育强国的本体论内涵是指教育的平衡发展与全面强盛,它包括基础教育强国、高等教育强国、技术教育强国、全民教育强国、民办教育强国和教师教育强国等;新时代教育强国的价值论内涵是指教育的四大重要价值,即普遍惠民的民生价值、助推转型与升级的经济价值、提升创造力的科技价值与增强文化自信的文化价值。① 新时代教育强国还有一个重要的行动指向,就是通过更高质量的教育体系让国家变得更加强大,以教育谋强国,是教育强国应有的价值和诉求。

　　教育强国建设是一个系统性工程,加快建设高质量教育体系是教育强国建设的基础和核心,这意味着教育强国建设是一种立足于教育整体规模化发展基础上对教育结构优化和教育品质提升的深层次的要求。从这个角度出发,建设教育强国的根本任务已经不是追求教育的规模化扩张,而是要追求教育质量的整体提升,追求教育内涵发展的一种整体性跨越。在此基础上,通过高质量教育体系的打造,提升我国教育在世界教育格局中的整体影响力,立足教育、科技、人才"三位一体"的整体布局,培养"在社会主义现代化建设中可堪大用、能担重任的栋梁之才",为中国式现代化建设提供高质量的人才支撑。这意味着教育强国

---

① 朱旭东,李育球.新时代教育强国的新内涵建构[J].重庆高教研究,2018,6(03):3-8.

背景下的教育改革发展,需要突出教育高质量发展这一核心和主题①,要将高质量教育体系建设作为基础和核心要义。

建设高质量教育体系需要持续不断地进行教育变革,其中最为核心的是课程教学改革,依托课程教学改革,打造高质量教育体系,培养高素质人才,支撑教育强国建设,这是教育强国蕴含的一条重要的内在逻辑。在我国,"教学是学校的中心工作""课堂是学生成长的主阵地"是植根于人们内心深处的公理。课堂教学和学科教学的探索、实验、改革,从来都是教育改革的重要内容,也是教育改革的最终落脚点。新中国成立以来,我国的基础教育课堂教学改革,始终围绕提高教学质量、处理教与学的基本关系、促进学生的全面发展而展开。课堂教学改革的立场从"大面积提高教学质量"发展为"为了每一个学生的发展",指导思想从"调动学生的积极性"向"落实学生的主体地位"转化,推进方式由"自上而下的推动"向"上下结合的多样化自主探索"拓展,开辟了一条主要以教学实验来改革课堂教学、提高教学质量的道路,确立了"学生主体"的教学思想,形成了有利于落实学生主体发展的多样综合的课堂教学结构②,并在这种持续性的改革中不断彰显课程教学对教育整体变革的重要推动价值。

课程教学改革是前赴后继、永无止境的实践。严肃的课程教学改革,既是对社会发展要求的主动回应,也是探索教育规律以促进学生健康发展的自觉努力。课程教学改革的重心是知识与经验关系的处理,教学改革的目的是促进学生健康发展,教学改革的推进必须依赖教师、成就教师③,课程教学改革的核心使命是更好地落实立德树人的教育根本任务,这一系列价值和要求构成了课程教学改革应该坚守的初心使命。2022年开始的义务教育新课程方案、新课程标准(简称"双新"改革),是近年来对基础教育课程教学改革影响最深的一次变革。自"双新"改革以来,如何科学合理地认知"双新"理念? 如何将"双新"理念与传统的课堂教学进行对比审视? 如何建构契合"双新"理念的新的课程教学样态? 如何实现教师对改革的深度参与? 如何让"双新"背景下的课程教学更好地促进学生全

---

① 陈时见.高质量教师队伍建设是教育强国建设的中坚力量[J].中国电化教育,2023(10):4-6.

② 郭华.70年:课堂教学改革之立场、思想与方法[J].中小学管理,2019(09):20-24.

③ 郭华.教学改革的初心与坚守[J].中小学管理,2021(05):9-12.

面发展和个性成长？……这一系列问题，不仅是教育理论研究关注的重要命题，也在时刻考验着教育实践的行动方式。

　　教育强国建设也好，课程教学改革也罢，都是一种宏观与微观、整体与部分的系统联动，既需要党和国家层面的政策制度保障，也需要学校层面的个性化探索与凝练。党的二十大明确提出了"中国式现代化"的命题，中国式教育现代化既是中国式现代化的重要组成部分，也是中国式现代化的重要动力和支撑。中国式教育现代化有两个重要的价值使命：从理论层面上说，中国式教育现代化需要建构中国特色的教育学话语体系，其首要标准是使用具有主体性、原创性的中国本土教育学核心概念，这意味着构建新时代教育学话语体系必须从重构教育学核心概念开始，要立足于中华教育学术传统和新时代中国教育实践、分析新时代中国教育的新现象、研究新时代中国教育的新问题，在传承、创新中实现核心概念的重构，创制出对中国教育实践的原创性理论解释①；从实践角度分析，则要在中国丰富的教育教学改革中总结具有中国特色和世界传播价值的改革经验，讲好教育教学改革的"中国故事"。在这过程中，学校层面的个性化探索，学校具体鲜活的改革故事，则为教育改革的"中国故事"提供源源不断的素材，积淀和厚实中国式教育现代化的实践基础。

　　故事，是现实生活的独特呈现，既有叙事的价值，也有启迪的功能。教育故事通常是描述教育过程中发生的故事或事件的叙述。这些故事可能涉及教师和学生之间的互动、学科知识的传递、学习经历的挑战与成就，以及教育活动中的启发和感悟等方面。教育故事可以是真实的经历，也可以是虚构的情境，用于传达一种教育理念、启示或反思。通过故事的方式，人们更容易理解抽象的教育概念，同时教育故事也能激发人们对教育的兴趣和思考。教育故事可能涵盖各层面和各阶段的教育，包括学前教育、义务教育、高等教育等。它们可以反映教育中的挑战和机遇，突显教育的重要性以及教育者对学生成长的影响。教育故事的目的通常是通过情感和体验来传达教育价值观，引发读者或听众的共鸣，并促使他们对教育问题进行深入思考。这样的故事形式有助于将理论与实践相结

---

　　① 谭维智.教育学核心概念的嬗变与重构——基于新时代中国特色教育学话语体系建构的思考[J].教育研究,2018(11):25-33+60.

合,使人们更容易理解并接受教育理念。近年来,随着教育研究范式的转型,原本不受正统的教育研究"待见"的故事逐渐开始走入教育研究的方法论视野,成为一种越来越具有生命力的"叙事研究"新模式。

整体而言,叙事研究是一种以故事或叙述形式来探究人类经验和现象的研究方法。它认为人类通过叙述来构建和理解个体和群体的经历及意义,并通过故事将这些经历传达给他人。叙事研究的意义通常包括以下几个方面:

理解个体经验和主观意义——叙事研究通过深入观察和解读个人的叙述,可以深入理解个体的经验和主观意义。它帮助研究者捕捉人类生活中的微妙和复杂,从而更全面地认识个体的情感、信念、动机和价值观。

揭示社会文化背景和认同——叙事研究不仅关注个体,还关注个体的社会和文化背景。通过分析叙述中蕴含的社会和文化元素,可以揭示社会结构、权力关系、文化认同等方面的信息,从而为社会科学的研究提供重要线索和洞见。

建构知识和意义——叙事研究不仅可以帮助研究者理解个体经验,还可以通过叙述的构建和解读过程产生新知识和意义。通过研究叙述间的联系和模式,可以形成对人类经验和现象更深入的理解和解释。

培养共情和人文关怀——叙事研究强调关注个体的经验和情感,通过对个体叙述的倾听和理解,可以培养研究者的共情能力和人文关怀。这有助于构建更人性化和情感化的研究环境,为解决个体和群体问题提供更具体和贴切的方法和策略。

推动社会变革和改进实践——叙事研究可以揭示个体和群体的权力、声音和经验,为社会变革和实践改进提供支持。通过深入了解个体的故事,可以发现社会问题并探索解决方案,促进社会公正和人类福祉的实现。

近年来,随着质性研究方法在社会科学研究中广受关注,叙事研究在人文社会科学领域中越来越被视为一种具有重要意义的研究方法,它通过关注个体的经验和叙述,揭示人类的复杂性和多样性,为理解人类经验和社会现象提供丰富的视角和方法。对教育研究而言,叙事既是一种探索,又是探索的结果,既是一种现象,也是一种方法。教育叙事强调与人类经验的联系,并以叙事来描述人们的经验、生活意义以及作为群体和个体的生活方式。故事由一连串特定事件组成,有开始、中场和结束,包含叙述者、情节、场景、角色、转折点和解答。而且,叙述者也透过叙述听到自己的故事,为过往的经验赋予意义,以确立身份认同。① 由此,教育叙事在教育领域中往往被视作教师开展教育研究活动和教师专业发展的一种有效方式,也是观察并总结教师专业成长路径的可行方法。

从教育叙事角度分析,我们关注的"教育故事",不是一种纯粹的事件记录或单一的文学表达样式,而是一种基于教师真实经历并融入教师思考、探索的教育改革过程呈现,体现了教师的认知,体现了教师的行动,体现了教师的成长,也体现了因教师成长而带来的学校课程教学变化、育人质量提升和立德树人价值的有效实现。这样的故事从哪里来?我们认为,最为重要的路径就是教师基于课程教学实践的主动思考和探索,教师在投身课程教学改革实践行动的过程中通过反思研究,边探索,边总结,边思考,边凝练,不仅生成具有实践价值的改革经验,也丰盈学校参与课程教学改革的经历体验,生成具有学校特色的"教育故事"。

学校是教育的细胞,在整合教育教学改革和人才培养的实践中发挥着独特的价值与功能。学校是基础教育的主要场所,为学生提供系统的知识体系和各类技能的培养。它是学生接触不同学科知识、学习基本技能的主要场景,为学生的综合发展提供基础;学校是学生进行社会化的主要平台,学生在学校中不仅学到学科知识,还学到与他人相处、合作、沟通的能力。这有助于培养学生的社交技能和团队协作精神;学校是传递价值观念和进行道德教育的场所之一。通过教育活动、校规校纪以及教师的榜样作用,学校有助于培养学生正确的价值观和良好的道德品质;学校为学生提供了展示和发展个性的空间。通过参与各类活动、社团和课外项目,学生有机会发现自己的兴趣爱好,培养个性特长,形成独立思考的能力;学校提供了教育资源和学习环境,包括图书馆、实验室、体育设施等。这为学生提供了更多学科知识的获取途径和丰富多彩的学习体验;学校中的教师是教育的关键,他们不仅是知识的传递者,还是学生思想引导和个性发展的引导者。教师的专业素养和教学方法直接影响学生的学习效果和发展方向。从这个角度出发,课程教学改革,如果没有学校层面的积极思考和主动探索,都将成为空中楼阁,难以找到落实的载体。

---

① 王晓莉,赵兰.卓越教师适应性专长发展的叙事研究[J].全球教育展望,2021(09):108-119.

上海市新中初级中学,创建于 1976 年 7 月,2007 年 9 月开始与上海市新中高级中学实施联合办学。学校现有 35 个班级,学生 1227 人(从办学规模角度来看,在全区 34 所初中学校中排第 4 位)。从 2020 年开始,实施"一校两区"办学(六、七、八年级在高平路 968 号校区,九年级在原平路 400 号新中高级中学校区)。校园占地面积 27 亩,建筑面积 12116 平方米(在中心城区初中校中算大的)。室内外体育场馆设施齐全,有室外运动场(包括 250 米的环形跑道、足球场、两片塑胶篮球场)、室内篮球馆、乒乓房等。有小剧场、舞蹈房、阅览室、心理辅导室、录播教室、科创实验室、理化标准化考试实验室等功能教室,基本满足了全校学生开展实验教学,体育、艺术和科技等活动的场地需求。全校现有教职工 111 人,其中专任教师 88 人,30 岁以下的青年教师占专任教师总数的 28%,31~39 岁的教师占 37%,40~49 岁的教师占 20%,50 岁以上的教师占 15%,其中获得硕士学位的教师占专任教师的 42%。学校现有上海市正高级教师、特级教师 1 人,参加上海市"双名工程"教师 2 人,上海市德育实训基地教师 4 人,区学科带头人 4 人。师资队伍年龄结构优良,朝气蓬勃、积极向上,市、区、校三级骨干教师梯队已初具规模。学校是区见习期教师规范化培训基地校(全区 6 所)、初中加强工程支援校(全区 5 所)、长三角地区骨干教师交流研修基地校(1 所)、长三角地区优秀后备干部跨省市挂职基地校(1 所)、"上海市新中初级中学紧密型集团"牵头校。(各种基地校的挂牌充分证明新中初级中学的教师团队和管理团队得到上级教育主管部门的肯定和同行的认可。)

学校坚持"构建幸福教育课程,为学生幸福人生奠基"的课程建设核心理念,坚持"素质全面更身心健康,多元发展且学有所长"的培养目标。例如,语文、数学、英语、物理、化学——"基础＋拓展",体育、艺术——"基础＋专项",劳动技术、信息技术——"基础＋创新"。开展了丰富多彩的"幸福校园"特色节、会活动,即"五节""四会","五节"活动是指人文校园·读书节(9 月开始)、活力校园·体育节(10 月)、智慧校园·科技节(6 月)、多彩校园·艺术节(5 月)、乐学校园·学科节。"四会"活动是指追梦校园·元旦游园会、欢乐校园·元宵游园会、文化校园·端午游园会、幸福校园·中秋游园会。每学年都会安排一次游园活动,以弘扬中华优秀传统文化。

学校始终把学生的身心健康放在首位,特别重视体育学科建设,在"三课两操两锻炼"的基础上，增加了一节体育专项课和每天30分钟大课间活动，并开展"幸福校园月月赛"活动，如上学期9月田径运动会、10月篮球班班赛、11月足球班班赛精英赛、12月跳绳班班赛；下学期3月乒乓球班班赛、4月足球小达人赛、5月篮球小达人赛、6月啦啦操赛。学校认真组织开展"课后服务"，不断升级课程设置和活动项目，开展"欢乐'星'秀场双周演"活动（有艺术、体育、科技），希望学生在学好基础课的同时，至少掌握一项体育技能，成为其终身爱好；至少有一个艺术特长或爱好，为其身心健康发展打下坚实的基础，做到"五育"并举，全面发展。

学校有男子足球、男子篮球、女子篮球、啦啦操、乒乓球、羽毛球等六个校运动队；成立了舞蹈、校园剧、科技创新、广播、环保、心理、文学、摄影等八个社团；形成了校园剧、舞蹈、摄影三个区艺术特色项目；成为足球、篮球、乒乓球区校园联盟校；体育"一条龙"足球、篮球和羽毛球项目布点校。艺术"一条龙"舞蹈项目布点校。学校体育、艺术、科技特色显现。

2014年，学校校园剧团被首批授予"区学生艺术团"。2015年，学校被评为"上海市艺术教育特色学校"和首批"全国青少年校园足球特色学校"。2016年，成为"上海市戏剧特色学校"。2017年，被评为"静安区艺术教育特色学校"。2018年，被评为"静安区科技教育特色学校"。近年来，学校足球队蝉联上海市校园足球联盟赛初中组冠军。

目前，学校正在与新中高级中学、静安区闸北二中心小学和永和小学开展"紧密型集团"的创建工作，探索小、初、高创新人才一体化连续培养机制，以期进一步纵向贯通不同学段，促进创新人才培养的连续性和完整性。探索创新人才的选拔机制、培养途径和评价体系，在为培养创新人才奠定基础的同时，实现学生的全面发展、教师的专业发展和学校的特色发展。

尽管近年来学校整体发展始终处于一个较好的状态，但是如何在快速变化的时代和"双新"改革的理念下，更好地破除学校教育教学存在的问题，实现学校新时代、新层面、新内涵的成长，需要我们更深入持久的思考。如何在改革的过程中，更好地提升学校的影响力，发出学校改革的声音，也是我们需要关注的命题。正是基于这样的一种考量，新中初级中学充分认识到"双新"改革的重要性和紧迫性，认识到教师深度参与这一变革的多维度积极价值，我们倡导通过一种主题引导的教师全员参与方式,让教师结合自身的实际工作,选择有兴趣的研究,通过扎实的行动研究来形成自己对义务教育"双新"改革的个性化理解。在推进学校层面课程教学改革、提升学科教育和育人效能、促进教师自身专业成长的基础上,通过整合凝练形成"双新"改革中的学校经验,主动讲好教育强国建设征程中的"新中故事",体现学校作为立德树人教育主体对新时代教育改革发展的情怀与担当。

上篇

理性的认知

第一章 学校如何理解"双新"理念

纵观国内外经济社会发展和教育变革的沿革历史,教育发展总是与社会发展同频共振,教育改革大多数是由课程领域的变革引发并被整体撬动。任何真实的课程改革都是时间和空间维度的过程性存在,都有其植根的社会历史情境和具体关系,有其本地化的资源、历史和本土反思[①],持续推动课程教学改革,通过课程教学改革引领教育变革和教育整体质量提升,这已经成为一种国内外的改革共识。

从国际经验看,课程教学改革因时代不同而被赋予鲜明的特色和主题。近年来,国际社会课程教学改革呈现出一些新的特征,如许多国家的课程改革都倾向于强调综合素养的培养,包括批判性思维、创新能力、沟通技能、合作精神等。这种变化反映了社会对学生更全面发展的需求,不仅是传统学科知识的获取;许多国家注重推动跨学科教育,试图打破传统学科之间的界限,使学生能更好地理解和应用知识,这有助于培养学生的综合性思维和解决问题的能力;许多国家将科学、技术、工程和数学(STEM)教育作为课程改革的重要方向。这是为了满足现代社会对科技人才的需求,并培养学生在科学和技术领域的兴趣和能力;许多国家鼓励学校开展更多实践和实验性学习,以提高学生的实际操作能力,包括实地考察、实验室实践、项目式学习等形式;许多国家探索个性化学习的途径,通过灵活的课程设置和教学方法,满足学生不同的学习需求和兴趣。这有助于激发学生的学习兴趣和提高学习动力;许多国家将信息技术整合到课程中,以提高学生的数字素养。这可能包括在线学习资源、虚拟实验、电子教材等,以适应数字

---

① 张志勇,张广斌.义务教育课程改革的政策逻辑与生态构建——《义务教育课程方案和课程标准(2022年版)》解读[J].中国教育学刊,2022(05):1-8.

化时代的教育需求；许多国家致力于培养学生的全球视野，通过引入国际化元素、跨文化交流项目和国际合作等方式，使学生更好地适应全球化社会；许多国家将社会情感学习纳入课程改革，关注学生的情感健康、社交技能和人际关系。这有助于培养学生全面发展，提高其社会适应能力。这些国际经验反映了对教育体系不断适应社会变化和培养全面发展的学生的共同努力。值得注意的是，每个国家的教育体系和文化背景不同，因此课程改革的具体内容和实施方式会有所不同。

从我国课程改革实践看，在学习西方课程教学改革经验和打造中国课程教学改革特色之间寻求平衡，一直是我们普遍的整体性思路。近年来，寻求课程改革与中国实际的良好契合，彰显课程教学改革的中国自信，成为颇占上风的思维和话语方式。在这样的整体氛围下，我国的课程教学改革呈现出一些新的特征与趋势。21 世纪伊始，为了适应社会进步、经济和科学技术发展新要求，为学生全面个性发展奠基，我国进行了第八次基础教育课程改革。从 2001 年启动实验到《义务教育课程方案和课程标准（2022 年版）》颁布，我国义务教育课程改革 20 年走过了实验探索、修订完善和全面深化之路。课程改革是政治、社会的产物，也是经济的产物，是政治、社会、文化和经济因素间交互作用的过程[①]，是教育领域中课程自我构建与变革实践。20 年课程改革历程，从应对知识经济挑战、落实教育规划纲要，到实施高质量教育、落实立德树人根本任务，不仅演绎着课程理念目标、内容结构、实施评价以及管理等课程政策话语体系变革主线，刻画一定时期课程改革与政治、经济、社会、文化以及教育系统自身紧密而深刻的关联烙印。课程改革的内外部政策环境及其在具体社会发展情境下的产生和运行，构成了义务教育课程改革的政策生态，共同推动着课程改革政策不断发展与演变。[②] 时至今日，义务教育"双新"改革已经成为引领新时代我国基础教育课程教学改革的政策话语和价值导向。如何有效理解"双新"理念，如何科学贯彻落实"双新"理念，成为摆在学校面前必须认真思考和探索的时代命题。

① 胡定荣.课程改革的文化研究[M].北京：教育科学出版社，2005.
② 张志勇，张广斌.义务教育课程改革的政策逻辑与生态构建——《义务教育课程方案和课程标准（2022 年版）》解读[J].中国教育学刊，2022(05)：1－8.

毫无疑问,"双新"改革,是国家和地区整体层面为推进义务教育课程教学变革和义务教育质量提升而进行的一种高位的政策设计。从政策学角度看,正如美国政策学家艾利森所言:"在实现政策目标的过程中,方案确定的功能只占10%,其余的占90%,在很大程度上要依赖于政策的有效执行。"[①]对教育改革发展而言,一线学校显然是重要的政策执行者,学校对教育改革政策的理解力、执行力,在很大程度上决定了政策执行的最终效能。有研究者总结了近年来我国教育教学改革发展样态,认为发端于基层学校的课堂教学改革是我国教育领域的重要事件,这些改革呈现出"以外推内驱型为改革动力,以生命的回归与彰显为价值诉求;以关系、过程与时空之变为改革核心"等特征[②],其中最为基础的是学校改革自我意识和内生动力的觉醒,也就是说,随着新一轮课程教学改革的深入,特别是各类各层教育治理体系的完善,学校的课程、教学和教育的其他领域的自主权在不断扩大,教育管理的逻辑体系得到重构。作为一线学校,在国家、地区整体教育改革发展的大潮中,要树立起鲜明的自觉、自发、自为意识,主动形成对教育改革发展政策的校本化理解,主动结合学校实际寻找落实课程教学改革政策的核心领域和关键举措,主动建构起一种以课程体系重构引领教育政策整体性落实的行动范式。

理念是行动的先导。对学校改革发展而言,要在实践中取得鲜明的特色和良好的成效,必须先要有一种关于课程教学和改革发展的整体性设计,建构学校在整体上或某一领域中独特的哲学信仰,这就是理念的凝练和建立。毫无疑问,在日益强调办学自主权和科学、专业办学的今天,学校越来越渴求理念指导下的办学。[③] 但是,缺乏理论自觉的热情有可能导致非理性盲从和行动上的无所适从。当今时代是一个教育大变革大发展的时代,新的教育理念层出不穷,如果不加甄别和选择,不结合学校的实际情况对这些理念进行个性化理解、消化和重新设计,就有可能在复杂的教育理念系统中丧失自我,迷失发展方向。

① 吴志宏,陈韶峰,汤林春.教育政策与教育法规[M].上海:华东师范大学出版社,2003.
② 李辉.我国基础教育学校课堂改革概览与展望[J].中国教育学刊,2013(08):35-39.
③ 牛楠森."办学理念":概念辨析及其"诞生"[J].中小学管理,2019(11):28-31.

在新中初级中学,"双新"改革是新时代国家层面为优化基础教育改革创新,推动义务教育更好地践行立德树人教育根本任务的重要制度性设计,它提供了一种学校和教师在新时代如何思考高中教育价值、理念、逻辑、方法、评价的总体框架,具有普遍性指导意义,但是如何将这种普遍性指导意义与学校课程教学和人才培养变革的实践相结合,寻找学校发展与政策落实的内在契合,让学校发展符合政策框架,也用新的政策撬动学校新一轮内涵发展,这是学校首先需要解决的问题。

第一节　凸显立德树人的根本任务

国无德不兴,人无德不立。在党的十八大报告中第一次明确提出立德树人是教育的根本任务。党的十八大以来,习近平总书记一以贯之地高度重视培养德智体美劳全面发展的社会主义合格建设者和接班人,将"立德树人"确立为我国教育事业的根本任务①,并多次就教育工作如何落实立德树人的根本任务做出重要论述和部署,构成了我国新时代教育教学和人才培养变革的核心价值遵循。

教育是培养人的社会活动,然而人是一种目的性存在,是现代化核心价值的关切,我们不能因市场经济的飞速发展而遮蔽了根本价值诉求②,而对受教育者道德层面的引领和塑造正是这种基本价值追求的体现。党的十八大第一次把立德树人作为教育的根本任务写入党代会报告,党的十九大、党的二十大又分别从不同角度强调了立德树人的重要意义。

作为教育根本任务的立德树人,是一个系统性改革。在教育教学和人才培养的实践中,往往有一种狭隘的观念,那就是误认为立德树人就是单纯强调教育的德育价值,忽视教育在促进学生全面发展中的其他维度价值。实际上,立德树

---

① 任兆妮."立德树人"教育理念的发展脉络及其内涵研究[J].南方论丛,2019(12):90-91+97.

② 邹广文,杨景玉.新时代教育如何立德树人[J].人民论坛,2019(2下):46-47.

人,强调的是学生德智体美劳的全面发展,德育为先,其他方面也不能偏废。立德树人首先强调培养学生良好的道德品质和价值观念,注重品德、道德修养和社会责任感的培养。这包括引导学生明辨是非、树立正确的人生观、价值观,培养学生的诚实、守信、尊重他人等品质。除了德育,教育的任务也在于传授学科知识,培养学生的智力素养和学术能力。这不仅包括专业知识,还包括批判性思维、创新能力、问题解决能力等方面的培养,让学生具备全面的知识结构和学习能力。同样,培养学生的体魄和身心健康同样重要。体育教育不仅是锻炼身体,更是培养团队合作精神、坚韧毅力和意志品质的重要途径。美育教育旨在培养学生的审美情操和艺术修养,包括音乐、美术、文学等方面的启发和培养,让学生在审美和创造性方面得到全面发展。通过劳动教育,能培养学生的实践动手能力和创造能力,让学生懂得劳动的价值,提高合作、负责和解决问题的能力。因此,立德树人的教育目标在于培养学生的德智体美劳全面发展,让学生在道德、智力、身体、美感和实践能力等方面得到均衡和全面的提升,成为德智体美劳全面发展的社会有用之才。

作为一种人才培养和教育变革的重要价值导向,立德树人需要教育教学中的实践载体,而课程和教学作为学校教育的最基本样态,显然能成为教育活动达成立德树人根本任务的首要和核心载体。

课程和教材是人类文明成果、民族优秀文化的重要载体,是党的教育方针、国家意志和社会主义核心价值观的集中体现,是学校教育教学活动的基本依据,在人才培养中发挥核心作用。课程改革涉及课程标准和教材的修订、教学和评价的变革等一系列关键环节。通过课程改革推进立德树人,是对立德树人规律的深刻把握,是立德树人实践的重要经验,是提高国民素质、建设人力资源强国的战略行动,是适应教育内涵发展、基本实现教育现代化的必然要求,对促进学生健康成长、让每个学生都能成为有用之才、办好人民满意的教育具有重要意义。

立德树人呼唤着课程改革的进一步深化。从国际课程改革的趋势角度看,趋向多样化、开放性、发展性课程结构,把培养全面发展的人作为课程设置的目标;更加强调批判性思维能力、问题解决能力和知识创新能力的培养;课程体系更加注重现代核心课程,强调课程内容之间的有机渗透,同时突出多元选修课程;课程管理更加注重学校与地区教育部门的协作机制、灵活多样的课程安排。从国内课程改革的进程和趋势角度看,自 2001 年启动的第八轮基础教育课程改革是我国基础教育领域中最为深刻而广泛的一次变革,力图通过构建符合素质教育要求和时代精神的新型基础教育课程体系,实现中华民族的伟大复兴和每一个学生全面发展的目标。目前我国基础教育课程改革已经由实践探索进入系统总结、质量提高、难点突破的深化阶段,标志着新课程改革进入新常态。重视课程实施和管理创新,加强课程标准的完善、课堂教学模式改革、校本课程的开发,关注学校课程和社区与社会实践活动的联系,凸显实践关怀等特点已经成为进一步深化课程改革的重要任务,也是全面落实立德树人根本任务的本质要求。①

尽管从课程教学改革的历史进程看,强调对学生德育的高度重视,将立德树人的价值要求体现在课程建设与改革的内在要求体系中,这是我国传统的优势和行为特征。但是,2022 年开始的义务教育"双新"改革,则第一次明确地将立德树人教育根本任务写入课程方案和学科课程标准,成为引领本次课程教学改革最为鲜明的价值导向和时代特征。立德树人是一项系统工程,推进立德树人要努力构建"德智体美劳全面培养"的教育体系,形成更高水平的人才培养体系②,其中义务教育阶段立德树人价值的发挥是具有基础性意义的。义务教育"双新"改革明确提出了立德树人的教育根本任务,同时也在课程内容的整体设计上凸显了学科育人的价值要求。学科育人的理念与学科德育有一定类似性,学科德育并非一门孤立的、专门的学科,而是基于各学科、经由学科教学来挖掘、整合与利用教材知识的道德资源,潜移默化地促进学生品格发展的教学活动。③ 正如德国教育家赫尔巴特所言:"教学如果没有进行道德教育,只是一种没有目的的手段,道德教育如果没有教学,就是一种失去了手段的目的。"④教育家杜威也说:

① 中国教育科学院课程教学研究所课题组.深化课程改革是落实立德树人根本任务的必由之路[J].中国教育学刊,2017,(07):1-6.

② 白显良,崔建西.新时代立德树人的价值定位、时代内涵与实践要旨[J].思想理论教育,2018,(11):4-9.

③ 王欣玉,张姜坤.学科德育的基本要素分析[J].中国德育,2019(11):12-16.

④ 赫尔巴特.普通教育学·教育学讲授纲要[M].李其龙译.北京:人民教育出版社,1989.

"道德的目的是各科教学的共同的和首要的目的。"①他认为教育过程即德育过程是永远发展的过程。由此,任何知识与技能的传授总是同一定的思想品德相联系的,学科德育体现了知识与道德、教学与教育、教书与育人的统一。学科德育的价值在于营造立德树人的学校育人环境,体现学校教育的整体育人功能。② 众所周知,学生道德修养的养成仅凭显性的知识输入是难以实现的,更多的是通过在无声处熏陶、于无形处感染来内化提升的。学科德育要求每一位教师都需要承担德育职责,不仅在不同门类的学科教学中渗透德育,同时,身负德育之责的教师也应自觉提升自身的道德修养,在学校生活中规约个人言行,起到率先垂范的道德示范作用。由此,学校和学科教学之中,将形成一种"桃李不言,下自成蹊"的道德秩序与育人氛围,使学生在习得知识与能力的同时,逐步养成良好的德行素养。③

义务教育"双新"改革中对于学科育人的理念,既与学科德育有一以贯之的内在关联,也在内容和价值上形成了对学科德育的超越,它不仅强调学科教育的德育价值,也强调着眼于人的全面发展和个性成长,整合学科教学中的育人元素,让教学成为学生全面发展的重要载体。学科育人,育的既是品德高尚的人,也是全面发展的人。基于这样的认识,本次课程修订明确了课程方案和课程标准在课程内容结构化改革方面率先垂范的地位和意义,强调站在课程育人的高度,落实立德树人的根本任务,促进育人方式改革。从培养德智体美劳全面发展的社会主义建设者和接班人视角来看,学科知识必须置于育人方式改革语境下,进行结构化整合处理,增强知识学习与学生实际生活以及知识整体结构的内在联系,体现综合化、实践性,实现减负提质。在课程内容的组织形态和呈现方式上,跳出学科逻辑和知识点罗列的窠臼,坚持素养导向,回归人的本身,回到知识学习为人服务的初心上来。按学生的学习、发展逻辑来进行课程内容结构化设计,学科知识是手段,学生学习和发展是目的。学科知识必须根据学习和发展需要进行筛选、集约、重组和统合,纳入核心素养培育的内容整体结构,做到"少而

① ［美］杜威.道德教育原理［M］.王承绪译.杭州:浙江教育出版社,2003.
② 彭寿清.学科德育:一种有效的德育模式［J］.重庆大学学报(社会科学版),2005,11(05):134-137.
③ 赵虹元.学科德育的价值及边界［J］.中国德育,2018(22):32-34+38.

精",避免机械训练、死记硬背和题海战术。同时,课程所培养的核心素养是可迁移的综合性品质,可以不断丰富、发展和进阶,适合而且需要采用自主、合作、探究的学习方式。

总体而言,义务教育"双新"改革是一种"变与不变"的逻辑范畴:不变的是坚持立德树人的教育根本任务,坚持为党育人、为国育才的教育初心;变的是传统应试教育主导下教育管理中"简单说教、单向输灌"的教育方式,是"家长制、保姆制、半军事化"的管理方式,是"满堂灌、填鸭式"的教学方式,是"死记硬背、简单模仿、大量刷题"的学习方式,是"简单重复、机械劳动、缺乏创造"的教师专业发展模式①,是"目中无人,分数导向"的教育评价体系,是"千校一面,缺乏特色"的学校发展方式,而其最为核心的追求在于推进办学特色的打造,办学质量的提升和人才培养模式的变革创新。在这一过程中,凸显立德树人的教育根本任务是贯穿"双新"改革的核心价值,这意味着"双新"理念下的课程教学,不能再仅仅将目光聚焦于知识、技能的传递,而是要真正从"人"的立场去建构教学的价值观和实践路径,着眼于立德树人和学生全面发展的现实需要,整合挖掘课程教学中的育人元素,通过适切的方式将这种育人元素转化为学生成长中的现实支撑,让课程教学真正围绕"育人"绽放出夺目的色彩。

第二节　强调素养导向的课程教学

课程教学改革同任何领域的改革一样,都是一种有目的、有意识的人类行为。从现实的情态看,课程教学改革按其存在意义和价值追求来划分,可以划分为四重界:本能型课程教学改革、自然型课程教学改革、自觉型课程教学改革和价值追求型课程教学改革。② 但是,不论是怎样的一种改革范式,要真正发挥改革的实践效能,必须契合课程教学改革的整体发展趋势。

---

① 谢登科.对高中"双新"改革中五对关系的思考[J].中小学校长,2022(06):46-48.
② 刘冬梅.教学改革境界论[J].教育理论与实践,2014(19):57-60.

从近年来国际国内课程教学改革的整体演进看,核心素养无疑是一个最受关注也是影响最为深刻的理念与导向。核心素养的提出是基于全民终身学习视角,是为培养适应 21 世纪经济社会发展的世界公民所构建的概念。就其教学实践过程而言,是促进学生问题解决的过程,立足学生的核心素养,要求教学除了关注学生的认知性素养之外,还需要关注学生社会性发展与自主性发展。由此,核心素养导向的学科教学变革,是要真正扭转传统学科教学的"知识授受"惯性,真正走向跨学科、情境化及问题解决的教学变革①,这种变革既彰显核心素养的教学价值,又契合学科育人功能的发挥和教学理念与方式的转型。

从本质上看,关注学生的核心素养,就是关注"教育要培养怎样的人"这一根本性问题。什么是学生的核心素养,如何培养学生的核心素养,这是当前全社会都在关注的热点话题,它不仅关系到国家、社会的发展,也关系到千千万万个家庭的未来。对教育工作者而言,这也是未来事业发展的重要导向,是一个必须清醒认识和细致思考的问题。

从文献角度看,虽然"核心素养"概念的专门提法比较新颖,但是核心素养蕴含的思想由来已久。核心素养概念的演变与人类进步和社会发展密切相关,是社会生产力与生产方式发展变化的产物。从古至今,不同时代的思想家及学者都曾经围绕人应具备的"核心素养"进行过深入而全面的讨论,反映的都是当时社会发展的需求,是当时的人们对"教育应培养什么样的人"问题的答案。在以农业经济形态为主导的古代社会背景下,人才的培养重视道德品性;在以工业经济形态为主导的现代社会背景下,人才的培养重视能力本位;在以信息经济、低碳经济等经济形态为主导的当代社会背景下,人才的培养则需要重视核心素养。强调"核心素养"才是培养能自我实现与社会和谐发展的高素质国民和世界公民的基础,它反映了当今时代社会发展的需求。

核心素养为当代世界所普遍重视,是各国际组织与政府在进行教育改革与课程改革时密切关注的热点。虽然各国际组织与政府在"核心素养"的具体表达

---

① 张紫屏.基于核心素养的教学变革——源自英国的经验与启示[J].全球教育展望,2016,(07):3-13.

方式上存在差异,但其思想是共通的,即都重视公民关键的、必要的、重要的素养,并且都强调核心素养的获得是一个持续的、终身的学习过程。对"核心素养"的概念进行研究,对核心素养与相关概念之间的关系辨析,以及对核心素养概念引领下的课程与教学变革需求的系统分析,可以帮助我们顺应当前联合国教科文组织等国际组织所倡导的教育改革的国际潮流与课程改革的世界发展趋势①,在教育改革的大潮中更好地定位和谋划,为实现公平而有质量的教育,促进每一个学生健康幸福全面成长奠定基础。

全球化、现代化、信息化正在创造一个日益多样化和相互关联的知识经济时代,在机遇与挑战并存的背景下,各大国际组织从人才战略的高度相继开展并构建了核心素养的指标框架,以期回答"教育要培养什么样的人"这一重要问题。其中,最具国际影响力的经合组织、欧盟和联合国教科文组织分别构建了《成功生活和健全社会的核心素养指标框架》《终身学习核心素养:欧洲参考框架》《全球学习领域框架》三大核心素养指标框架(见表1-1)。在借鉴国际社会核心素养框架体系的基础上,融入中国特有社会文化和基础教育改革与发展特殊性的思考,并基于大样本实证调查所获得的数据与结论,2016年9月,《中国学生发展核心素养》总体框架正式发布。根据这一框架,学生发展核心素养,主要指学生应具备的,能适应终身发展和社会发展需要的必备品格和关键能力。具体而言,中国学生发展核心素养,以科学性、时代性和民族性为基本原则,以培养"全面发展的人"为核心,分为文化基础、自主发展、社会参与三个方面。综合表现为人文底蕴、科学精神、学会学习、健康生活、责任担当、实践创新六大素养,具体细化为国家认同等十八个基本要点。根据这一总体框架,可针对学生年龄特点进一步提出各学段学生的具体表现要求。

---

① 林崇德.21世纪学生发展核心素养研究[M].北京:北京师范大学出版社,2016.

表 1－1　三大国际组织核心素养框架的指标分类

方面	维度	指标	指标描述	国际组织		
				OECD	EU	UNESCO
全面发展	品德素养	公民意识	具有行使公民权利的能力、道德判断和社会正义伦理的观念、保护权利和利益	√	√	√
		尊重与包容	尊重、接纳、理解和关爱他人，具有同情心，能理解、尊重和包容人与事物的差异性和多样性	√	√	√
		环境意识与可持续发展思维	能关心、理解自然与生态环境，具有可持续发展的未来观，理解未来社会是建立在生态、经济、社会文化可持续发展基础上的，具有环保与节约精神			√
	学习素养	数学素养	能理解数学概念，用数学知识和数学思维解决日常生活中的各种问题	√	√	√
		科学素养	具有科学精神，掌握科学知识，用科学知识确定问题和作出具有证据的结论	√	√	√
		母语能力	通过听、说、读、写等形式，具有用母语进行理解、表达、解释、互动等方面的能力，尤其是语言综合运用能力	√	√	√
		外语能力	有效运用外语进行交流、阅读和写作的能力	√	√	
		学会学习	个人根据自身需要独立或与小组合作开展和组织自身学习的能力及方法和机会意识	√	√	√

（续表）

方面	维度	指标	指标描述	国际组织		
				OECD	EU	UNESCO
全面发展	身心素养	身体健康	具有健康的生活态度、生活方式和行为习惯，保持身体健康发展。具有安全意识，爱护自己			√
		心理健康（自我管理）	自尊自爱，积极主动，能恰当地管理自己的情绪和行为，养成自律、自省的习惯；能坚强面对挫折，具有积极的情感体验	√	√	√
	审美素养	审美素养	能欣赏与享受艺术作品及表演，并借助与个人天赋相一致的手段来表现自己的艺术才华，愿意通过艺术上自我表达和对文化生活的持续兴趣来培养审美能力		√	√
21世纪素养	非认知品质	沟通与交流能力	能有效地与他人进行沟通和交流，与他人建立良好的关系	√	√	√
		团队合作能力	能与团队合作完成共同目标，能有效地管理和解决冲突	√	√	√
		国际意识与全球化思维	能积极理解和欣赏世界各地的历史文化；能以开放的、多维的思维方式看待世界，具有全球视野		√	

（续表）

方面	维度	指标	指标描述	国际组织		
				OECD	EU	UNESCO
21世纪素养	认知品质	问题解决能力	合理地思考和分析问题,有效地按照问题解决步骤处理和解决问题	√	√	√
		计划、组织与实施能力	在复杂的大环境中,基于目标进行规划与组织,并严格执行	√	√	
		批判性思维	能对各种问题、现象等进行反思和质疑,发现问题所在,具有批判精神和批判技能	√	√	√
		创新素养	具有主动进取的探索精神和好奇心,能提出和实施新的想法,具有创新和冒险精神	√	√	√
		信息素养	具有运用信息通信技术有效地获取信息、分析评估信息、应用信息等能力;遵循信息获取和使用的道德或法律规范	√	√	√

通过对大型国际组织及各国核心素养概念的内涵进行梳理,我们形成了对核心素养这一概念体系及其培养路径的理性认识:

首先,核心素养为当代世界所普遍重视,是国际组织与各国政府在进行教育改革与课程改革时密切关注的热点。虽然各国际组织与政府在核心素养的具体表达方式上存在差异,但其思想是共通的,即都重视公民关键的、必要的、重要的素养。因此,推动核心素养导向的课程与教学改革,是当今时代教育发展的必然选择,也是我国基础教育改革更好地接轨世界基础教育发展的必然选择。

其次,核心素养是一个多维度的概念,包括知识、能力与态度等多元层面。它不只是知识和能力,也是个人运用社会心理的资源,包括知识、能力和态度,以满足特定情境的复杂要求。例如,有效沟通的素养,包含运用个人的语言知识、信息科技能力,以及对沟通对象所持有的态度。换而言之,核心素养是知识、技能、态度情感的集合,具有整体性,不能孤立地分开进行单独培养或发展,尤其是当素养作为课程目标时,更强调其综合性和整体性。这一基本判断将在很大程度上影响基于核心素养的课程与教学在实践中的设计及运作。

再次,核心素养的形成是在个人与社会协同作用下的渐进过程。各国际组织与政府所提出的核心素养内涵虽存在差异,但均有相互融合与互补之处,并且都强调核心素养的获得是一个持续的、终身的学习过程。个体可以通过不同教育阶段的终身学习,有效地培养并提升自身的核心素养。除了学校,家庭、同伴、工作、政治生活、宗教生活和文化生活等都可以发展人的素养。核心素养的发展不仅是个人努力的结果,它还需要一个良好的社会和生态环境。

最后,核心素养是社会群体成员共有的素养,是个体终身发展所需要的素养,不同于具体职业中的专业素养。专业素养是个人职业生涯发展中成功完成每一项专业工作所需的知识、能力与态度,其强调的是就业训练价值功能与结果本位导向,面向的是特定行业人员;核心素养则是每个社会成员为了顺利生活、工作所需的基本知识、能力与态度,其强调的是教育价值功能与过程本位导向,面向的是社会全体成员。①

核心素养理念的提出最为重要的价值有两个:一个是为新时代教育教学在人才培养目标的设计上呈现了一种重要的理解、分析和实践范式,这意味着面向新时代,教育所要培养的人,不再是单纯地拥有静态的、单一的、僵化的知识或技能的人,而是有一种综合性能力、思维和品质的素养类型的人;另一个,从课程教学作为人才培养的基本载体看,核心素养的理念为当下和未来的课程教学提供了一种新的理念的方向,核心素养导向的教学成为一种必然选择。

从课程教学角度看,核心素养的核心是真实性。真实性是指"超越学校价值"的知识成果,也就是解决真实问题的能力,当前提倡的深度学习的内核也是解决真实问题。富兰提出,新教育学(深度学习)的目标是使学生获得成为一个具有创造力的、与人关联的、参与合作的终身问题解决者的能力和倾向。我国许多学者也认为,深度学习就是要解决中国当前课堂教学中存在的形式化、浅表化、碎片化的问题,指向学生创造性解决问题能力的提升,从这个角度出发,素养

---

① 林崇德.21 世纪学生发展核心素养研究[M].北京:北京师范大学出版社,2016.

导向的课程教学就是要打破学习的浅层和表象，通过深度学习帮助学生建构运用知识解决问题的综合能力。

自从核心素养作为课程教学改革的重要价值导向后，学界和教育实践领域对教学过程中如何培养学生的核心素养，或者说核心素养导向的课堂教学究竟有怎样的特征，进行了持续的探索。目前已经形成了一些共性的结论。比如：

强调跨学科融合——核心素养导向的教学注重将不同学科的知识和技能融合在一起，使学生形成更为全面的认知结构。这有助于培养学生的综合性思维和解决问题的能力；注重实际问题和案例分析——课堂教学着重引导学生通过实际问题和案例分析来学习。通过解决真实问题，学生应用所学知识，培养批判性思维和解决问题的能力；强化实践性学习——核心素养导向的教学强调实践性学习，包括实地考察、实验室实践、项目式学习等。通过实际操作，学生能更深入地理解和应用所学内容，提高实际操作能力；培养创新能力——核心素养导向的教学注重培养学生的创新能力。教师通过激发学生的好奇心，鼓励他们提出新颖的问题，使学生在学习中产生创新性思考和解决方案；强调学生参与和合作——核心素养导向的教学倡导学生的积极参与和团队合作。通过小组讨论、合作项目等方式，培养学生的沟通技能、团队协作精神和社交能力；个性化学习和差异化教学——核心素养导向的教学考虑到学生个体差异，采用个性化学习的方法。教师关注每个学生的学习风格和兴趣，通过差异化的教学策略满足学生的个性化需求；多元评价——核心素养导向的教学采用多元化评价方式，包括项目评估、口头表达、作品展示等。这有助于全面了解学生的核心素养发展情况，提供有效的反馈；教育科技的整合——教育科技被融入核心素养导向的课堂教学中，提供多样化的学习资源和工具。通过在线学习、虚拟实验等方式，增强学生的数字素养和信息处理能力；关注社会实践和全球视野——核心素养导向的教学将课堂知识与社会实践相结合，引导学生了解社会问题、参与社会活动，并培养他们的社会责任感和开阔他们的全球视野；持续教师专业发展——教师在核心素养导向的教学中需要不断更新教学理念和方法，保持专业素养，以更好地适应教育的发展和学生的需求。这些特征共同构成了核心素养导向的课堂教学模式，旨在培养学生全面发展，使其具备批判性思维、创新能力、实践操作能力和社会责任感。

如果在义务教育"双新"改革之前,课程教育领域对核心素养的关注和探索更多的是一种基于教育教学和人才培养改革最新理念的零散性思考,那么2022年义务教育"双新"改革的实施,则明确将"学科核心素养"纳入课程方案和课程标准,以一种法理性的界定让学科核心素养从课程标准、课程方案、课程规范的高度成为课程教学改革的重要价值引领。

本次义务教育"双新"改革,与以往课程教学改革最大的区别在于研制了各学科的学科核心素养,并将其作为学科教学改革的重要价值导向。教学作为一种有目的、有计划的社会实践活动,确立怎样的目标,常常直接决定着教学的实践形态。既然在义务教育"双新"改革的过程中,各学科的课程标准已明确了各自的学科核心素养,那么作为课程实施的教学,其目标也应素养立意,将教学目标指向学科核心素养。要实现这样的转型,至少需要三方面的协同努力:

其一,要遵循学科"人—知"相遇的逻辑起点。知识育人的"育"应着力于突破学科知识中学习目标所聚焦的符号演绎的教学思维,挖掘知识的多维属性并在学习任务单中有所体现。作为人类智慧成果的知识,是随着人类社会的发展而发展的,具有社会属性、文化属性和实践属性,知识的理解内化与迁移运用需要建立知识与社会、文化、实践的关系。引导学生理解知识的意义价值性,其核心是联结具体知识相关联的社会属性与实践背景,引导学生与知识的生动相遇。因此,学科核心素养导向的学习任务单需要增强学科知识关联性,这就要求教师要站在整体育人的视角思考本学科的内容设计,引导学生综合运用多学科知识观察、分析、解决复杂问题;需要增强知识关联性和课堂画面感,将教师"教"的重心放到设计具有知识互涉的目标体系上,通过经验联结、文化想象、情感迁移追求知识纵向发展、横向拓展。

其二,要促进学科知识向学科素养的有效转化。零散、碎片化的知识缺乏系统性,在真实情境中难以综合运用。学科素养指向学生对学科知识的理解和应用,其核心是在学科教学中,培养学生解决真实问题的能力。基于学习任务单的教与学是突破单一、零散的知识学习,通过任务驱动,将新知和旧知有效整合,建立内在联系,建构创造性的具有可迁移、可运用的知识体系。因此,学科核心素养导向下的教学,要以学科素养为导向,把书本上"静默"的知识点转化为"立体"的有待于学生去解决的任务或问题,形成一个动态立体的学习空间。激发学生在这个空间中以积极的认知加工、思维建构和情感深化深度参与学习过程,提升问题解决能力和发展高阶思维。在认知加工层面,学生对问题的认识和解决超越传统课堂中的"虚假对话",是个体对知识进行理解、体验、对话的过程,是人与知识相遇的意义建构;在思维发展层面,学生参与具有内在逻辑性的学习活动,克服原有课堂中的"浅层参与",实现对知识的迁移和运用,发展批判性思维和创造性思维。

其三,要导向学生个体成长的意义向度。学科核心素养导向的学习任务单是对传统"知识观"的扬弃,推动课堂由机械讲授式转向沉浸探究型,体现了深度学习视域下核心素养和必备品格的培养要求。首先,学生积极参与学习过程,或充实或共鸣,获得深度的情绪体验,"在对知识的反思中,展现出来的是自我本身,是对自我的一种认识,是自我同一性的形成过程"。① 其次,任务导向的学习必然是一种反思性实践,需要反思知识的价值性和意义性,实现知识学习的意义增值。英国教育哲学家赫斯特认为,最有价值的知识,是人类理解世界时形成的七八种独特的、基本的和逻辑上明确的认知知识的形式。这意味着理解知识的形式是多样化的,通过判断、推理、演绎、归纳等思维逻辑方式转识成智,使学生经历"理解世界—进入世界—改造世界"的过程。这也说明知识不是一个放在人类知识宝库的静止的认知结果,只有跟人的成长和社会进步发生意义的关联,才能构成知识的意义链。②

总而言之,对学科核心素养的重视是义务教育"双新"改革最为显著的特征之一,对学校和教师而言,要真正践行学科核心素养导向的教学变革,一方面,要通过扎实学习和研讨,深刻领会学科核心素养的内涵、要求和价值,体会其对课程教学实践的各层面要求;另一方面,更为重要的是,要厘清素养导向的课堂教学与传统的知识导向的课堂教学之间的内在差异性,通过跨学科、项目化、大单元等新型教与学方式的运用促进传统课堂的现代转型,让学科核心素养真正在当下的教学中得到落实。

---

① ［英］扬·麦克.未来的课程［M］.谢维和,王晓阳,等译.上海:华东师范大学出版社,2003.

② 汤雪萍,郭元祥.指向学科核心素养的学习任务单设计［J］.中国教育学刊,2023,(07):52－54.

第三节　呼唤育人方式的整体转型

教育的本质功能是育人，这是教育的根本任务和最重要的目标。

育人是指通过教育，培养学生的品德、能力和素养，使其成为具有健康人格、良好道德品质和全面发展能力的社会人才。育人旨在培养学生成为有道德素养、情感智慧、独立思考、社会责任感和创新能力的综合人才。教育的育人功能表现在以下几个方面：教育引导学生树立正确的价值观和道德观，培养学生高尚的道德品质和社会责任感。德育教育可以使学生具备品德端正、诚实守信、尊重他人等良好品质，为社会建设和发展作出积极贡献；教育培养学生的智力，提供学科知识和学习技能，使其具备批判性思维、创造性思维和解决问题的能力。智育教育帮助学生获得全面而深入的知识结构，培养他们的思维能力和学术能力，为其未来的学习和发展打下坚实的基础；通过体育活动，提供学生锻炼身体的机会，使得他们的体魄强健和身心健康。体育教育有助于学生培养团队合作精神、毅力和意志品质，提高学生的身体素质和健康水平；教育通过美育培养学生的审美意识和创造力。美育能引导学生欣赏艺术、感受美的力量，并培养他们在音乐、美术、文学等艺术领域的才能，使学生具备艺术修养和创作能力，提高生活的质量和情感智慧；通过劳动教育，培养学生的实践操作能力，使他们了解劳动的价值和意义。劳动教育培养学生的创造能力、团队合作精神和解决问题的能力，使他们成为有实践能力和独立工作能力的社会人才。总而言之，教育的育人功能是多方面的，旨在全面培养学生德智体美劳各方面的素养，使其适应社会发展的需求，积极参与社会生活，为社会进步和人类发展作出贡献。

教育的核心价值和根本功能在于育人，但是育人需要有相应的方式。对于育人方式，需要有一个基本的概念认知。育人方式是由多重关系构成的一个复杂整体：首先，"育"是"育人方式"的前提。"育"即"教育"，涉及"育人"则强调其符合人性立场的"教育性"。"育人"对人的假定是人具有可塑性，教育的实施强调顺应人的心理与生理成熟过程，主张以合乎人性舒展的方式传递有价值的内容。其次,"人"是"育人方式"的主体。这里的"人"意指各级各类学校教育系统中的学生。最后,"方式"是"育""人"的"理念"与"行动"的统合,"育人"的"方式"则是让人求真、明理、向善、尚美的"方式",聚焦到学校场域,这种"方式"指向对于人(学生)的人格尊重和人性关怀的育人实践逻辑。因此,"育人方式"可意指教育场域内立足人本立场的引人朝向美好发展的智慧选择。① 不论是 2017 年高中"双新"改革,还是 2022 年义务教育"双新"改革,尽管提出的具体的课程教学理念、方法、要求、形态等不尽相同,但是贯穿其中的内在要求和逻辑线索就是推动育人方式的整体转型。

课程标准反映了国家对学生学习结果的统一的基本要求,是教学设计、实施和评价的依据。近年来,教育部颁布了《普通高中课程方案》《义务教育课程方案》及相应学科的课程标准,对当下和未来的学校教育教学创新、人才培养变革和考试评价制度改革起到重要的引领作用,具有多维度的现实意义。

本轮课程方案、课程标准的修订和颁布,旨在深入贯彻落实习近平新时代中国特色社会主义思想,践行立德树人的教育根本任务,培养有理想、有本领、有担当的、德智体美劳全面发展的时代新人。坚持目标导向、问题导向、创新导向,不仅优化了课程结构,研制了学业质量标准,增强了教学实践的指导性,而且着眼学科、课程育人价值的开发,旗帜鲜明地提出了学科核心素养的概念,倡导育人方式的变革。

应该指出的是,新课标、新方案的颁布,引领着教育领域课程、教学、管理、评价等的系统性变革,但是其中的关键问题是育人方式的改革,这既是"双新"改革中的热点问题,也是难点问题。这一过程中,实现育人方式的变革是最为核心的要求,而要落实好这一要求,最根本的是要回答好三个层面的问题:

首先,育人方式是为谁改革的,也就是改革的立场问题。教育活动是有立场的,这种立场表征为教育"为了谁"。毫无疑问,学生既是教育的原点也是教育的归宿,从根本上来说教育的立场就是学生的立场,这意味着育人方式的改革,必须坚持立德树人的价值导向,着眼"育人"这一核心命题。要全面落实习近平总

---

① 赵冬冬,朱益明.普通高中育人方式改革的理论要义、现实挑战与实施建议[J].中国教育学刊,2021,(9):56-61.

书记关于培养担当民族复兴大任时代新人的要求,结合不同学段的特征,坚持核心素养的导向,注重学生发展的全面性、代际性、阶段性、个体性特征,借助信息技术的支持,真正做到关爱学生、研究学生、尊重学生、成就学生,倾听学生需求,满足学生需要,体现以"学"定教,为"学"而教的价值导向。特别是要跳出传统的、单一的学科知识传授导向,注重培养学生适应未来社会的核心素养与综合能力,真正打造"面向人人,适合人人,人人出彩,人人成才"的高质量教育体系。

其次,育人方式是如何改革的,也就是改革的路径问题。育人方式改革,本质上是一场实践领域中的行动变革,需要建构起"大命题—大课程—大课堂"的系统联动的行动逻辑。"大命题"即育人方式改革要始终围绕教育"培养什么人、为谁培养人"的命题,坚持为党育人,为国育才,始终牢记教育必须为社会主义现代化建设服务,为人民服务,为巩固和发展中国特色社会主义服务,为中国共产党治国理政服务。回答中国之问、世界之问、人民之问、时代之问,彰显中国之路、中国之治、中国之理。"大课程"就要凸显课程建设在人才培养中的基础性价值,在国家课程方案的框架内设计具有学校特质的科学的课程体系,有效融入"课程思政、思政课程、红色基因、传统文化"等,以课程的丰富性、选择性、开放性、系统性更好地发挥课程的立德树人价值;"大课堂"就是要转变过去课堂教学中过于注重知识传递的弊端,坚持基于课程标准的教学,围绕"素养导向、学科实践、终身学习、因材施教"的原则,坚持立德树人,深化教学改革,挖掘学习内容的育人意义,使学科知识成为学生精神和德性发展的智力基础。要认识到结构化知识的价值,通过大主题、大单元、大概念的学习,营造自由、民主、平等的教学氛围,挖掘合作、探究、自主等学习方式中蕴含的育人价值,挖掘学习经历、学习过程的育人作用,促进学生形成责任感、追求真理与正义的品性,让学生在真实问题的体验和感悟中实现深度学习和素养提升。同时,注重打通课堂内外的联系,打破学校和家庭、社会的割裂,打破学科壁垒,形成有机整合、有效运行的教学系统。

最后,育人方式依靠谁来改革,也就是改革的主体问题。育人方式的改革也是一个多主体共同参与的完整系统,其中起核心作用的必然是教师,高质量专业化的教师队伍是育人方式变革的主要依靠力量,教师树立起与"双新"相契合的课程教学理念,涵养起匹配"双新"的教学、管理和评价方法,决定着育人方式转型的成败。一方面，教师要有"大先生"的意识和追求，既精通专业知识，做好"经师"，又涵养德行，成为"人师"。教师要明确，教育学生，一是知识，二是方法，三是品格，其中品格是最高层次。要将爱国精神、进取心、责任感、团队意识等品格融入每堂课、每个活动中，教育引导学生涵养大气品格，践行责任人生。另一方面，要通过高质量的校本教研、深度教研，着力提升教师适应"双新"改革和育人方式转型的教学素养，特别是对跨学科学习、大单元大概念学习、项目化学习、综合实践学习、基于信息技术的教学评价等问题进行深入学习和探索，丰富教师适应育人方式转型的"技术"储备。

习近平总书记在党的二十大报告中深刻阐释了中国式现代化的时代命题，中国式教育现代化是中国式现代化的重要组成部分，具有其内在的政治逻辑、历史逻辑、理论逻辑和实践逻辑。实现中国式教育现代化，重要的实践基础是各地区、学校和教师围绕教育教学改革问题所进行的丰富多彩的实践，这些具有中国味道、中国特色、中国气质的教育叙事能够支撑起中国式教育现代化的基石。从这个角度出发，在国家大力推动"双新"改革的时代背景下，新中初级中学倡导全体教师通过行动研究的方式来探索学科教学的转型，探索学科核心素养的落实方式，探索如何通过学科教学撬动育人方式变革，这无疑是一项具有多维度价值和意义的工作。它不仅能全面展现学校和教师对"双新"背景下育人方式变革的个性化探索，也有助于凝练"双新"改革的"新中经验"，引领推动更广阔范围的育人方式变革，为打造新时代公平而有质量的教育，更好地践行立德树人教育根本任务提供学校独特的方案和智慧。

第二章 教师如何参与"双新"变革

    教师是教育的第一资源,教师如何认识教育教学变革,教师以怎样的状态参与教育教学变革,教师能否建构起匹配教育教学变革的良好的专业素养,在很大程度上决定了这些变革最终的成效。因此,对于任何层面的教育教学变革而言,除了关注变革本身的价值、意义和合理性之外,还要从教师的维度探寻深度参与、有效参与变革的路径与方法。

    教育高质量发展离不开教师作用的充分发挥,必须把教师作为基础教育改革和发展的第一资源和关键性要素。党的十八大以来,习近平总书记多次在考察、讲话、批示中表达了对教育事业的重视和对教师职业的尊崇,强调要切实加强新时代教师队伍建设,要发挥教师在立德树人中的特殊重要作用,对教师创造性地提出了"四个引路人""四有好老师""四个相统一""新时代教育家精神"等现实要求。"四个引路人"内在地规定了教师在道德品行、知识储备、创新思维和奉献精神等方面应具备的基本职业道德素养,明确了新时代教师从事职业活动的基本伦理遵循;"四有好老师"从责任与道德统一的层面确立了新时代教师的职业伦理标准;"四个统一"明确了教师的使命担当[1];"新时代教育家精神"则为教师整个职业生涯的成长提供过了一种重要的价值引领。在党的二十大报告中,习近平总书记再一次强调,要"培养高素质教师队伍""办好人民满意的教育"。在中共中央政治局第五次集体学习中,习近平总书记再一次强调,"强教必先强师。要把加强教师队伍建设作为建设教育强国最重要的基础工作来抓,健全中国特色教师教育体系,大力培养造就一支师德高尚、业务精湛、结构合理、充满活

---

    ① 韩喜平,李帅.习近平关于新时代教师职业重要论述的价值意蕴[J].福建师范大学学报(哲学社会科学版),2020(01):9-16.

力的高素质专业化教师队伍"。2023年9月9日,习近平总书记在给全国优秀教师代表的致信中,第一次明确提出并阐释了"教育家精神"。习近平总书记从"理想信念、道德情操、育人智慧、躬耕态度、仁爱之心、弘道追求"六个方面完整阐述了中国特有的教育家精神的核心要义,用富有中国特色的话语方式呈现了新时代"教育家"的精神和风采,这不仅丰富和完善了习近平总书记对新时代教师队伍建设的思想体系,也构成了持续加强和改善教师队伍建设的重要遵循,具有丰富且重要的意义。这一系列重要论述和讲话,构成了新时代推进教师队伍建设的重要价值指导和行动遵循。

从宏观层面角度分析,新的历史发展时期,党中央将教师工作摆在前所未有的重要地位。教师队伍建设在迎来新的历史机遇和发展契机的同时,必须抓住机遇,直面挑战,在新的历史起点上取得更大突破。落实党中央关于加强教师队伍建设的重要决策部署,必须明确指导思想、目标任务和总体原则。将教师队伍建设重点放在拓展师德师风建设内容、深化教师教育改革、促进校长队伍专业化建设、破解教师管理体制机制障碍、大力提升教师的社会地位和工资待遇、切实优化乡村教师资源配置、增加教师队伍建设投入、形成教师队伍建设的工作合力等方面。① 通过教师队伍整体素养的提升,为教育强国建设和教育现代化提供高质量的人力资源支持。

从微观层面角度分析,教师是学校教育教学改革的核心力量,是学校发展、品质提升和人才培养质量的决定因素。教师是知识的传递者和引导者,他们通过教学活动,向学生传授各学科的知识与技能。教师掌握专业知识,能将知识进行组织和讲解,使学生获得正确的知识体系和学习方法;教师扮演着教育引导者的角色,通过课堂教学和个别指导,引导学生发展良好的学习态度、价值观和道德品质。教师通过言传身教,对学生进行榜样示范,塑造良好的品德和行为模式;教师能激发学生的学习动力和兴趣,通过启发式教学和生动有趣的教学方法,激发学生的好奇心和求知欲,提高他们的学习积极性;教师关注学生的成长和发展,给他们提供适当的指导和支持,帮助他们克服困难,提高自我认知和自主学习能力。教师能发现学生的潜能和特长,提供相应的培养和引导,使学生得

---

① 王定华.新时代我国教师队伍建设的形势与任务[J].教育研究,2018(03):4-11.

到全面发展;教师的工作不仅局限于学科知识的传授,更关注学生的全面素养培养。教师通过德育、体育、劳动教育、美育等多方面的教育活动,促进学生德智体美劳全面发展;教师在教育实践中具有创新的能力和责任,他们能根据学生的需求和教育变革的要求,设计和实施创新的教学方法和教育方案,开展教育改革和教育研究;教师是社会形象的塑造者,他们的言行举止代表着教育事业的形象和社会的期望。教师的敬业精神、责任心和职业道德可以影响学生和社会对教育的认识和评价。不仅如此,教师更是学校层面教育教学改革的重要参与者、落实者,在很大程度上决定了学校层面教育教学改革最终价值的实现。从这个角度出发,对学校层面的"双新"改革而言,除了整体上把握"双新"传递的价值理念之外,还应从教师的角度出发去探寻教师如何参与"双新"改革,如何以"双新"改革为契机建构适应未来教学的专业素养。

第一节　形成参与"双新"的积极心态

　　教师是教育教学活动的主要参与者,教师对待改革的心态,对改革的参与意愿等,在很大程度上决定着改革的成败。

　　教育变革从来不是一件容易的事,试图通过一次大规模的教育改革解决所有的教育问题亦是不现实的。在教育变革的众多元素中,对课程改革始终是变革的核心。自 20 世纪以来,世界各地发生了许多大规模课程改革运动,包括从杜威倡导的进步主义教育改革到 20 世纪 60 年代的"学科结构化"课程改革,及至世纪之交,为适应全球化和终身学习的需要,课程改革风潮席卷各地。在回顾了三十余年来的课程变革与实施历程后,Richardson 和 Placier 指出,即使设计再完美的课程,如果缺少了教师的有效参与,也不能保证变革成功。包括课程实施在内的任何课程教学改革,都并非自然而然地发生的,它是课程方案和特定的学校脉络之间的相互调适的过程。作为变革理念实施者的一线教师,在整个过程中扮演着重要角色。课程学家古德森曾强调,教育变革需要重新思考变革的内部事务、外部关系与个人因素之间的平衡,分析变革时应把个人转变放在首要位置。只有当教师的个人投入被视为变革动力及其必要目标时,教育变革才最有成效。①

　　从西方国家的课程教学改革历程看,强调教师的参与是一种源自课程教学失败经历形成的一种共识,这种共识已经在当下的西方国家课程教学改革中越来越受到重视,如何保障教师的参与权成为世界各国普遍关注的重要问题。从我国的实际情况看,在很长的一段历史时期内,教师与课程教学改革的关系一直是一种被动的、从属的关系。课程改革的设计、解释权一直被控制在教育行政部门和相关的教育专家手中,教师只是课程的被动执行者,他们不需要思考、创新,更谈不上对课程的新的建构。这样一种状态,虽然在一定程度上有助于国家层面课程教学标准、要求的贯彻落实,但也容易导致课程教学的"千篇一律",导致课堂教学的生机与活力不足,导致教师课程教学权力的消弭。

　　近年来,随着创生取向的课程实施范式的日渐流行和我国基础教育课程教学改革的推进,三级课程管理体系的逐步健全等,学校层面和教师层面的课程教学权利问题开始受到重视。教师的课程教学权利是指国家课程政策所赋予的教师实施课程改革的权力与利益。它由多种教师的课程权力组成,包括课程决策参与权、课程设计权、课程实施权、课程开发权、课程评价权、课程研究权等。教师获取权利的本身,既是一种利益的享受②,也是一种责任的承担。因为有了这样的一种权利,教师与课程改革之间的关系发生了一定转变,主要表现为教师不再甘愿做课程的被动执行者,他们开始结合课程改革的理念,结合自身的教学与管理实践,结合经历、经验以及学生的需求,对如何更好地实施课程开展自主思考,形成更具有具身特质的新的教学方法。特别是随着党的十八届三中全会正式提出"推进国家治理体系和治理能力现代化"的理念,教育治理成为教育管理和公共政策领域中重要的研究内容。在研究教育治理的过程中,学校治理问题也成为一个焦点,而如何保障教师的学校治理参与权则是这一研究的重要领域。研究结果表明,学校治理是教育治理的关键所在,推进学校内部多元主体参与管

---

　　① 　张侨平,林智中,黄毅英.课程改革中的教师参与[J].全球教育展望,2012,(06):39-46+38.

　　② 　陆旭东.教师课程权利意识薄弱的成因及对策[J].教育发展研究,2005,(01):26-27.

理是完善学校内部治理结构的重要方面。教师作为学校内部的核心要素,在参与学校管理工作的过程中,存在着"教师无法参与""教师无效参与""教师不愿参与"以及"教师过度参与"等现实问题。推进学校共治,完善学校内部治理结构,建立现代学校制度,需要从校长管理风格、学校氛围、管理机制、教师培训等方面进行改进。① 当然在这过程中从目前来看最为显著的问题还是教师的学校治理参与意愿、参与机会和参与能力问题,这也是我们在思考"双新"改革中教师主动参与和如何主动参与的问题。

教师主动参与"双新"改革,教师在"双新"改革中究竟扮演怎样的角色,涉及的因素是多种多样、整体系统的,其中最重要的,也是最基础的,是教师的心态问题。

心态是一个心理学、社会学的概念,是指个体对待事物、面对困境或成功时所持有的思维模式和情感状态。它反映了一个人对生活、工作和人际关系的态度和看法。心态不仅是一种心理状态,更是个体对外部环境和内在体验的认知和情感反应。一般而言,心态可以分为积极心态和消极心态两种。积极心态是指一个人对事物持乐观、积极、正面的态度。在面对挑战和困难时,积极心态的个体会寻找解决问题的方法,保持对未来的信心,能从困境中找到机会和成长的可能性。积极心态有助于提高抗压能力,增强自信心,促进个体的健康和成功;消极心态是指一个人对事物持悲观、消极、负面的态度。在面对挫折和困境时,消极心态的个体可能感到无助、沮丧,对未来失去信心,难以有效地应对问题。消极心态会影响个体的情绪、健康和工作效能,阻碍个人的成长和发展。个体的心态受到多种因素的影响,包括个体的性格、经历、价值观等。同时,通过培养和调整心态,个体可以更好地适应复杂多变的环境,更积极地面对生活中的各种挑战。心态的调整和培养也是心理健康和自我管理的重要组成部分。

教师的心态是心态这一概念在教师这一独特群体中的现实表现,体现在很多层面,如教师对教育事业的心态,对职业的心态,对学生的心态,对自我的心态

---

① 侯玉雪,杨烁,赵树贤.学校治理背景下教师参与学校管理的困境及对策研究[J].教育理论与实践,2019,39(13):29-32.

等,其中教师对教育教学改革的心态是教师心态的重要表现领域,也是教育教学改革过程中最受关注的领域。必须承认,课程改革不能离开自上而下的行政推动,但是只靠行政性命令是远远不够的。正如富兰所说的,"命令无法完成改革",任何教学改革都要靠教师的自觉、自动和努力。然而,在今天的新课程改革中,不少教师在内心深处却产生了比较严重的保守主义心态、功利主义心态,这很容易使他们匍匐于现实教育制度之下,在教学活动中陷于被动境地,成为不合理教学现实的"奴隶"。这些消极心态的存在,已经严重阻碍了新课程改革的进一步深入发展。

教师对待课程教学改革的保守主义心态,主要是教师通常以一种传统主义的表述和言说方式来对变革进行显性的抗争或不公开的抵制,表明自己"坚守传统"的立场。正是这样一种立场导致课程改革故步自封、循规蹈矩、抱残守缺。在教学现实中,很多教师对新的教学理念持有根深蒂固的戒备心理,他们因循传统的教学模式,不愿尝试新的教学方法,不想改变习惯化的教学行为,极力维护传统"师严道尊"的师生关系等,这些都是保守主义心态在教学活动中的典型表现;功利主义心态表现在教师的行为上,就是过分强调目标的定向性和手段的有效性,只急功近利,而不追求真理,看到自己的"利益",把"利益"当作自己行为的指南,主张有利就好,有利才干,具有典型的功利主义色彩。功利主义心态往往会诱发教师产生片面的教学价值观。譬如,在教学目标方面,有的教师无视人的身心全面发展和可持续发展,重成才轻成人;在价值取向方面,只顾眼前利益而无视长远利益,只顾经济利益而忽视道德伦理,只顾指标效益而忽视内在质量;在行为方面,无视教育发展基本规律,无视人发展的基本规律,为了达到最终的结果而无视过程的公正性和手段的合理性等。在不合理教育体制束缚下,当很多教师发现凭自己一己之力根本无法改变身边的教学环境时,就可能会转而放弃对美好价值的追求,失去批判和反抗教学现实的勇气和信心。于是,回避现实与逃避自由成为不少教师最自然的选择。一旦当他们完全屈从于现实,就必然会在教学生活中失去自我、丧失个性和泯灭应有的主体性。①

① 郭方玲,吉标.新课程改革中的教师消极心态:反思与改造[J].当代教育科学,2010(07):36-39.

　　"双新"改革不能缺少教师的深度参与,如何帮助教师克服消极心态、功利主义心态的影响,形成参与"双新"的积极心态,首先就要明确教师积极心态的现实表征。教师对教育改革的心态是指教师对教育领域变革和发展的态度和看法。这种心态可以对教育改革的推进和效果产生重要的影响。从积极角度看,教师对教育改革的心态应具备以下特征:其一,开放和接受变革。教师应持开放的态度对待教育改革。他们应愿意接受新的教育理念、方法和技术,并尝试将其运用到教学实践中,而不是抗拒或拒绝变化。其二,积极参与和投入。积极参与教育改革对推动改革进程至关重要。教师可以通过提供意见、参与讨论、实验新方法等方式,积极投入改革,为改革的成功发挥作用。其三,主动思考和评估。教师需要具备思考和评估的能力,审视教育改革的内容、目标和影响。他们应对改革的效果进行评估,了解哪些方面取得了进步,哪些方面需要进一步调整和改进。其四,寻找平衡和有效途径。在推进教育改革时,教师应寻找平衡点,确保改革的方向符合学生的需求和教育的实际情况。他们需要找到有效的途径来实施改革,以促进学生的全面发展。其五,专业发展和学习。教育改革是一个不断发展的过程,教师应持续进行专业发展和学习,不断更新自己的知识和教学方法,以适应不断变化的教育环境。其六,合作与共享。教师在教育改革中应具备合作与共享的心态,愿意与同事、管理者和其他相关方合作,共同探讨和解决改革中的问题,分享经验和成果。其七,坚持和耐心。教育改革往往是一个漫长而复杂的过程,需要教师坚持和有耐心。他们应该理解改革过程中可能遇到的挑战和阻力,持续努力,不断调整和改进。这些心态特征有助于教师更好地理解、应对和推动教育改革,使其更符合时代的需求和教育的发展趋势,从而为学生提供更优质的教育服务。

　　义务教育课程方案与课程标准强调素养导向、学科育人,重组课程内容,创建学业质量标准,探索与素养目标和内容结构化相匹配的、学科典型的学习方式,推进以学科实践为标志的育人方式变革。这是一种从理念到行动的整体性变革,必然会冲击教师原有的"舒适区",需要教师以一种积极的心态来理解改革、拥抱改革,并最终有效参与改革。从整体上看,要建构教师对教育教学改革的积极心态,需要帮助教师形成更为坚定的教育理想和信念,需要唤醒教师的良知,需要让教师对教育教学改革的内在价值和自我成长价值有合理的认识。从

"双新"改革角度看,培养教师参与"双新"的良好心态。主要做的事情:通过积极引导,让教师明确"双新"改革对课程教学、学生培养和自身专业成长的价值,帮助教师形成参与改革的内在价值认同;通过针对性培养,帮助教师掌握"双新"改革蕴含的新理念和新教学方法,让教师消除对未来和未知的恐惧,能以一种更加放松的姿态介入改革;对教师在变革中的行动、创新、成绩给予及时鼓励,帮助教师不断积累参与"双新"改革的自信。

第二节　开展指向"双新"的行动研究

教师的工作本质上是一项具有创造力的高情智投入的工作。但是,长久以来,人们在认识上对教师的工作有偏差,没有把教师看作创造者,仅仅把教师当作知识的传递者。教育的魅力是创造的魅力,是创造生命发展的魅力。因此,教师的工作蕴含着丰富的创造性价值。当然教师工作的创造性,不是要求教师像发明家那样去进行发明创造,而是要求教师通过一种研究、反思、审视的眼光,不断地对自己的教育教学思维和行为进行建构,形成一条匹配时代发展的专业进阶之路。

近年来,随着课程教学改革的深入和教师专业发展理念、路径的演进,通过教育研究的方式实现教师对课程教学理念和实践的持续变革,进而促进教师专业发展成为越来越流行的一种范式,与之相伴,"教师成为研究者"已成为一种越来越深入人心的话语方式。事实上,从 20 世纪初期开始就已经出现了许多提倡教师成为研究者的理论和实践上的努力。直到 20 世纪上半叶,受限于研究范式、内容和水平,教师还主要是研究成果的被动接受者,"教师成为研究者"主要停留在观念层面。[1] 这一现状在 20 世纪 60 年代开始得到改观,其原因是英国斯腾豪斯及其研究团队不仅正式提出"教师成为研究者"的口号,还在一系列研究计划中将其付诸实践,使之逐渐演变为一场世界性教师研究运动。长期以来,在

[1]　胡惠闵,王建军.教师专业发展[M].上海:华东师范大学出版社,2014.

西方社会科学研究传统中,"研究"与"实践"被分别定位为理论工作者和实践工作者的职责。作为实践者的教师是别人研究成果的简单照搬者,也是外在规范的被动执行者。关于研究的这种观点,不但造成了理论和实践的脱离,而且也将"理论者"与"实践者"区分开来。斯腾豪斯认识到这种研究范式中教师缺位的缺陷,进而在人文学科课程计划中提出并实践了"教师成为研究者"的理念。在他看来,在教育研究中,教师应处于教育研究过程的中心,学校教育改进的主要意义是课程研究与开发应属于教师,而且在实践中这样做有好的前景。① 斯滕豪斯明确提出,教师具备从事研究工作的天然条件,也具有从事研究工作的内在动因和外部客观必要性。比如,课程的研究、开发和实施依赖于教师的工作,教师处于整个教育研究活动的中心,教师成为研究者是教师实现专业自主的必然条件等。② 自斯腾豪斯之后,如何理解和建构教师与研究之间的内在逻辑关系,如何通过有效的制度设计和方法凝练去引导教师以一种独特的身份特征介入教育研究活动,如何让教师教育研究的成果在教育改革发展的实践中产生积极价值,都是教师教育研究领域中持久关注的命题。

与国际社会的整体趋势相类似,近年来,随着课程教学改革的深入和教师专业发展命题的日渐深入人心,通过引导教师参与教育研究的方式帮助教师厘清教育认知、厚实教育理论、变革教育策略、实现教育创新,进而促进教师专业发展,成为一种越来越受到认可的方式。这一过程中,我国中小学教师参与教育科研活动一直在发生着重要的转型:在研究取向上,从一统走向校本;在研究目的上,从应用走向开发;在研究范式上,从定量走向定性;在研究问题上,从宏大走向具体;在研究动力上,从外推走向内发;在研究形式上,从单一走向多元;在研究成果运用上,从固化走向灵活。③ 这些转变使中小学教育科研步入了一个新的台阶,也使"教师成为研究者"这一命题日益深入人心,并成为教师实现专业发展的重要标准和基本途径。

---

① Lawrence Stenhouse. *An Introduction to Curriculum and Development*[M]. London: Heinemann, 1975:142-156.

② 范敏,刘义兵.斯腾豪斯的"教师成为研究者"思想[J].全球教育展望,2017(08):83-94.

③ 郑金洲.教师教育科研三十年的变迁进程[J].上海教育科研,2008(10):13-15+27.

义务教育"双新"改革,作为一项重要的课程政策,蕴含诸多新的理念、价值和要求。比如,倡导完善培养目标,结合义务教育性质及课程定位,从有理想、有本领、有担当三个方面,明确义务教育阶段时代新人培养的具体要求;倡导优化课程设置,把小学阶段"品德与生活""品德与社会"和初中阶段"思想品德"整合为"道德与法治",进行九年一体化设计;改革艺术课程设置,一至七年级以音乐、美术为主线,融入舞蹈、戏剧、影视等内容,八至九年级分项选择开设;科学、综合实践活动,开设的起始年级提前至一年级;将劳动、信息科技及其所占课时从综合实践活动课程中独立出来;倡导细化实施要求,增加课程标准编制与教材编写基本要求;明确省级教育行政部门和学校课程实施职责、制度规范,以及教学改革方向和评价改革重点,对培训、教科研提出了具体要求;健全实施机制,强化监测与督导要求。"双新"改革,对教师的教育实践活动而言,也提出了一些新的价值导向和行动要求。比如,强调素养导向,注重培育学生终身发展和适应社会发展所需要的核心素养,特别是真实情境中解决问题的能力,基于核心素养确立课程目标,遴选课程内容,研制学业质量标准,推进考试评价改革;优化课程内容组织形式,按照学生学习逻辑组织呈现课程内容,加强与学生经验、现实生活、社会实践的联系,通过主题、项目、任务等形式整合课程内容,突出主干、去除冗余;突出实践育人,强化课程与生产劳动、社会实践的结合,注重引导学生参与学科探究活动,开展跨学科实践,经历发现问题、解决问题、建构知识、运用知识的过程,让认识基于实践,并通过实践得到提升,克服认识与实践"两张皮"的现象。这些问题尽管在表述上比较简单,但是其背后蕴含的理念和实践要求是非常丰富的,如果教师不以一种研究者的思维去介入"双新",仅仅通过被动地学习、倾听、接受,就难以真正建构"双新"和自身课程教学与专业发展实践之间的内在关联性。

在"双新"改革的整体背景下,教师的自觉性和主体意识必须得到确立,教师必须以一种研究者的主动心态去研究、反思、建构,才能真正理解什么是"双新",才能真正知道如何在课程教学的实践中落实"双新",才能真正体会"双新"对课程教学、学生培养和自身专业成长的价值。教师开展"双新"主题的研究,需要关注三方面的基本问题。

一、教师为什么要研究"双新"

教师为什么要研究"双新",要从教师为什么需要开展教育研究活动说起。

教师从事科研活动具有多方面的价值,这些价值不仅体现在教师的专业成长上,而且对学生培养和学校、教育系统的整体发展产生积极影响。从个体专业发展角度看,通过参与科研活动,教师能深入研究学科知识和教学方法,不断更新自己的专业知识体系。这有助于提高教师的教学水平,使其更具备教育创新和引领学科发展的能力。科研活动让教师更深入地了解教育实践中的问题和挑战。通过实际研究和解决问题,教师积累更丰富的教育实践经验,更好地适应复杂多变的教育环境。积极从事科研的教师有机会发表研究成果,参加学术会议,建立自己在学术界的声望。这不仅有助于提升个体教师的专业地位,也为学校树立学术品牌;从学科发展角度看,教师的科研活动有助于推动学科内容向深度和广度发展。他们通过研究和创新,为学科理论和实践贡献新的见解和解决方案,推动学科不断前进。教师通过科研活动可以与同领域的教育专家和同仁建立联系,形成学科团队。这有助于促进学科内的合作与交流,共同推动学科的发展;从学生培养角度看,积极从事科研的教师能将自己对学科的深刻理解和研究成果融入教学中,从而激发学生对知识的兴趣,培养他们的学科热情和研究兴趣。积极从事科研的教师往往能将科研的思维方式和方法融入教学中,培养学生的创新能力和问题解决能力,使其具备更好的综合素养;从教育教学改革角度看,教师通过科研活动深入思考和研究教育问题,提出创新性的教育理念和方法。这对推动教育改革,促进教育体制和课程创新具有积极的推动作用。积极从事科研的教师通过解决实际问题和提供创新解决方案,为社会提供智力支持。他们的研究成果可以对社会产生积极的影响,解决教育和社会发展中的难题。教师通过科研活动能为国家的创新发展作出贡献。培养具有创新精神的学生,推动科技进步,提升国家的综合竞争力。综上所述,教师从事科研活动既有助于个体教师的专业成长,也对学科、学校和社会产生积极而深远的影响。通过持续不断的科研努力,教师能更好地履行教育使命,为学生和社会的未来发展贡献力量。就"双新"改革而言,教师以一种积极的心态介入和研究,能帮助教师形成自我对"双新"理念的个性化理解,这种理解不是一种普遍意义上的专家的理解、理性的理解,而是融入教师个体的认知和思考,因而对教师的教育教学实践产生积极的影响。不仅如此,通过研究,教师把握"双新"对课程教学改革的实践要求,形成匹配"双新"理念的教育技术和方法体系,让自己的教学行为更好地契合"双新"需求,从而建构适应"双新"理念的专业发展体系,并以此为基础更好地开展教学,通过学科教学培养学生的核心素养,提升学科的育人效能。同时,研究是一种不断投入、思考和积淀的过程,有助于形成教师对"双新"理念下课程教学的规律性认识,从而建构属于自我的课程教学经验与范式,提升自我在专业领域、学科领域的知名度与影响力。

二、教师以怎样的方法研究"双新"

教师的教育研究活动具有区别于其他研究者的独特属性,这些属性主要体现在微观、实践、行动等三个方面。首先,教师的研究活动具有实践属性。教育研究本质上是一种实践性社会活动,教育的生活世界是教育研究的家,是教育研究的生命所在,应在教育研究中达成基于这一实践本性基础之上的实践理性。[①] 由此,彰显实践属性理应成为未来教育研究发展的趋势。特别是作为一线教师,其工作性质、成长环境和个性品质决定了教师的教育研究活动其对象是教育教学情境中的现实问题,其目的不是丰富教育教学理论,而是解决教育教学实践中遇到的具体问题,寻找有效的问题解决方案或措施。教师的工作对象是具有主观能动性的有智慧的人,因而教师的工作虽有教育规律指导但无具体规则可循,教师不能像技术工人那样按既定规则进行教学,而需要在不断研究教育教学与人及社会发展之间的关系中开展教学工作。教师成为研究者,从根本上说,就是要研究怎样使自己的教育行为更有意义,怎样在自己的学生身上实现教育的意义。因而,针对工作来说,基于现实的实践属性是教师作为研究者的本质属性。其次,教师的研究活动具有微观属性。教育研究的内容指向大致可划分为宏观和微观两个层面,宏观领域的研究需要研究者有过硬的理论研究素养和充足的时间精力保证,微观领域的研究则要求较低。对一线教师来说,一方面从总

---

① 王兆璟.论有意义的教育研究[J].教育研究,2008(07):39-43.

体上看,他们难以具备像教育研究专家那样的理论功底和研究能力,另一方面他们需要从事繁重的课堂教学和班级管理工作,也难以保证有足够的开展宏观研究的时间和精力,由此,教师的教育科研活动,应该注重从细节入手,从小课题入手,体现研究的微观属性。关注教育教学质量是教师的第一要务,但教师的实际教学和班级管理工作又充满了复杂性和不确定性,很多教学和管理问题都是以细节的方式呈现的,这些细节的存在很可能会给教育教学质量造成影响,它们理应成为教师开展教育科研活动的抓手和突破点。特别是对刚踏上科研道路的教师来说,注重细节,从小处入手比较容易驾驭课题,比较便于操作,也比较有利于取得成果。最后,教师的教育研究活动具有行动属性。中小学教师的科研活动贯穿日常教育教学工作,教师工作的性质决定了教师很难有充足的时间进行纯理论的思辨性研究,他们的研究,更多的是发生于和立足于自然状态下的课堂教学和管理中,采用的研究方法也更多地指向行动研究。[①]

上述几个维度的价值和属性,整体描绘了教师参与教育科研活动的整体风采,也对教师参与"双新"研究提供了一种基本的遵循。从某种意义上说,教育研究回归教育的本身问题,以此来揭示和解释一个现存的教育问题背后所隐藏的各种教育价值和意义,为教育生活的改进并最终带来人类生活的改进提供支持。[②] 但是,教育的规律、方法、价值等,往往因教育活动本身的复杂性而被蒙蔽,由此,教育研究的过程必须借助于多样化的研究方法去探寻教育现象背后的深层次问题,以期达到教育研究的应有价值。从我国教育研究活动的整体演进角度看,新中国成立 70 多年来,我国的教育研究方法从"移植"走向"创新",从"自在"走向"自为",方法论体系不断发展和完善,具体研究方法在变迁和演进中趋向多元。[③] 时至今日,结合教育研究的核心问题,在量化与质性相结合的范畴下,灵活选择和运用多样化的研究方法以尽可能提升研究的科学性,已经成为一种共识。但是,对一线教师而言,他们的研究活动不应被要求完全按照教育研究的

---

① 刘涛.教师成为研究者:急需澄清的三个问题[J].教育发展研究,2012(12):58-63.

② 刘铁芳,位涛.教育研究的意蕴与教育研究方法的多样性[J].吉首大学学报(社会科学版),2018,39(01):7-14+2.

③ 王嘉毅,曹红丽.新中国 70 年教育研究方法:变迁、反思与展望[J].中国教育科学,2020,3(01):28-37.

正统范式,而是要真正凸显其群体特征,彰显行动研究的价值导向。从"双新"理念和教师教育研究活动的特质角度看,通过行动研究的方式来研究"双新"是教师的一种理性选择。行动研究是一种教育研究方法,强调教师在教学实践中积极参与并改进教学。它将理论知识与实际行动结合起来,通过实践和观察来解决教学中的问题。行动研究通常包括以下步骤:

确定问题或目标——教师首先确定需要解决或改进的教学问题或目标。对"双新"改革而言,教师通常关注的研究命题主要是围绕学科教学中如何渗透"双新"理念,如何开展"双新"价值导向的教学而设计的。

计划行动——教师制订行动计划,包括采取的教学策略、方法或介入措施,以及实施这些计划的时间表和方式。教师要围绕自己选择的命题,结合教育研究活动的一般要求和自己关注的焦点问题设计研究方案,在课堂上或教学环境中实施行动计划,并记录实施过程中的观察和数据,包括学生的表现数据、课堂观察记录、学生反馈等,用于评估行动计划的效果。

分析和评估——教师分析收集到的数据,评估行动计划的效果,并确定哪些方面取得了进展,哪些需要进一步改进。特别是要结合"双新"的需要,分析哪些举措是真正促进了"双新"理念下的课程变革与生成的,对这些具有实践价值的举措进行深度挖掘,以形成对"双新"改革的独特见解与行动策略。

反思和调整——基于数据分析和评估结果,教师反思实施过程中遇到的挑战和成功,并做出调整和改进。同时要通过教育研究的一般成果表达方式,对自己通过行动研究生成的研究成果进行凝练、分享甚至发表。当然,教师也要知道,行动研究是一个循环过程,教师根据评估结果不断调整行动计划,并持续实施、收集数据和评估,直至达到预期的改进效果。

行动研究的关键在于教师作为实践者的主动参与,以解决实际问题并改进教学实践。它有助于教师更系统地了解教学过程,提升教学质量,并为教育研究提供实践层面的有益经验和数据。这种研究范式与"双新"改革的价值理念以及教师专业发展的诉求是有密切关联的,因而能成为教师主动介入"双新"研究的一种可行性范式。

三、教师要研究"双新"中的哪些问题

"双新"是一种系统性变革,需要研究的问题有很多,教师应在"双新"改革的整体背景下研究哪些问题? 这也是需要考量的。新中初级中学认为,教师要研究哪些问题,关键是与教师自身专业成长等实践属性有关。教师的研究,不是一种基于学术的研究,而是一种基于实践的研究。学术致力于发展更多或更接近于真理的知识,专业则关注用行动或实践带来变化。因此,"学者需要的训练主要是知识的获得和对真理的探索,而专业工作者所需要的培养主要是发展植根于深思的有基础的原理中的实践知能"。① 这意味着,从某种意义上说,教师的专业发展主要表现为一种专业实践的改善。世界著名的教师教育专家李·舒尔曼认为,在专业工作中,行动与理解同等重要,甚至更为重要。"一个专业人员只停留在理解层面是远远不够的……专业人员不管是否拥有足够的信息,都要准备好行动、执行、实践""专业的教育者……的教学是为了让学生明了,认识是为了行动——改变他人的心智和生活,负责任地以及正直地为他人服务"。② 如此而言,实践是专业区别于学术的一个核心特征,也许就是专业的本质特征之一。教师的专业实践是教师的知识、认知、行为以及伦理在特定情境中共同作用的过程,也是教师的理论、经验、技术,以及对实践情境的感知、洞察共同作用的过程。某一方面的改善或许能部分地改善教师的专业实践,但不能决定教师的专业实践。③ 要真正促进教师专业实践的改善,就需要教师以一种研究和实践结合的思维方式介入教育变革,在研究的过程中不断加深对教育问题的认知和行动设计。对"双新"而言,教学方法领域的变革是最具有实践价值的,特别是"双新"强调的项目化学习、跨学科学习、信息技术支持的学习以及核心素养导向的学习,这是教师最为关注和普遍感受到困惑的领域。因此,我们从教师的实践诉求出发,围绕上述几个领域,引导教师开展针对性行动研究,这既是丰富学校教育研究成果的有效方式,也是教师深度融入"双新"、自觉践行"双新"的现实表现。

---

① Ur, Penny. *Teacher Learning*[J]. ELT Journal, 1992(01):45 - 46.
② 李·舒尔曼.标志性的专业教学法:给教师教育的建议[J].全球教育展望,2014(01):3 - 13.
③ 崔允漷,王少非.教师专业发展即专业实践的改善[J].教育研究,2014(09):77 - 82.

第三节　实施聚焦"双新"的校本研修

教师主动、有效地参与"双新"改革,既需要教师自觉性、能动性的发挥,也需要学校层面有组织、有计划地推动,其中,通过扎实的校本研修,不断提升教师对"双新"理念的理解力、感受力、执行力,培养教师适应未来教育的专业素养是教师有效参与"双新",并在"双新"改革的历史进程中真正提升自我、发展自我的必然选择。

对教师专业发展和教师队伍建设而言,研修培训是一种被证明了的有效的方式,其中校本研修又是一种应用极为广泛的研修范式。21世纪初,伴随着我国第八次基础教育课程改革的启动,校本研修作为一种新型的教师专业发展模式进入基础教育领域,旨在通过以教师为主体的基于学校的自主学习、自我反思、同伴互助与专业引领,建立与新课程体系相适应的教师研修制度,构建学习型组织,营造学校研修文化,推动中小学教师继续教育的范式革新。[①]

校本研修作为一种新型的教师专业发展模式进入基础教育领域,旨在通过以教师为主体的基于学校的自主学习、自我反思、同伴互助与专业引领,建立与新课程体系相适应的教师研修制度,构建学习型组织,营造学校研修文化,推动中小学教师继续教育的范式革新。[②] 校本研修脱胎于校本培训,更加强调教师是研修的主体,教师依据自己的工作实际选择研修内容与方法,提倡教师将教育教学问题的解决过程与研修过程结合起来,在"实践一反思一改进"过程中实现自我更新。作为一种独特的研修范式,校本研修具有一些显著的特征:

首先,校本研修是一种以实践为中心的活动。校本研修的根本目的在于改善中小学教师的实践。具体说来,它意在帮助中小学教师省察教育理论与自己日复一日的教育实践的联系,意在将实践研究与中小学教师教育背景紧密相连,

---

① 汪桂琼.校本研修:20年实践回顾及未来展望[J].教育科学论坛,2019(05):3-6.
② 汪桂琼.校本研修:20年实践回顾及未来展望[J].教育科学论坛,2019(05):3-6.

使研究在实践的改善中起直接而迅捷的作用,以改善教师自己而不是其他人的实践。

其次,校本研修是一种以学习为中心的活动。对教师而言,在这个过程中教师是一个不间断的学习者,通过对自己教育、教学行为的直接或间接的观察与反思,以及与专业研究人员或其他合作者的交流,不断加深对自己实践的理解,并在此基础上提高和完善自己以及教育实践。

最后,校本研修是一种旨在改善中小学教师实践的活动。从"以实践与学习为中心"的观念出发,校本研修是促进教师专业发展的重要途径,通过反思不断发现实践中存在的问题,提出解决问题的设想与计划,并在实践中验证设想与方法,从而使自己的实践行为不断加以改善。这个过程既是实践研究、不断进修学习的过程,也是一个行为改善的过程。①

校本研修的核心价值在于促进教师专业成长,它提供了一种有组织的、有效能的教师学习方式。校本研修强调教师反思教育教学实践中生成的问题。在这个过程中,教师是实践主体与研究主体的统一,带着双主体的身份审视日常的教育教学活动,这样更加理性地反思其教学实践。基于成人学习的任务导向特征,实践反思取向的教师学习,强调学习对改进教学实践的价值。在实践中,校本研修挑战着教师的教学习惯,更新着支配教师教育教学实践的价值观念、思维方式和行为方式,在切实提升教师教学能力的同时,培育着教师参与学习的内在动机。

一方面,校本研修能促进教师知识结构的更新。校本研修能促进教师知识结构的更新,主要是教师实践性知识的更新。校本研修是一种定位于教育行动研究的研修方式,旨在提升实践水平。教师对自己的教育行为进行反思,改善自己的教育行为和生存状态,实践性知识得到部分更新或完全重建。具体而言,第一,校本研修能增强教师的教育信念;第二,校本研修能提升教师的自我知识(自我概念、自我评估、自我教学效能感、自我调节);第三,校本研修能增加教师的情境知识(主要通过教学机智反映出来);第四,校本研修能增长教师的策略性知识

---

① 胡惠闵.从区域推进到以校为本:校本研修实践范式研究[J].教育发展研究,2010(24):61-65.

（主要指教师在教学活动中表现出来的对理性知识的理解和把握，基于教师个人的经验和思考）；第五，校本研修能促进教师的批判反思知识（在实践中反思，为实践而反思）。

另一方面，校本研修能增强教师的主体性。教师的主体性主要是指教师在教育教学实践活动中充分体现出来的主观能动性和创造性。在实践中，校本研修是以改进学校日常的教育教学实践为最终目的，教师以研究和实践主体的身份参与学习、交流、讨论，并根据教育教学实践的反馈来进行反思。此外，校本研修的开展过程就是教师自主性、能动性、创造性的形成过程。校本研修的开展过程包括反思、确定问题、制订计划、采取行动、进行考察、再反思等六个环节。这一过程是不断发现问题、解决问题、再发现问题的过程。反思贯穿校本研修的每一个环节。通过反思，教师可以从单纯的冲动和常规行动中解放出来，以一种主人翁的立场面对问题和反映问题。可以说，校本研修针对实践问题解决的学习和反思，内在地包含教师的自主性、能动性、创造性的培育过程。

对"双新"改革而言，它不仅提供了一种课程教学的新理念，提供了教师专业发展的新要求，也为学校层面校本研修的内容、方式等提供了变革的空间与诉求。对学校而言，要通过针对性的校本研修来帮助教师更好地理解"双新"理念，更好地掌握匹配"双新"的教学方法，更好地以"双新"改革为契机，培养教师适应未来的专业素养。具体而言，围绕"双新"政策的推行和落地，在组织实施校本研修的过程中应做好以下几方面工作：

组织开展校本研修是为了提升教师的专业水平和促进学校的发展。以下是一些建议，帮助学校有效地组织和开展校本研修：

需求分析——在开始组织研修之前，进行全面的需求分析，了解教师的培训需求和学校的发展方向。这可以通过调查问卷、座谈会、教学观摩等方式进行。"双新"改革中蕴含很多新的理念、思想和方法，也会给教师带来思想和实践领域的困惑。只有通过有效的校本研修来帮助教师解决困惑，首先通过针对性调研分析教师的困惑和需求，才能做到有的放矢，提升校本研修的针对性，真正解决教师对"双新"的困惑和问题。

确定研修主题——根据需求分析的结果，确定研修的主题和内容。包括教学方法、课程设计、学科知识更新、信息技术应用等，确保研修内容符合教师的实际需求。从"双新"改革的角度看,教师普遍关注的问题主要包括"双新"的核心精神和内涵是什么?"双新"对学科教学的指导价值体现在哪些方面?"双新"强调的项目化学习、跨学科学习、综合实践活动、发展性评价、大单元教学、学科核心素养等,如何在教学中落实和运用?"双新"对教师专业发展提出了哪些方面的要求?这些问题可以构成"双新"背景下校本研修的重要主题来源。研修主题确定后,要明确每个研修活动的具体目标,以便教师能清晰了解他们从研修中获得什么,并将学到的知识和技能应用到实际教学中。

灵活的研修形式——设计灵活多样的研修形式,包括讲座、研讨会、案例分析、小组讨论、教学实践等,这有助于满足不同教师的学习风格和需求。对"双新"改革而言,它既需要教师在理性认知层面有所改变,也需要教师在教学、管理、育人、服务的实践中发生一种整体性转型。从这个角度出发,"双新"下的校本研修工作,既要关注教师的思想,也要关注教师的行动。这意味着需要运用多样化的研修方法才能真正让"双新"的精神实质得到体现。对精神价值层面的更新,可以邀请相关领域的专业讲师或从业者,分享最新的教育理念、研究成果和实践经验,这有助于提高研修的质量和实效性;对实践领域的变革,除了课例研修、教学观摩等,还可以创建一个学习社区,通过在线平台或线下活动,使教师分享经验、互相学习,促进良好的师德风尚和团队合作氛围。

评估和反馈——在研修过程中和研修结束后进行评估,收集教师的反馈意见。了解研修的效果和可能的改进点,以便下一轮研修的优化。提供适当的激励措施,鼓励教师积极参与研修活动,包括颁发证书、奖励优秀参与者等。同时要注意,研修不应是一次性活动,学校需要建立一个持续的发展机制,定期组织研修活动,并持续关注教师的专业发展需求。特别是对"双新"改革而言,其重要的价值指导思想应是长期发挥作用的,教师需要根据动态变化的课程、教学、学生、环境、技术等,通过持续不断地思考和探索,不断创新"双新"落实的路径和载体,通过校本研修长效机制的建构形成一种推动"双新"落实的持久效能。

"双新"背景下的校本研修,除了上述几方面的环境外,还应凸显两个方面的价值追求:

一方面,要融合"深度教研"的价值追求。深度教研是近年来在学校和其他层面教研活动中呈现出来的一种新的教研理念和教研价值指向,目的是在教研主题引导下开展系列化、深层次、进阶性持续研讨,进而卓有成效地解决有关教育教学问题的过程,它特别强调参与者充分发挥主体性和能动性,锲而不舍求真,和谐有序推进,以达到对教研主题深入解析、系列活动及环节有效落实、教师能力切实提升的目的。深度教研有几个重要的特征。比如,指向真实问题。准确把握政策导向与时代需求,并从生动的中小学教育教学实践中寻找需要破解的真实问题,进而运用调研、分析等实证方法,从中梳理出当前应重点关注的问题,找准教研活动新的生长点;规划教研主题。对所列举的真实问题进行分类、筛选、追问、分解和剖析,形成问题链,进而提炼和确定教研的主题,再逐层、逐步设计序列化教研子主题,形成有结构的教研主题,作为系列活动设计的导引;设计系列活动。持续聚焦教研主题进行深入研究,不断形成研究成果。伴随系列教研活动的开展,一个个问题得以解决,引发教研反思,为顺利实施下一阶段的教研任务凝聚智慧和力量;精准专业指导。活动中,专家的精准与专业指导帮助教师将教学改进意见上升到一定的理论高度,深入浅出地指导教学实践。教师进一步对具有典型意义的教研经验和成果进行挖掘和提炼,以此引领并带动团队共同发展;助推教师成长。教研是以教师为主体的教学研究活动,深度教研的实施重视营造浓厚、持久和开放的教研氛围,激发参与者内在的学习动机,鼓励教师在研讨活动中加深体验,助推教师成长,从而展现出深度教研的文化价值与期望成就。① 总而言之,深度教研作为一种教研活动的新理念、新范式,其核心就在于提升教研活动的有效性。这需要学校在设计和实施教研活动的过程中进行一系列相互关联的行动,包括教研活动前需要明确目标和重点,确定需要解决的教学问题、改进点或探索的课题,以确保活动的针对性和有效性。制订详细的教研计划,包括时间安排、研讨议程、参与教师等。合理组织教研小组,确保各成员参与程度和贡献度均衡。鼓励教师之间的团队合作和积极交流。分享教学经验、资源、方法和技巧,促进彼此的共同成长和教学水平的提升。使用科学的调查和研究方法进行教学问题的调查和分析,采用问卷调查、观察、案例分析等方法收集数据,并进行系统性分析。学习借鉴国内外先进的教学理念、方法和技术,了解教学前沿动态,及时引入新的教学技术和理念。设计多种研讨形式,如

① 赵雪晶.深度教研:从流程规范走向品质提升[J].人民教育,2022(19):63-67.

讲座、座谈、案例分析、教学展示等,以满足不同教师的学习风格和需求。为教研提供必要的资源支持,包括教学资料、技术设备、图书馆资源等,以保障教研活动的顺利进行。在教研活动完成后,进行全面评估和总结。分析成果和效果,找出问题并提出改进意见,为下一轮教研活动提供参考。对取得的成果,需要及时在学校内部或更广泛的范围内分享和推广。设立合理的奖励机制,激励教师积极参与教研活动,并给予表彰、提供晋升机会或其他激励措施等。这一系列举措,都是为了吸引教师真正有效地参与教研活动,提升教研的效能,这对"双新"真正的落实落地是具有直接价值的。

另一方面,要彰显"培养教师未来专业素养"的价值导向。校本研修是教师专业发展的重要举措,要以"双新"改革为契机,着眼更高层面的要求,依托有效的校本研修着力培养教师适应未来教学的综合素养。进入 21 世纪以来,信息技术的广泛运用深刻改变了人们的生产、生活和思维方式,也给教育的变革与发展带来了新的机遇和挑战。在这样的背景下,学界开始关注教育将来可能存在的状态,未来学校逐渐成为教育研究的重要领域。从某种程度上说,未来学校并非一个严谨的学术概念,而是一个与时俱进的教育话题[1],是人们对不同于传统学校样态的多种期待[2]。对这一话题的讨论主要是基于对未来社会发展状态的判断和对未来社会人才培养的思考。所以从概念上说,未来学校是在新一轮工业革命背景下发生的学校系统性变革,是基于未来人才培养需求与人工智能技术的深度融合创新而形成的处于持续动态发展进程中的新形态育人场域。[3]"未来学校"具有三个维度的主要特征:第一,未来学校是时空环境不断拓展的学校。由于信息技术的广泛运用,未来学校将不再单纯地表现为封闭空间下的静态教学,固定班级、固定课表的传统教学组织形式面临重组的可能,虚拟与现实的结合、人机环境的融合以及静态与动态的结合将大大拓展未来学校的存在形态。第二,未来学校是培养未来人才的学校。不论是当下学校,还是未来学校,育人

---

① 曹培杰.未来学校的兴起、挑战及发展趋势——基于"互联网+"教育的学校结构性变革[J].中国电化教育,2017(07):9-13.

② 王枬.未来学校的时空变革[J].全球教育展望,2019(02):64-72.

③ 罗生全,王素月.未来学校的内涵、表现形态及其建设机制[J].中国电化教育,2020(01):40-45+55.

始终是其核心问题和存在的核心价值。未来学校要培养适应未来社会的新型人才,这种人才指向学习者的德性、知识性、主体性、智能性以及高阶思维性的发展,为此,学校将更多地采用项目化学习的方式为学生提供指向问题情境的个性化教育。第三,未来学校是以信息技术为支撑的学校。未来学校的建设与发展需要基于学校教育的发展核心创新使用人工智能技术,信息技术成为教学的重要支撑,信息素养成为教师和学生的必备素养。未来教育的发展,为教师专业发展提供了新的要求。伴随着未来学生学习方式与教育形态的革命性变革,未来教师的角色将呈现出多样性与专业性的结合,成为学生学习过程的领航员、学生学习的评估者、学习情境的创设者、学生发展的交流者、学习资源的开发者和专业成长的自主学习者,同时必须具备更高更全面的专业素养,包括研究素养、创新素养、跨学科素养、信息素养等。由此,教师教育体系、模式与课程、专业标准等必须进行系统性改革,培养胜任乃至推动教育教学变革的未来教师。① 对学校而言,只有抓住"双新"改革的契机,以一种居安思危的意识,着眼未来教师专业素养和专业角色的新要求,通过有效的校本研修培养教师适应未来社会、未来教育、未来学校的综合素养体系,才能让学校在未来的教育竞争中抢占先机,才能更好地将"双新"改革与学校的内涵发展、高品质发展以及可持续发展进行有机关联。

---

① 荀渊.未来教师的角色与素养[J].人民教育,2019(12):36-40.

下篇

实践的探索

第三章　学科核心素养导向的教学变革

在对 21 世纪人才培养的追问和课程教学改革的持续探索中,核心素养越来越成为一个重要的研究领域和改革导向,也是义务教育"双新"改革尤为关注的一个改革领域。《义务教育课程方案(2022 年版)》指出,义务教育阶段的课程,要遵循"聚焦核心素养,面向未来"的基本原则,"依据学生终身发展和社会发展需要,明确育人主线,加强正确价值观引导,重视必备品格和关键能力培育。精选课程内容,注重培养学生的爱国情怀、社会责任感、创新精神和实践能力,奠基未来"①,这实际上奠定了核心素养在当下和未来课程教学改革中的重要价值和地位。不仅如此,各学科也纷纷出台了学科课程标准,将课程方案进行了学科层面的细化,并提出了落实的要求。从这个角度出发,倡导核心素养导向的教学,是"双新"改革最为显著的特征,落实"双新",要从课堂教学、学科教学和综合学习中落实核心素养。

第一节　对核心素养的整体认识

不同于零散的、单一的、静态的知识和能力,核心素养是指个体在多个领域中具备的基本能力、知识与技能,是一种综合性的素养体系。这些素养涵盖了认知、情感、社会等多个层面,旨在培养个体在不同情境下全面发展和应对复杂问

---

① 中华人民共和国教育部.义务教育课程方案(2022 年版)[S].北京:北京师范大学出版社,2022.

题的能力。核心素养的概念强调个体的全面发展,超越了传统学科知识的范畴,更注重培养学生的综合素养和跨学科的能力。从我国的现实情况看,核心素养概念的提出重点解决两个问题:一是把对学生德智体美劳全面发展总体要求和社会主义核心价值观的有关内容具体化、细化,转化为具体的品格和能力要求,进而贯穿各学段,融合各学科,最后体现在学生身上,深入回答"培养什么人""怎样培养人"的问题;二是为衡量学生全面发展状况提供评判依据,引导教育教学评价从单纯考查学生的基础知识和基本技能转向考查学生的综合素质。① 也就是说,核心素养的提出,具有重要的课程教学改革功能和人才培养导向功能,因而逐渐成为当前教育教学改革关注的重要问题。近年来,国家层面先后制订并出台的一些相关政策和制度,都从不同层面关注核心素养的培育问题。2022 年义务教育新课程标准和新课程方案,则鲜明地将核心素养作为课程教学改革的重要原则。

从一线学校和教师的角度分析,落实"双新",推动核心素养导向的教学,主要关心的问题体现在三个方面:

一、如何理解课程标准中的核心素养

高中和义务教育阶段的课程标准都以核心素养作为其育人目标的总体表述。尽管学科各有不同,但各学科核心素养的表述都体现四个关键特征:第一,将知识、能力、思想方法、价值观等进行整合阐述,体现了素养的统整性。例如,语文核心素养是文化自信、语言运用、思维能力和审美创造的整合,这种整合是学生在积极的语文实践活动中积累、建构并在真实语言运用情境中表现出来的。第二,素养意味着学生能在知识世界和真实世界之间进行灵活的远迁移。为此,素养内生性地包含引发持久迁移的概念,这些概念对学生的发展具有重要而持久的价值。例如,科学核心素养中的科学观念,描述的是科学领域中对学生成长具有持久作用和迁移性质的大概念。第三,素养具有进阶性,可以在不同的年段用进阶性学业质量标准阐述学生能理解和达到的要求。例如,科学课程标准所

① 胡定荣.全面发展·综合素质·核心素养[J].新疆师范大学学报(哲学社会科学版),2018,39(06):61-78+2.

描述的核心素养,总体上是科学观念、科学思维、探究实践、态度责任四个维度的综合。在不同的年段,又体现为各部分内容的"学业要求"及最终的"学业质量"在四个年段进阶的描述。第四,素养具有实践性,指向学生运用学科知识、能力、思想方法去"做"的事。例如,数学核心素养表现为用数学的眼光观察现实世界,用数学的思维思考现实世界,用数学的语言表达现实世界。①

总体而言,核心素养是"双新"改革突出强调的概念,这种强调又通过不同学科课程标准中学科"核心素养"的概念进行细化和表征。学科核心素养和核心素养有一定联系,但也存在一些区别。核心素养是指在多个领域具备的基本能力、知识和技能,是一种综合性的素养体系,涵盖了认知、情感、社会等多个层面,旨在培养个体在不同情境下能全面发展和应对复杂问题的能力。它强调的是全面教育和综合发展,超越了单一学科的范畴,注重培养学生的综合素养和跨学科能力。学科核心素养是针对特定学科领域中的能力、知识和技能的要求与培养目标。它强调在特定学科领域中全面发展和能力培养,包括对学科知识的掌握、方法论与技能、学科跨越性能力、问题解决和批判性思维、创造性应用、学科沟通能力以及持续学习与发展能力。学科核心素养是核心素养的一个组成部分,是在特定学科内培养学生的关键能力,旨在提高他们在该学科内的学习水平、专业能力和创新思维。核心素养则更为广泛,跨越多个领域,强调更全面的教育目标。两者之间的关系为学科核心素养是核心素养的具体表现之一,强调在特定学科领域中培养学生的基本素养和能力,同时也是核心素养理念的一部分。

从学科教学改革的角度看,要形成学科核心素养导向的教学价值观和行动策略,就要在整体理解核心素养概念的基础上,对学科核心素养的整体内涵有清晰的把握。学科核心素养通常涉及以下方面:学科知识的掌握,包括对该学科的基本概念、理论和原则的理解与掌握,以及对相关内容的深入学习和应用能力;学科方法论与技能,指在特定学科领域内的研究方法、实验技能、分析技巧等方面的掌握和应用能力;学科跨越性能力,强调在特定学科内,将学科知识与其他学科领域结合进行跨学科思维和创新的能力;问题解决和批判性思维是指在特定学科领域内,具备分析、解决问题和对知识进行批判性思考的能力;创造性应

---

① 夏雪梅.指向核心素养的项目化学习评价[J].中国教育学刊,2022(09):50-57.

用是指在特定学科内运用所学知识和技能创造性地解决问题或应用到实际情境中的能力;学科沟通能力是指在特定学科领域内能有效表达学科概念、观点和理论,与他人进行学科专业交流和合作的能力;持续学习与发展能力,强调在特定学科内,持续学习、更新知识、了解最新发展并适应学科变化的能力。

总而言之,学科核心素养是在特定学科领域中培养学生的关键能力,旨在提高他们在该学科内的学习水平、专业能力和创新思维,使其具备应对复杂问题和不断变化的学科环境的能力,教师只有从整体上对这一概念的内涵和体系进行把握,才能从一般到特殊地形成对本人执教学科核心素养的真实理解。

二、如何把握素养培育与传统知识教学的关系

课程教学改革是教育改革的核心领域。经过二十余年的改革与发展,我国基础教育课堂教学方法逐渐形成了完整的体系,以讲授法为主的传统教学方法,开始向新型的自主、合作、探究的学习方式转变,最终形成"素养导向、综合学习、主题实践、因材施教"的中国特色实践育人方式。[①] 在这种变革中,始终伴随着一种拷问——传统教学中的知识传递思维和导向究竟如何取舍。课堂教学改革的核心价值在于摒弃原有的以知识传递为重要特征的教学习惯,让教学更好地匹配实践,匹配学生的核心素养。这一整体思维固然是正确的,但是一定要注意到,核心素养的培育与知识的习得并非是简单的二元对立。核心素养与知识学习之间存在密切的关系,它们相互促进、相辅相成,共同构建学生全面发展的教育目标。

知识是核心素养的基础。核心素养包括学科知识和能力,而学科知识是核心素养的基础。学生需要通过学科知识的学习和掌握,才能奠定基础,建立起对特定领域的理解。学科知识为学生提供了解决问题、思考和判断的基础,是核心素养其他方面的支撑。知识学习能促进核心素养的培养。知识学习不仅是对信息的获取,更是培养学生批判性思维、问题解决能力和创造性思维的过程。通过深入学科知识的学习,学生有机会运用批判性思维在分析问题、解决问题时展现

---

① 王鉴.我国基础教育课堂教学方法改革及体系建构[J].课程·教材·教法,2023,43(03):47-55.

创造性思维,从而培养核心素养的多方面能力。核心素养能提升知识学习的深度和广度。核心素养的培养旨在使学生在多个层面具备基本能力,这包括对知识的深度理解和广泛应用。核心素养强调的问题解决、创造性思维、批判性思考等能力都会促使学生在知识学习中更深入地思考和更广泛地应用所学知识。不仅如此,核心素养强调个体在多个领域的全面发展,不仅包括学科知识,还包括批判性思维、创造性思维、沟通能力等。知识学习在这个过程中起到支持和滋养的作用,为学生提供广泛的知识基础,使其更好地应对复杂问题。因此,在教育实践中,知识学习和核心素养的培养应当相互结合,通过有目的的知识传递和培养,引导学生全面发展,使他们不仅具备扎实的学科知识,还能在实际应用中展现全面的核心素养。这意味着,知识虽不等同于素养,但人的素养的形成离不开知识。确切地说,学生学科核心素养的培育是基于学科知识,并通过学科知识实现的。因为学科知识是"学科核心素养形成的主载体"①,因此指向学科核心素养的教学变革并不是想当然地高举向"知识本位"宣战的大旗,轻视或拒斥知识教学,而是在洞察知识与素养关系的基础上,探寻如何让学生通过学科知识的学习形成相应的学科素养。②

三、如何掌握核心素养培养的基本方法

核心素养导向的课堂具有一些不同于传统课堂的特征,如核心素养导向的课堂强调跨学科的教学方法,使学生在不同学科领域中应用和整合知识。这有助于培养学生的学科跨越性能力和综合素养;课堂设计侧重于提出挑战性问题,激发学生的批判性思维和解决问题的能力。学生在解决问题的过程中不仅获取知识,还培养了分析和解决实际问题的能力;鼓励学生积极参与,倡导合作学习。通过小组合作、讨论和分享,学生从彼此之间的交流中获得不同的观点和经验,促进全面素养的培养;强调将学到的知识应用到实际情境中,通过实际案例、实验等活动提高学生对知识的理解和运用能力。这有助于培养学生的创造性思维和解决实际问题的能力;鼓励学生进行反思和自主学习,培养他们对学习过程的

---

① 余文森.论学科核心素养形成的机制[J].课程·教材·教法,2018,(01):4-11.
② 李润洲.指向学科核心素养的教学变革[J].教育科学研究,2019,(09):5-10+23.

认识和反思能力。学生通过自主学习提高自己的学习效果,培养自我管理和学习的能力;采用多样化评估方式,不仅注重考查学科知识的掌握,还关注学生的批判性思维、创造性应用、沟通能力等核心素养等。这些特征共同构成了一个培养学生核心素养的教学环境,旨在使学生在学习学科知识的同时,获得更广泛的能力和素养。也为设计指向核心素养培育的教学方法提供整体指导。综上而言,尽管不同学科在具体的教学设计实施中有不同的要求和策略,但是就核心素养而言,在落实"双新"的整体趋势下,以下三方面的基本策略是可以共享共鉴的:

一是以"大问题"促成深度学习的发生。面对日益复杂的教材内容,传统的问题解决式教学往往存在繁杂、细碎、逻辑不清等情况,难以促成学生深度学习的发生。教学中借助大单元教学,引导学生提出指向学科核心素养的"大问题"。通过"大问题"解决,发展学生的高阶思维,帮助学生形成学科大概念,掌握学科学习的思想和方法,从而促成深度学习的真实发生。

二是实现思维的问题化、层次化、结构化。思维问题化,需要教师引导学生基于真实的生活情境提出问题,筛选出有价值的问题并进行剖析,深入思考问题的本质,掌握解决问题的一般思路和方法。思维层次化,需要教师引导学生完成形象思维和抽象思维两个层次的转化,面对真实的生活情境,要防止部分学生出现"入戏太深"的情况,引导学生快速走出具体的情境,将其转化为抽象的学科知识。思维结构化,需要教师引导学生采用结构化的思维方式去思考问题,按照一定的流程顺序,对知识进行分层次、有逻辑的结构化表达。

三是加强情绪、时间和目标的管理。情绪管理是为了消除在学习生活中坏情绪对广大师生产生的负面影响,让师生全面了解情绪,预防情感冲突,学会平复情绪,这样既避免坏情绪对课堂教学产生不良影响,又有利于课堂的有效沟通。时间管理,让师生对教与学的时间保持一定的弹性张力和适度平衡,学会合理分配时间,保证课堂的有效与高效。目标管理,通过对学科核心素养的层层分解,为每一节课制订清晰、具体、可执行、可测量的目标,让目标成为课堂教学的"定海神针",实现目标导向的教学评的一致性。[①]

---

① 于建涛.培养学科核心素养的"三大策略"[J].中国教育学刊,2022,(08):65-66.

第二节　教师的主题式行动探索

"以演促学"的英语戏剧教学对提升预初学生口语能力的实践探索

一、实践背景

在上海新中考改革背景下,听说测试作为一个新增加的环节,强调学生口语表达的重要性。《义务教育英语课程标准(2022年版)》在语言能力学段目标中关于初中生"表达与交流"的要求是:"能围绕相关主题,运用所学语言,与他人进行日常交流,语音、语调、用词基本正确,表达比较连贯。"根据调查,目前初中生在英语口语上所存在的问题不容乐观,究其原因,首先,是由于学生口语的输出量少。很多学生对口语没有足够的重视,且在口语表达上存在羞怯和畏难心理,不敢用英语大胆进行表达,害怕出错。其次,课堂教学中教师布置口语操练的时间较少,在课时安排方面给学生提供充分进行口语交流的机会不多。针对以上情况,教师在教学中进一步激发学生的口语表达兴趣,让学生进行积极有效的口语训练是十分必要的。

长期以来,初中英语课堂口语教学采用比较传统的教学方式,学生的口语表达训练较少,学生缺乏把学到的英语理论知识运用到实际情景的能力。此外,传统的英语课堂教学模式相对沉闷,学生更多的是被动地接受口语训练,学习兴趣无法被充分调动,尤其对预初的学生来说,刚进入初中,是培养英语学习兴趣的重要阶段,仅进行机械的口语朗读或对话练习会让学生感到枯燥,从而降低学习积极性。戏剧作为一种学习手段和方法,通过采用较为丰富的形式为学生提供口语交流的机会,更易于让学生接受,学生在表演戏剧的过程中能自然而然地训练语音语调,提高语言表达的准确性,在反复的练习中夯实语言功底。因此,在预初学生中实践英语戏剧教学是一种有益的探索和尝试。

二、实践依据

(一) 基于培养核心素养和实现课程目标

义务教育英语课程注重培养学生的核心素养。《义务教育英语课程标准(2022 年版)》(以下简称《新课标》)提出,语言能力是核心素养的基础要素,即运用语言知识及各种策略,参与特定情境下相关主题的语言活动时表现出来的语言理解和表达能力。这就要求学生在感知、体验、积累和运用等语言实践活动中,逐步形成语言意识,积累语言经验,进行有意义的沟通与交流。同时,课程目标中关于预初学生语言能力学段(二级)应达到的学业成就中提到,在表达与交流的表现中,学生应能围绕相关主题,运用所学语言,与他人进行简单的交流,表演小故事或短剧,且语音、语调基本正确。

英语戏剧课的实践符合《新课标》中对培养学生核心素养及发展学生语言能力的要求,通过故事和短剧表演帮助学生在研读剧本中积累词汇和得体的语言表达,在演绎中体验如何在具体情境中与人进行口语沟通和交际,并将所学知识运用到日常生活中,形成一种习惯性语言意识,从而在潜移默化中实现核心素养的育人价值。

(二) 基于学生学情分析

英语戏剧教学是基于对学生学情分析后具有探索性的实践。本次教学实践的对象是笔者所执教班的预初学生,班级大部分学生英语基础良好,但在口语能力上仍需提升。该阶段的学生处于小学和初中的衔接阶段,学生的逻辑思维逐渐发展,创造力有很大提升,同时自我评价意识逐步发展,但由于处于低年级阶段,教师仍需引导和激发他们的学习热情。体现在英语口语教学方面,单一的朗读、背诵、句型对话操练不免会让学生感到枯燥,降低他们的学习兴趣,而英语戏剧教学能以较为活泼的方式,在情境化的氛围中训练学生的口语,且能培养学生合作能力、思辨能力等各方面的综合能力,是一种较好的促进学生学习英语口语的教学模式,也为他们今后进入高年级的英语学习打下基础。

三、教学实践过程

(一) 情景对话训练

1978 年,威多森(Widdowson)发表的《作为交际的语言教学》提出,教师应根据学生的日常生活创设交际化的教学活动,提供、组织、创造各种典型和常用的活动及情景,使学生大量充分地输入听说语言,鼓励他们创造性地使用语言。教学活动应充分使用模拟情景、角色扮演等活动,力求语段贴近自然和真实。交际教学法的理论为英语戏剧教学提供了一定的指导意义。由于笔者教学的对象是预备年级的学生,大部分学生还未接触过英语戏剧,全程使用英语口语来演绎大段的篇章或故事对他们而言还是比较困难的,因此在正式开展戏剧教学前,先安排一段时间让学生通过练习短小的情景对话来循序渐进地体验戏剧表演的氛围。主要的推进方式是由课本出发,先对课本中的对话进行 role play,该项操练可融于平时的常规英语课中。对预备年级的学生来说,这不仅是锻炼口语的机会,也是活跃课堂气氛和提升学生课堂参与度的有效举措。在此基础上,逐渐升级难度,加长文本容量,或鼓励学有余力的学生进行创造性发挥,对课本的原有文本进行改编,并引导学生进行小组讨论,思考使用怎样的语气、语调来进行对话表演,鼓励学生加入表情、动作甚至制作简易道具来呈现对话内容。该种方式作为开展戏剧教学前的"热身"环节,可有效激发学生的兴趣,使部分平时较为内向、课堂参与度低的学生在轻松的氛围中逐渐愿意展现自己,进行英语口语交际。

(二) 戏剧课堂活动设计

美国语言学家 Krashen 在"语言输入假说"中提出语言输入应遵循"i+1"原则,把当前的语言知识状态定义为 i,把语言发展的下一阶段定义为 i+1。只有当学习者接触到属于 i+1 水平的语言材料,才能对学习者的语言发展产生积极的作用,才能习得这门语言。加拿大语言学家 Swain 主张在强调语言输入的同时要有"能理解的语言输出假说",认为语言输出是语言学习的重要组成部分,对提高学生语言能力起着至关重要的作用。"语言输入假说"和"语言输出假说"对英语戏剧教学有较好的启示作用。戏剧教学的最终目的是让学生的口语得到充分锻炼,在此过程中,语言的输入和输出是始终贯穿教学过程的两个活动。戏剧的设置为学生营造了良好的语言环境,剧本的研读为学生积累语料提供了途径。学生在读懂文本的基础上要充分理解故事的背景、人物的性格等,为后期的表演做好铺垫,实现从"i"到"i+1"的跨越。因此,教师要设置阶段任务,让学生有目标地去阅读文本,实现有意义的语言输入。同时,尽可能创造机会让学生进行口语输出。实现的方式可通过回答问题、小组讨论、观点分享等,让学生进行组内交流、组间交流,通过各种形式的输出活动,学生表达的积极性得以提高,语言的输出得到有效的发展。

综上所述,笔者在对学生完成较为基础的情景对话训练后,设计课堂教学模式,引导学生开展戏剧剧本排演,以一个学期为规划开展教学。每周安排一课时,并对课堂进行阶段规划。

1. 分组和分工环节

教学之初,教师给学生提供2～3个剧本供选择,学生可挑选一个自己喜欢的剧目参加,并以剧本为单位形成活动小组。学生在扮演角色的同时还可兼任编导、布景道具设计等工作,在考虑学生的自身意愿和考察个人能力的基础上进行分工。

2. 研读剧本环节

研读剧本是课堂活动的关键一环,也是学生语言输入的环节。学生从拿到选定的剧本开始到熟悉剧本的内容,是耗时较长的一个环节。在正式教学时,通常以故事场景为单位来分段阅读。在这个过程中,既考查学生自读的能力,同时,教师在这个环节也应注意对课堂活动的设计以激发学生的口语表达和对文本的思考,以此来锻炼学生说的能力。笔者设计了以下几种形式来引导学生研读剧本:

(1) 头脑风暴:初读剧本,请学生针对剧本的故事背景和人物性格进行讨论,鼓励学生用表达观点的英语句式来陈述自己的想法。

(2) 教师提问:请学生阅读剧本中某几个段落的内容并针对文本中关于时间、地点等涉及故事主线的内容进行提问(学生回答)。

(3) 结对问答:学生两人一组,针对文本细节设置按照你问我答的方式轮流提问回答。

(4) 设身处地:请学生精读剧本,站在角色的角度,揣摩角色心理。在剧本中找到表现角色表情、动作、心理等变化的词进行标注,并讨论如何通过朗读台词来表现。鼓励学有余力的学生为角色写人物小传。

(5) 思维导图:帮助学生梳理剧本主要内容,教学生通过采用绘制鱼骨图、故事图等思维导图有条理地复现故事内容(如图1和图2所示)。

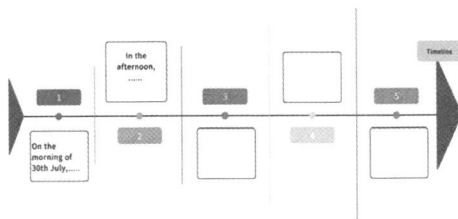 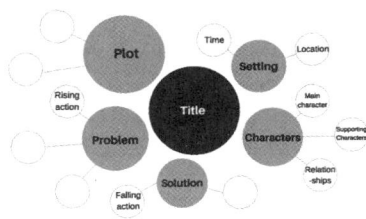

图 1   图 2

(6) 即兴创作:针对某一场景的对话,以旁观者的身份讲述故事情节,并编排简单的剧本或担任旁白来复述故事的发生。

在这一环节的训练中,学生在熟悉剧本的基础上,通过不断问答、讨论和交流,逐渐习惯用英语来进行对话和发表自己的观点,与此同时,还掌握了一些常用的口语表达方式,拓展了一定的词汇量,这都为学生口语能力提升积累原始语料素材做好铺垫。在此过程中,教师仅起辅助作用,给学生提供自主学习和表达的空间。

3. 戏剧排演环节

戏剧的演绎是整个教学环节中最为重要的一环,是学生在前期积累后进行口语输出的环节,通过让学生在表演中学习各种口语表达的方式,达到"以演促学"的目标,在这部分中,教师着重对学生表达技巧方面进行指导。

(1) 语言要素(台词的处理)

演员要清晰、有感情地说台词。因此,教师需要指导学生通过台词的合理断句、重读单词的方式来体现语言的情境性。剧本中出现的一些长难句,教师可进行示范,并适度借助原版录音帮助学生分析句子结构,使学生在理解意思后带着感情和自己对人物的理解来处理台词。在此过程中,为帮助学生更好地"入戏",可让学生设计音效并加入场景来烘托气氛,作为辅助。

（2）非语言要素（神态、动作表现）

《新课标》指出，学生应在英语学习中正确使用学习策略来提高学习效率、提升学习效果。其中，交际策略强调加强学生非语言信息的理解与表达。对预初学生提出的要求是能在口头表达中借助目光、表情、手势、动作等非语言手段表达意思。因此，在排演戏剧的过程中，除了口语训练外，教师也应适当指导学生通过眼神、手势、位移等动作来使角色表现更加丰满。预初学生因尚未接触比较完整的剧目表演，有时会有怯场的心理，教师应营造一种轻松的表演氛围，帮助学生通过回忆他们日常生活中的行为举止来对场景中的肢体表演提供依据，学生之间也应相互进行讨论，探讨表现方式。通过这种方式，学生不仅锻炼了口语，而且能沉浸式地体验情境交际，帮助他们提升口语综合能力。

（三）学习评价反馈

戏剧教学最后的演出是一种重要的成果汇报，成果固然重要，但是学生在剧本研读和戏剧排演过程中所付出的努力也不可忽视。为了鼓励学生高质量地完成任务，并实时检测自己在课堂中是否有效锻炼了自己的口语能力，如学生的课堂表现、个人小组活动表现等过程性评价也是必不可少的。因此，笔者设计了自我评价表和互动评价表让学生对阶段性学习成果及时进行自我评价和互相评价，并结合《新课标》中对口语能力的评价维度定制评价标准（如表1、2、3所示）。

表1

Self-Evaluation Form　　　　Name：　　Date：		How to promote
Did I speak fluently?	Yes/No	
Did I pronounce correctly and use proper intonation?	Yes/No	
Did I read the scripts correctly and make no grammatically mistake?	Yes/No	
Did I use body language to make my performance vivid?	Yes/No	
Did I cooperate with my partners well?	Yes/No	

表 2

Evaluation Form	Name：		Suggestions
Fluency and accuracy(流利度和正确率)		☆☆☆	
Pronunciation and Intonation(语音语调)		☆☆☆	
Performance(表演效果)		☆☆☆	
Cooperation(合作能力)		☆☆☆	
Total		☆☆☆	

表 3

项目	评价标准	
流利度、正确率	☆☆☆	表达流利,内容正确、达意
	☆☆	比较流利,内容基本正确
	☆	不够流利,语言错误较多
语音语调	☆☆☆	语调自然,语音、节奏正确
	☆☆	语调比较自然,语音、节奏基本正确
	☆	语调不够自然,不够流畅
表演效果	☆☆☆	运用丰富表情和肢体语言表现人物,很自信,有感染力
	☆☆	能适当运用表情和肢体语言体现人物性格,较自信
	☆	有部分表情和肢体语言表现
合作能力	☆☆☆	积极参与,善于合作,应变能力强
	☆☆	主动参与,能够合作,有一定的应变能力
	☆	能参与,有一定合作意识

　　评价表的填写目的是让学生养成良好的学习习惯,重视过程性评价,记录自己的学习收获。评价表分为自评表和他评表两种形式。自评表主要用于学生在参与每一课时的活动后检测自己的表现,并思考如何改进。他评表用于一阶段的学习后小组同学互相进行评价。通过学生的自评与互评,能较好地进行阶段性总结,并从中发现问题,收获成就感。教师也可通过评价表了解学生学习中的困难,并及时帮助解决。

四、实践成效

　　综合一学期戏剧教学中学生的表现和变化,我们发现通过英语戏剧的学习和排演,学生在口语能力、学习能力等方面均获得提高,并在戏剧体验中培养良好的价值观。

（一）口语能力

为了让学生的学习效果有一个量化的体现，教师分别选取了开展戏剧教学的三个时间段（分别为学期初、学期中、学期末）对执教班中参与戏剧课堂的学生进行口语测试。每次学生需完成一份口语测评卷，测试内容和评价标准参考中考口语测试形式，但针对预初学生降低一定难度，分为朗读文本、快速问答和情景会话三部分。三次测评的难度基本相当，由每次测试的得分变化情况来体现参与英语戏剧课堂后学生在口语能力上的变化。

最后，通过统计所有学生的测评成绩，计算平均分，整理数据，绘制图表来呈现学生总体的成绩变化（如图 3 和表 4 所示）。

口语测试每小题均分变化

口语测试总均分变化

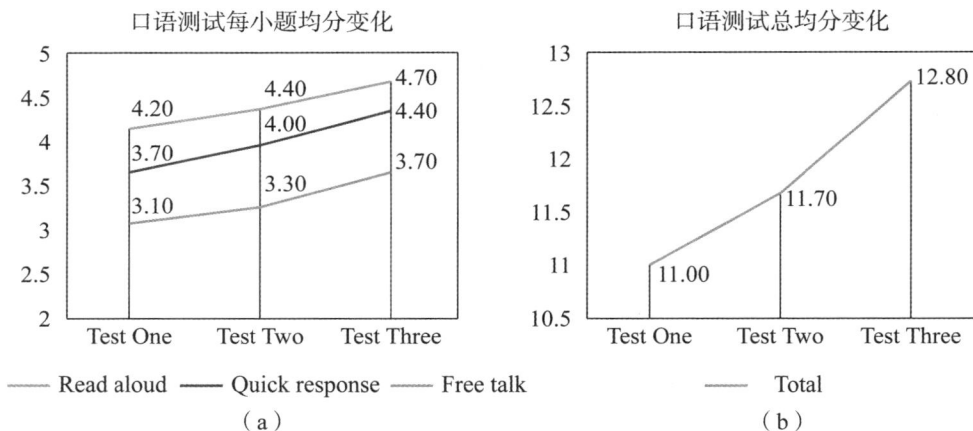

（a）   （b）

图3

表4   口语测试均分变化

	Read aloud 5	Quick response 5	Free talk 5	Total 15
Test One	4.2	3.7	3.1	11.0
Test Two	4.4	4.0	3.3	11.7
Test Three	4.7	4.4	3.7	12.8

通过测试及分析学生的成绩，可以发现通过一学期的英语戏剧课学习，学生无论是在朗读、对话问答还是情景会话的表达上都有了明显的进步。这不仅反映在正确率、流利度的显著提高，尤其体现在学生进行情景对话时从最初的无话

可说、紧张局促到后期表现的自然大方、胸有成竹,这种变化来自学生从戏剧课一次次的排练中获得的自信,这种自信让不少学生克服了对口语的畏难心理,为英语口语训练奠定了良好的基础。

通过英语戏剧课训练,学生的口语能力在以下三方面获得了不同程度的提升:

1. 学生在戏剧表演中,通过高声朗读练习,可以发现其语音语调问题,背诵台词的过程也丰富了他们的词汇量,表演的过程都助学生训练语言的流利度,同时纠正一些常见的语言错误;

2. 通过戏剧表演各种场景中人物的对话,学生能学习及灵活运用一些日常用语,丰富了他们的交际用语,对描述人物或事件的能力得到提高;

3. 在不同情境下进行戏剧表演,学生通过演绎人物的各种表现或呈现剧情的冲突,能学到如何通过正确的措辞来保证语言表达的得体性。

(二) 学习能力

1. 合作与探究

戏剧课堂强调学生之间的合作学习,在这个过程中包括观点分享、提问互答、对话训练、情景表演等环节,是一种全方位多角度的合作形式。学生在这种合作学习的氛围中,能自发地采用各种适合自己的方式表达和展示自我,同时对剧本的研读也能拓宽学生的思维。

2. 主动与进取

由于在戏剧教学中学生能获得更多表达的自主权,在较为开放式的活动中,学生能从自己的兴趣出发讨论和展现剧本内容,因此大部分学生都显著地提高了活动的参与度和积极性。教学中设计的小组讨论和提问环节,学生的参与意识非常强,尤其在观点分享时,学生从一开始的不愿说,到后期的畅所欲言,对剧中人物的性格、表演时采用的手法等提出自己的想法,并进行热烈讨论。在这种氛围中,学生的主动性和进取心被调动了起来,课堂的活跃度得到了极大提升。

(三) 价值观的培养

戏剧教学不仅在知识能力方面锻炼学生,同时也具有育人价值,能在潜移默化中培养学生形成良好的道德品质以及获得正确的社会认知。一部好的戏剧所传递出的正能量能给参与的学生带来不可磨灭的印象,输送正确的价值观和思想认识,而戏剧中的人物所具有的高尚品质也会引起学生的强烈共鸣。因此,学生不仅是在表演,更是在这个过程中培养和构建良好的价值观,学会用积极的态度去面对周围的环境和自己的生活。

五、建议和结论

(一) 教学建议

1. 剧本选择基于学生的兴趣

兴趣是学生学习英语的原动力,考虑到初中生尤其是预备年级学生的年龄特点,剧本的选择应符合他们的认知,剧本中的人物角色最好以同年龄段为主,贴近学生的生活。故事内容的选择应具有吸引力,以激发学生阅读剧本的兴趣。除此以外,教师也可根据剧本内容提供一些类似题材的短片等让学生观看和感受,这些细节的处理,可以让学生带着好奇心更主动地去接触剧本,全身心参与其中,从而保证后续活动的有序开展。

2. 结合学生语言知识水平与心理认知水平

要获得口语训练的最大效益,还须考虑学生的语言知识水平和心理认知水平,考虑预初学生的基础,剧本中词汇量、句型的难度,但又需要基于学生的现有水平。此外,内容应符合初中生的认知水平,主题应积极和正向,故事情节不能过分幼稚,低于或超出他们的认知特点都不适合。

(二) 研究结论

本研究主要通过实证研究探讨"以演促学"的英语戏剧教学对提升预初学生口语能力的作用。研究基于培养学生的核心素养和实现课程目标,在分析学生学情的基础上,以交际教学法为指导,在课堂中充分发挥学生学习的主动性,为学生创设自主的学习氛围,并运用 Krashen 的"语言输入假说"和 Swain 的"语言输出假说"理论,鼓励学生有目标有任务地完成语料输入,并在对话、交流、表演中完成语言的输出。通过在实践中分析相关数据,得到以下结论:

1. "以演促学"的英语戏剧教学模式是一种对预初学生行之有效的提升口语学习兴趣、锻炼口语能力的方法,能有效结合预初学生的心理特征,帮助学生在潜移默化中练习和提升口语。

2."以演促学"的英语戏剧教学可以帮助学生提高学习能力。相比于独立学习,学生通过小组讨论、组间交流、表演探索等形式参与课堂活动,能培养沟通合作、解决问题的学习能力。

3."以演促学"的英语戏剧教学对培养学生正确的人生观和价值观有较好的辅助作用。学生通过优秀的剧本,对故事中人物的演绎和对角色的思考,培养了思辨能力,深度理解剧中人物的美好品质,能培养他们良好的道德情操。

本文作者:陈　珺

聚焦文化品格
——基于初中英语阅读课培养学生文化意识的实践研究

《义务教育英语课程标准(2011年版)》提出了"以语言技能、语言知识、情感态度、学习策略、文化意识等五个方面共同构成英语课程总目标"。《义务教育英语课程标准(2022年版)》秉持以素养培养为中心,从培养语言能力到培养和发展核心素养,集中体现了课程的育人价值。文化意识作为核心素养的重要组成部分,旨在对中外文化的理解和对优秀文化的鉴赏,是学生在新时代表现出的跨文化认知、态度和行为的选择。文化意识的培育有助于学生增强家国情怀和人类命运共同体意识,涵养品格,提升文明素养和社会责任感。通过英语教学不仅使学生掌握基本的词汇语法知识,还需加强对不同民族文化差异的了解,从而帮助学生树立正确的文化观和人生观。因此,教师在英语教学过程中应注重对初中生的文化意识培养,使其掌握基本的学习方法,提升自身综合素质能力。教师应结合英语教学实际情况,采取合理措施来强化初中生文化意识培养,使其综合能力得到有效提升。

一、初中英语阅读教学中的文化意识培养问题分析

长久以来,我国的英语阅读教学一直注重于传授语言知识。这种单一的教学模式使学生缺乏主动参与和交流沟通的机会,无法真正理解作者的写作意图,也不能有效提高其运用词汇进行表达与交际的能力。尽管英语阅读教学的现状已经得到了相当程度的改善,如教师开始重视学习策略的介绍和读写技能的结

合等,但是广大教师对文化知识的输入并未给予足够的重视,对培养阅读中文化意识的关注也有待加强。本文旨在探讨如何加强英语阅读过程中的文化意识培养,以促进学生提高跨文化交际能力和人文素养。当前,英语阅读教学的文化意识培养存在一种"偏重语言学习,轻视文化培养"的现象:重文字介绍而轻文化内涵阐释,重词篇分析而轻文化背景解读。强调西方文化的重要性,忽视中华优秀传统文化的价值。这不仅影响学生阅读能力的提高和跨文化交际能力的发展,而且对我国英语教育产生了负面影响。在初中英语阅读教学中,存在两个主要问题,需要我们认真对待:

（一）教师对文化意识的理解不到位

许多一线教师在文化教学中存在一个普遍的误区,即过于局限于传授外来文化知识,而忽略更广泛的知识领域;文化教学的层次在于对被孤立的文化现象的认知和理解;在文化教学中,通常采用讲解和"灌输"等方式来传授知识。这种教学方式严重影响学生文化意识的培养,束缚了学生跨文化交际能力的提高。有些教师甚至认为,并非所有人都具备出国或与外国人交往的能力,因此文化素养的培养并不是必要的。

（二）文化意识教学形式单一

在中学英语阅读课程中,教师主要注重对语篇中的语言知识进行深入分析或完成相关的阅读测试,而对学生情感教育采用单向"灌输"的方式,导致学生在辨别、感悟、体验和内化知识的过程中遭遇困难。因此,大部分学生在课堂上表现为被动地听教师讲或机械地模仿课文的句子结构,不能真正从文章本身出发来思考问题和分析问题,更谈不上通过自身的努力去提高自己的理解能力。这导致他们在学习过程中缺乏自我意识和积极参与的热情,从而影响他们的学习效果。因此,如何培养初中生良好的人文素养,是每一位英语教师应深思的问题。

二、英语阅读课中渗透文化意识教学的实践探索

阅读教学中渗透文化元素是英语教学不可缺少的重要环节。根据课程标准的规定,文化知识的传授应当以激发学生的文化意识形成和发展为主要目标。文化意识是一种重要的心理能力,也是个体适应社会生活所必需的品质。文化的学习

不仅需要知识的积淀，更需要对其精神内核进行深刻理解，并将卓越的文化内涵进一步内化为个人的意识和行为准则。因此，要实现这一目标就必须培养学生有效解读文化信息的能力。根据课程标准要求，形成文化意识的途径在于通过对中外文化知识的感知、分析和比较来实现；对卓越文化，我们应进行深入的欣赏和积极的吸收；践行先进思想——实践与反思。深化对文化的理解，包括对其认知和内化过程的深入探究；发展核心素养——语言能力、思维品质和学习方式。在初中英语阅读教学中，教师可以采用以下三种策略，以培养学生的文明素养——行为和表征为目标，从而有效提升学生的文化意识水平，取得了显著的成效。

（一）充分挖掘教材，丰富学生的文化知识内涵

语篇是培养学生英语核心素养的重要媒介，往往蕴含丰富多彩的国际文化、文明成果、思想情感、人文态度等人文价值属性。因此，在英语教学过程中应注重对语言能力和跨文化意识的训练。这篇文章涵盖了丰富的中外文化知识，其中包括人际关系、环境关系、自然关系以及社会关系等内容。其中，"传递了什么"在英语阅读教学中，教师的职责不仅在于传授信息传递的技巧，更在于引导学生理解文本材料所传达的信息。只有这样，才能让学生通过阅读理解文章背后的含义来提高其语言表达能力以及跨文化交际意识。对学生而言，了解信息传递的方式和内容同样至关重要。因此，在教学过程中应重视培养学生分析文化差异的能力。

在教授上海牛津初中教材六年级上册第三模块"Food and drink"中的第八单元"The food we eat"时，教师引导学生挖掘文化知识的内涵，对不同国家的食物进行对比分析（见表1），帮助学生更好地了解各个国家都有着怎样的特色食物，以及不同的食物在不同的国家具有的特殊意义。古往今来，食物也随着科技的进步和朝代的更迭，从外表特征及口感、制作过程等都发生翻天覆地的变化。因此在这一单元的教学中，可以利用语篇描述的现象将这一情况引入社会情境中，以此让学生进行自由讨论：Rice is consumed differently in different countries. In China, it is a staple food coexisting with slimming, while in Japan, it can also be used as a staple food. However, in Japan, rice is mainly made into sushi for consumption, while in the United States, the United Kingdom, and other places, rice only exists as an Eastern specialty cuisine. Generally, these countries do not eat rice. 以此让学生以日常生活中常见的饮食

为例,进行讨论,教师也可以有针对性地引导学生进行深入的思考和学习。

表1   Differences in Food in Different Countries

Countries	Food	Edible scenes and production methods
Japan	A bowl of nutritious and fragrant miso soup, a small plate of highly nutritious natto, a bowl of rice, a grilled fish, and various vegetables and fruits paired with it	staple food
South Korea	A table of kimchi and a bowl of rice	
India	One is the hand held pancake that is extremely convenient to eat, and the other is various curries	
America	Breakfast consists of a glass of milk and a plate of bread, while lunch requires high-calorie ingredients such as hamburgers and hot dogs. Dinner is sure to be accompanied by a large steak	

语言,作为文化的媒介,与特定的文化紧密交织,蕴含着社会独特的文化内涵。因此,文化背景知识对英语教学有着至关重要的作用。在英语阅读教学中,教师应深入挖掘阅读素材,以充实学生的文化知识,提升学生的文化素养。通过分析不同国家、民族和地区的历史背景来加深对英语文化的理解。只有具备一定的文化素养,才能提高自己的理解能力,从而有效地利用教材资源,实现英语教学目标。若欲精通一门语言,必须对其所处的文化背景有深刻了解。因此,教师应注重对英语阅读素材的研究,将文化知识融入其中,使学生通过阅读感受到不同国家、民族之间的文化差异。

（二）创设文化情境,加深文化融入

可以通过组织学生参观博物馆,搜集相关资料,以及利用网络资源等多种方式培养学生对文本信息的理解能力。在这一过程中,教师应当以引导学生为手段,促进其对所学语言文化知识的感知、理解、体验和领悟的深入发展。

在教授上海牛津初中教材六年级上册第三模块"Food and drink"中的第八单元"The food we eat"时,教师策划了一项任务活动,旨在让学生亲身体验跨文化交际:为一所德国友好学校的师生举办一场欢迎会,以小组为单位,在合作、协商、讨论和辩论的基础上,决定购买哪种食品,并提供食品采购清单。德国学生每年在我国进行6周的文化交流访问,并走进英语课堂,与我国学生一起上课。要求每个学生填写一份关于购买食品的清单,然后交流看法。

表 2　Food

grains	vegetables	meat	fruit	drinks	dairy	desserts
bread	potatoes	beef	bananas	apple juice	cheese	cakes
…	…	…	…	…	…	…

表 3　《The food we eat》教学设计

单元主题	The food we eat
教学目标	1. 掌握本单元的单词、词汇和重点句式； 2. 能用课文中的单词和句式进行造句； 3. 能用英语读菜单

（续表）

单元主题		The food we eat
教学过程	生活情境导入	师：知道我们平时吃的食物都是怎么来的吗？ 师：知道这些食物的原材料都是什么吗？ Do you know how the food we usually eat comes from? Do you know what the raw materials for these foods are?
	游戏导入：角色扮演	选择四位学生进行角色扮演，一位学生扮演餐厅服务员；另一位学生扮演餐厅前台结账客服；余下两位学生扮演消费者。
	情境导入	每组由四位学生组成，教师会向他们发放一张广告单，上面标注食品的名称、价格和图片。 各组选一位学生，将自己购买的食品、价格及注意事项写在宣传单上。以小组为单位，学生通过熟悉广告单中的各种食品和价格，深入了解来访师生的风俗习惯、饮食喜好和禁忌等方面的信息

（续表）

单元主题	The food we eat	
教学过程		 　　本次欢迎会议所需食品总支出限额为 500 元。为了解决这一问题，每个学生都设计了自己的方案，有的甚至亲自实践操作。 　　在进行合作、协商、讨论和辩论的过程中，每组学生需完成一份购物清单，并在此基础上做出选择，决定购买哪种食品，以及每种食品的数量和价格。 表 4　Shopping list [shopping list table below] 　　在完成任务后，各小组向全班学生汇报了他们所购买食品的数量和总开支，并在黑板上贴上采购单。每个小组都有一名学生汇报自己对食品的看法和建议，然后由组长根据大家的意见做出选择。在全班讨论中，经过仔细筛选，最终确定一份最为合理的食品采购清单。

表 4　Shopping list

Food	Quantity (How much/many)	Cost (How much)
grains		
vegetables		
meat		
fruit		
drinks		
dairy		
desserts		
Total		

（续表）

单元主题	The food we eat
结论	

Unit 8 The food we eat
- 重点单词
  - 词义
  - 词性转换
  - 用法拓展
- 重点短语
  - 汇编
  - 用法拓展
- 句型表达
  - 课本同步重要句型及运用
  - 句型中涉及的语法讲解和拓展

表5 部分教学片段展示

师：你知道这些食物的原材料都是什么吗？

生 A：Orange juice comes from oranges.

Orange juice comes from oranges.
Oranges grow on orange trees.

橙汁来自橙子

生 B：Bread comes from wheat.

Bagels come from wheat.
Wheat grows from
the seeds of a wheat plant.

贝谷圈用小麦做成

生 C：Milk comes from cows.

Milk comes from cows.
Cows are animols.

牛奶来自奶牛

总之,英语教学是一种跨文化教育活动,它不仅可以提高学生对英语学习重要性的认识,而且还有助于培养其自主学习能力及良好的合作精神。

三、在初中英语阅读教学中加强文化意识教学的建议

(一)树立先进的教学观念,挖掘文本中的文化元素

英语教学离不开阅读这一重要环节。初中英语阅读教学中,教师应当以语篇中所蕴含的文化信息为基础,建立文化信息之间的紧密联系,协助学生在语言学习和应用过程中将语言和文化知识内化。注重文化背景的引入阅读时,教师应根据不同体裁文本的特点选择恰当的教学方法来引导学生进行有效理解与分析。在阅读教学中,文化元素常常以隐性的方式存在,因此,教师需要运用一定的技巧和手段来深入挖掘和外显这些元素。本文主要分析了初中英语阅读课堂教学中融入的各种文化因素及其作用方式。

(二)开设形式多样的文化课程,形成体验文化的重要阵地

在英语教学中对学生进行文化认同的培育是一个重要环节。因此,教师应当思考如何开展多样化的文化课程,开拓学生的文化学习途径。例如,"英语报刊阅读""英语经典阅读""英语诗歌诵读"和"读者剧场"等课程,以丰富学生的文化学习,使其通过主体参与、情感体验、积极创造等方式,在文化感知、文化理解、文化比较和文化鉴别等方面得到协调发展,最终在多元文化的熏陶下,大幅提升学生的文化意识,挖掘和利用个人生命潜力,实现人生追求和社会价值的有机统一。

(三)重视阅读命题的文化融入,发挥考试评价的导向作用

教学目标的实现离不开科学的评价体系,因此评价具有不可替代的保障作用。《新课标》强调在英语教学中应关注每一个学生的情感态度和价值观,重视培养学生综合运用语言的能力。因此,在英语课程评价中,为了积极引导教学方向,必须采用科学合理的评价方式和方法,实时有效地监控教学过程和结果,践行《新课标》规定的课程目标和要求。本文结合笔者自身英语教学实践,以文化背景为题,在试题中融入文化;逐步提升学生在课堂中对文化内容的表达欲。构建中学英语多元动态发展性课堂评价机制。通过对学生考试及课堂表现进行评

价,使其在英语学习过程中不断感受到进步和成功,从而建立自我认知和自信心,通过学习策略调整,全面促进其英语学科核心素养的发展。

随着我国社会经济的蓬勃发展,教育领域也在不断探索和创新。在新时代背景下,初中英语教学工作需要教师不仅注重学生英语基础知识的传授,更需要注重培养学生英语文化意识,以帮助他们更好地掌握及理解英语语言知识。此外教师还要注意引导学生树立正确的价值观念,帮助他们建立完善的人格,进而使初中英语教学更加符合时代要求。

本文作者:侯亚军

素养导向下的初中地理教学实践与探索

在传统的地理教学中,教师偏重于教学的认知角度,偏重于机械的知识灌输,缺乏对学生接受效果的思考,缺乏对教学中情感因素的挖掘。地理课堂气氛沉闷,教师一讲到底,学生被动接受,久而久之滋长了学生对地理课的厌学情绪。

随着《义务教育课程标准(2022年版)》的颁布,课程改革方向已愈发明确,发展学生核心素养成为主要驱动力,学生的主体学习地位更为凸显,关注学生个性化、多样化的发展需要上升到一定高度。具体落实在地理课程层面,是要"以提升学生核心素养为宗旨,引导学生学习对生活有用的地理、对终身发展有用的地理,为培养具有生态文明理念的时代新人打下基础"。依据上述课程理念,教师需在育人目标、课程内容、教学方式、教学评价、课堂空间等方面进行与时俱进的优化调整,以调动学生的学习积极性,激活地理课堂"乐学"之境,使他们真正爱上地理课,学好地理课。

一、坚持育人为本,指向提升学生核心素养

地理课程要培育的核心素养,主要包括人地协调观、综合思维、区域认知和地理实践力等。根据课程标准,地理教师需要引导学生通过探究人类活动与地理环境的关系,认识到地球资源是有限的、生态环境是脆弱的,形成保护地球家园的观念、热爱祖国和家乡的情感,以及关心世界的态度,不断增强人文底蕴、科

学精神和责任担当。可以说,地理课程各部分内容蕴含丰富的思想政治教育资源,地理课程是落实课程思政的重要载体。

中学地理教材中的思政元素具有很高的"天然肥力"。上至宇宙太空,下到岩层海底;既有世界各洲各国,也有祖国山南海北;广袤世界,千姿百态。例如,在七年级中国地理的学习过程中,呈现在学生面前的是一个不断具象化的山河壮丽、环境多彩的"美丽中国":从浩浩长江、滔滔黄河到烟波浩渺水天一色的鄱阳、洞庭湖;从青藏高原的群山峻岭到东部地区的连绵丘陵;还有那浩大的万里长城、宏伟的北京故宫、精巧的苏州园林、神奇的拉萨布达拉宫、奇特的敦煌莫高窟……若将这些内容一一展示,娓娓道来,一定会感染我们的学生,激发他们强烈的爱国情怀。

因学科特点,地理与美育有着紧密的关联性。作为审美对象的自然美、社会美和艺术美三者俱全。只要我们在教学中善于挖掘美的元素,甚至创造美,必然会引起学生情感上的共鸣和联想,使其获得审美愉悦,提高他们发现美、鉴赏美和创造美的能力。地理教学的特点就在于能充分运用地图、地理图片、地理模型、版图版画、电脑多媒体等直观教具的艺术性,通过创设富有情感的教学情境来培养学生想象能力和思维能力,促进其审美能力的不断提高。例如,在教学区域地理"新疆维吾尔自治区"一课时,可以先在黑板上画一张新疆轮廓图,再用不同的色彩边讲边填注具体的"三山两盆"、塔克拉玛干沙漠、乌鲁木齐等地理事物和现象。远远望去,这幅由不同色彩、线条和符号绘出的图似乎是一节美术课,真正将地理教学中的美学挖掘出来,寓教学于美育之中。又如,在教学分层设色地形图时,若用沙盘模型展示各种地形,结合投影等高线的方式,则能使学生直观感受等高线的形成及含义,学生按自己的想法推动改变沙盘上沙丘的形态,观看思考等高线的变化,在加深理解的同时,也让学生做了一次雕塑家,从而培养学生的立体美感。再如,让学生观看一段有关地震、火山喷发时的视频,可以让学生的视野无限扩大,知识面不断增长,能学到教材中学不到的东西。

语言是发展思维、交流思想、表达感情的工具。在中国古诗词中,生活中常见的地理知识和地理现象,经过一代又一代的口耳传唱,生生不息。例如,我在课堂上常常穿插一些朗朗上口的诗歌来辅助教学,收到了意想不到的效果。在"长江"一课中,针对长江上中下游不同的水文特征,分别用不同的诗进行归纳小结。上游地区水流湍急,水能巨大,就用李白的"朝辞白帝彩云间,千里江陵一日还。两岸猿声啼不住,轻舟已过万重山",因为这首诗对上游的水文特征描述极为生动。中游地区,河道曲折,"九曲回肠",水患严重,则是"万里长江,险在荆江"。下游地区,江宽水深,水流平稳,航运便利,"孤帆远影碧空尽,唯见长江天际流"是其最贴切的总结。对长江所有内容介绍完毕后,再自编一诗将长江的所有内容包括其中:"长江发源唐古拉,黄金水道六千三;青藏川滇渝鄂湘,赣皖苏沪入东海;宜昌湖口上中下,三峡工程世界殊。"这些诗歌文字优美,构思巧妙,比喻恰当,富有情景,再经过教师抑扬顿挫的朗诵,娓娓动听,给学生直接的美感体验,沉浸在美的享受和快乐的情绪中。

二、精选课程内容,组织贴近学生生活的地理素材

美国教育心理学家布鲁纳认为,学习的最大刺激乃是对所学材料的兴趣。因此,在教学活动中,教师必须以知识本身来吸引学生学习,要从教学内容角度满足学生的求知需要,以产生快乐情绪,这是情感教学首先要重视的问题。如果课程内容与学生生活距离较远,"事不关己"或畏难情绪会直接影响教学效果。只有当教学内容和学生的求知需要完全匹配时,学生的学习兴趣才能得到调动,才能实现真正意义上的乐学。所以,教师要熟悉教学内容,了解学生生活,精选优化教学内容,使其成为既能满足学生求知需要,又能使学生体现欢乐情绪,乐意接受的一种教学内容。

例如,在六年级第一节"为什么要学习地理"是这样介绍地理学科性质的:"地理是一门知识非常广泛的学科。既包括自然界的现象,又包括人类活动的现象,还要说明这些现象和事物在地面上分布及其相互联系。"如何把这个抽象的概念传授给学生,让学生一开始就对学习地理这门学科产生强烈的求知欲。教师必须对教材作精细加工,融入学生熟悉的知识,把发生在学生周围且为他们普遍感觉到又十分关注的各种自然现象加以整理,在课堂上精心设计一系列问题。例如,为什么一年中会有春夏秋冬四个不同的季节?为什么地球表面有的地方生长着茂密的森林,有的地方分布着广阔的草原,而有的地方却成了荒漠?为什么有的地区开垦为耕地,有的地区开辟成牧场,有的地区开发成矿区,有的地方却兴建成工业城镇或港口?……这一连串问题引起了学生了解发生在他们周围

生活中种种地理现象的兴趣,激起他们要求探索隐藏在这些现象背后秘密的求知需要,渴望教师告诉他们。然后教师再加以小结,这些都是地理课上要解决的问题,上述地理现象在今后的地理课中会一一讲述。这样经过教师巧妙构思,在学生看来教学内容似乎能满足学生的求知需要,便怀着快乐的心情听课。正因为教师一开始就组织贴近学生生活的地理素材,使地理教学在学生乐于接受和乐于学习的状态中进行,因此促进了学生智能操作水平的最佳发挥,使学生从被动的"要我学"的情感状态进阶到"我要学"的乐学情感状态,从而能较好地掌握相关地理知识和技能。

三、活化课堂形式,倡导以学生为中心的地理教学方法

创新课堂教学方式,并在此过程中创设快乐的情绪体验,有助于增强学生学习的热情和动力。

例如,在中国地理的教学实践中,我给学生布置了一个主题——我爱祖国山河美。在每节课上课之前安排三分钟演讲,每位学生可以通过查阅课内外书籍或上网浏览等形式,上讲台来介绍祖国的地理小知识,然后由师生加以点评,给予鼓励。通过这种教学形式,每位学生都事先做了充分准备,使自己在获得周围同学赞许的目光中得到成功的喜悦,从而进一步激发他们的求知欲。

又如,在教学中国地理"行政区划"一课中的省级行政单位简称及行政中心时,我一改传统的讲授法,采取小组合作学习、分组抢答竞赛的方法。分小组查阅资料,熟悉了解34个省级行政单位简称及行政中心;再通过识读车牌、谜语等形式开展抢答竞赛,整堂课学生的学习热情空前高涨,争先恐后抢着举手回答问题。一堂原本枯燥、单调的课沉浸在学生间相互竞争所产生的热烈、高昂的气氛中,在抢答中,学生体验到学习带来的成就感。

再如,在"铁路运输"一节教学中,我通过角色扮演的形式让学生充当列车员报站名,我国"五纵三横"的铁路干线,依次经过哪些重要城市? 也可以让学生当采购员如从上海出发,去包头采购一批稀土金属材料,你认为应经过哪些铁路线最方便。还可以当导游,设计旅游线路,如有一批吉林游客想乘火车去上海、昆明、成都、广州、杭州、苏州、无锡等城市旅游,分别经过哪些铁路干线? 在哪些城市换车最便捷? ……

再以"印度"一课为例:本节课内容主要涉及人口大国、农业大国和文明古国三部分,根据学生的能力设计了3个相应的活动,以学习单的形式,两人一组为单位展开,意在培养学生合作学习、互动交流的学习能力。我根据教材重新调整了教学内容顺序,设计了活动。

文明古国——活动一:文化大寻觅

人口大国——活动二:人口大调查

农业大国——活动三:环境大发现

三个活动的难度循序渐进,对学生的要求也逐步提高。由于印度有不少地理、历史特征与我国相似,因此,在教学过程中多次对比中印两国,并在小结时引导学生找出两国的相似之处,以此加深学生对印度的理解和记忆。

参加各种娱乐活动的需要本是人的天性,处于身心发展阶段的青少年求新求异,好动好乐,在地理教学中若将原本枯燥无味的地理知识与受学生欢迎的活动形式结合起来,化为学生感兴趣的直观性和实践性强的教学内容,使他们产生愉悦心情,这是把地理教学和学生情感因素相结合,从而提高学生学习地理主动性和积极性的一种方式。

四、发挥评价功能,铺设激活学生创造力的思维途径

在大力倡导培养学生创新精神和实践能力的今天,教师要为学生提供充分发展创造潜能的外部刺激和气氛,为达成这一目标,课堂上教师的评价是重要方式之一。

首先,在课堂上教师要发扬教学民主,鼓励学生探究、质疑,充分进行发散性思维,创造良好的学习氛围。例如,在上完"世界气候类型"一节内容后作小结时,教师往往指导学生如何根据降水量和气温判断气候类型。有一次,一位学生在课堂上冒出一句:"植物也能判断气候类型。"我不禁为这位学生的不循陈规而称好,并适时补充:"植物是环境的一面镜子,它在反映气候类型上具有综合性特点,它不仅能指示气温和降水两项指标,还可以反映降水与气温的结合,在不同的气候条件下往往会形成一些典型的植被类型,所以许多气候类型就以该地区的一些典型植被来命名,如热带雨林气候、热带稀树草原气候、热带沙漠气候等,就是地中海气候也可称为油橄榄形气候。"

其次，教师还应通过启发性教学给学生发挥创造潜能的必要的外部刺激，使学生的创造需要得到满足。一旦学生的创造性思维被激活了，满足创造需要的快乐情绪也就会油然而生。例如，在上世界地理"人口问题"一节教学内容时，学生通过讨论列举由于人口过多所产生的一系列问题之后，教师继续引导学生"突发奇想"，发散思维：现今世界人口众多，地球不堪重负，资源逐步用尽，可采取什么措施呢？此时学生的思维马上会活跃起来，情绪也分外高涨，一个个充满智慧的方案被提了出来：有学生说可以向太空迁移人口；有学生说可以向海洋进军，围海造田；有学生说可改造沙漠，让沙漠变绿洲；有学生说开发新能源，用于代替石油、煤炭等常规能源……事实证明，一次次成功的发散性思维训练离不开教师的评价与引导。有效发挥评价的激励功能，能激发学生的学习热情，使其享受到有所创新、有所创造所带来的快乐。

五、拓展育人空间，打造知行合一的地理学科实践活动

走出课堂，走向社会，广泛开展地理课外活动，是培养学生地理实践力的一个好途径。例如，可尝试结合初中社会实践活动来进行地理教学，学生在游览青浦东方绿舟、松江佘山、崇明东平森林公园的同时，了解本地区的自然地理和人文地理状况，既享受了都市生活中难以体验的自然美，又学到了地理课堂教学中难以悟透的地理知识，一举两得。还可组织学生手绘地理小报，如画一画中华艺术宫、金茂大厦、东方明珠电视塔等，可加深学生对上海改革开发以来所取得的伟大成就的了解。

上海学生常年生活在城市中，对地图的使用、野外辨认方向的方法、等高线地形图的识别能力都比较欠缺。在教学"地图"单元时，可以组织学生到附近的大宁公园安排一次定向越野活动。活动前，教师发给每位学生一张大宁公园的平面图和一份任务单，把全班学生分组、确定组长，并安排几位学生为检查员，进行布点、看点，检查员应根据平面图提前实地考察，按基本图准确设置检查点，确定路线及检查员执勤的位置。然后教师再详细讲解定向越野的规则及注意事项，并讲解地图的作用及学会使用地图的知识、指南针的使用方法等。最后让学生完成任务单上的作业：说出白沙滩在南门的什么方向？从罗马广场到东门朝什么方向走？运用地图上的比例尺，算一算南门与新南门之间的直线距离……

通过实践训练活动,既满足了学生的娱乐需要,又让学生在欢乐的情感体验中学会了使用地图、指南针等基本技能,更是在越野过程中培养了学生的合作精神、坚忍不拔的意志品质和克服困难的勇气。

总之,拓宽育人空间,将地理课与鲜活生动的现实相结合,可以促使学生在做中学,乐于深度探究生活中的地理知识,丰富学习体验,收获学习成果。

地理教学改革在不断深化,目标导向也愈加清晰。在宇宙天地间,有着丰富的智慧资源,立足核心素养,激活地理教学的乐学情境,真正调动学生内在的积极性,使学生由被动学到主动学,让学生从厌学、苦学转化为喜学、乐学,使学生在快乐的情绪状态中获取知识、掌握技能。

本文作者:沈晓峰

新课标背景下初中物理深度学习的教学设计研究
——以"变阻器"为例

一、引言

(一) 初中物理深度学习的定义

在教师的引导下,学生围绕具有挑战性的物理学习主题,全身心参与以生活实际情境和物理实验为主的多种探究活动及情境互动,从形成物理观念的视角,运用模型建构与推理论证等科学思维方式,解决真实问题,体验成功,获得物理学科的核心知识,理解物理学习的过程,把握物理学科的本质及思想方法,形成积极的内在学习动机、高级的社会性情感、积极的态度、正确的价值观,在物理学科核心素养方面获得全面发展,成为具有创新精神和实践能力、基础扎实的优秀的学习者。

(二) 探究性学习的定义

在教育领域中,探究性学习被定义为一种以学生为主体,教师为引导,以实践、探究为主要学习方式的学习模式。在这种学习模式中,学生不再是被动的知识接受者,而是积极主动地参与知识的探究和创新。教师的角色也从传统的知识传授者转变为学生学习的引导者和协助者。通过在实际问题解决过程中的探究,学生能深入理解和掌握知识,并培养出独立思考和问题解决的能力。

（三）初中物理深度学习与探究性学习的关系

初中物理深度学习强调对物理知识的深入理解和掌握。学生通过系统学习物理理论和概念,掌握基本的物理原理,培养对物理学科基础知识的掌握能力。这种深度学习有助于学生建立起完整的物理学知识结构,为后续问题探究提供坚实的基础。

初中物理探究性学习注重学生通过实践操作和问题探究来应用和巩固所学的物理知识。在探究性学习中,学生通过实验观察、数据收集和分析等活动,深入探究物理现象背后的原理和规律。通过主动参与学习过程,学生将所学知识运用于实践,培养了解决物理问题的能力和科学思维方法。

初中物理深度学习和初中物理探究性学习相互促进。深度学习为探究性学习提供了理论基础和知识支持,使学生在实践中更加深入地理解和应用所学的物理知识。探究性学习则通过实践和问题探究,加深了学生对物理知识的理解和记忆,使知识更加扎实。

二、初中物理深度学习的需求和挑战

随着社会的发展和科技的进步,对初中物理教育的需求也在不断提高。我们希望初中物理教育不仅能让学生掌握基本的物理知识,而且能培养他们的思维能力、运用能力和创新能力。这就提出了初中物理深度学习的需求。

在实际教学过程中,我们面临许多挑战。首先,传统的教学模式使学生只是被动地接受知识,缺乏主动探究和思考的机会。这种教学模式很难激发学生的学习兴趣,也不利于学生的深度学习。其次,当前的教学资源和环境往往不能满足学生深度学习的需求。例如,学校的实验设备和资源有限,导致学生在实际操作和探究中缺乏足够的支持。再次,教师的教学能力和理念也成为深度学习的障碍。如果教师仍然坚持传统的教学方式,那么学生就很难得到深度学习的机会。

总的来说,实现初中物理深度学习的需求和挑战主要包括:如何改变传统的教学模式,激发学生的学习兴趣;如何利用有限的教学资源和环境,支持学生的深度学习;如何提高教师的教学能力和理念,引导学生进行深度学习。希望通过本文研究,我们能对这些问题有更深入的理解和更有效的解决方案。

三、探究性学习在初中物理深度学习中的价值和意义

(一) 提高学生的学习兴趣和积极性

在初中物理深度学习和探究性学习的过程中,学生的学习兴趣和积极性是关键。它们不仅影响学生的学习效果,同时也是深度学习和探究性学习能否顺利进行的重要因素。以下是一些可以提高学生学习兴趣和积极性的策略和方法。

首先,激发学生的学习兴趣。兴趣是最好的老师,有了兴趣,学生就会主动去学习,主动去探究。因此,教师在教学中要尽可能地创设情境,引入生活实例,让学生感受到物理知识的乐趣和实用性,以此来激发学生的学习兴趣。

其次,提高学生的学习积极性。积极性是学生学习的动力,只有具有高度的学习积极性,学生才能投入深度学习和探究性学习中。为了提高学生的学习积极性,教师可以设计一些有挑战性的任务,让学生有机会在解决问题的过程中感受到成功的喜悦,从而提高他们的学习积极性。

再次,营造良好的学习环境。一个良好的学习环境可以激发学生的学习兴趣,提高他们的学习积极性。在课堂上,教师应尽可能地创建一个开放、平等、合作和尊重的氛围,让学生感到轻松、自由,愿意表达自己的观点和想法。

(二) 培养学生的独立思考和问题解决能力

在探讨探究性学习在初中物理深度学习中的价值和意义的过程中,培养学生的独立思考和问题解决能力显得尤为重要。这部分,我们将详细探讨如何通过探究性学习有效地培养学生的这两项能力。

首先,探究性学习本身就是一种引导学生独立思考、解决问题的学习方式。它以问题为核心,鼓励学生自主寻找问题的答案,这个过程无疑是对学生独立思考能力的一种锻炼和提升。相比于传统的教学方式,这种方式更能让学生从被动接受知识转变为主动探索知识,从而有效地培养他们的独立思考能力。

其次,探究性学习是培养学生问题解决能力的有效途径。通过挖掘和提出问题,学生能更好地理解问题的实质,这有助于他们找到解决问题的方法。同时,探究性学习也鼓励学生运用所学知识解决实际问题,这对培养学生的应用能力和创新意识具有重要影响。

如何在实际教学中将探究性学习与培养学生的独立思考和问题解决能力相结合,这需要教师深入思考和努力实践。首先,教师应积极引导学生主动参与,充分尊重学生的思考,鼓励他们提出自己对问题的看法和解决方案,让他们在探究过程中体验到思考的乐趣,进一步提升他们的独立思考能力。其次,教师应通过设计富有挑战性的问题,激发学生解决问题的兴趣和动力,通过不断的实践和尝试,培养他们的问题解决能力。

总的来说,通过探究性学习,我们不仅可以有效地提高学生的学习兴趣和积极性,也可以有效地培养他们的独立思考和问题解决能力。这对他们在物理学习中达到深度学习的目标,以及在未来的生活和工作中解决问题,都具有重要的意义。

(三) 提升物理教学的有效性和深度

在探究性学习在初中物理深度学习中的价值和意义的讨论中,提升物理教学的有效性和深度是必不可少的部分。这部分,我们将深入探讨探究性学习如何提升物理教学的有效性和深度。

首先,关于教学的有效性,探究性学习以问题为导向,鼓励学生积极参与,这种方式使学生更深入地理解和掌握知识,提高教学的有效性。相比于传统的教学方式,探究性学习让学生从被动接受知识转变为主动探索知识,这使学生对知识的理解更加深入,记忆也更加牢固。此外,探究性学习强调实践和应用,让学生有机会将所学知识应用于实际问题,这有利于提升他们的学习效果。

其次,提升教学的深度。传统的教学方式往往只关注知识的传授,而忽视学生的思考和理解。探究性学习,通过学生的自我探索和自我理解,使他们有机会深入理解和思考问题,从而提升教学的深度。探究性学习鼓励学生从多个角度来看待问题,这可以帮助他们形成系统的知识结构,提升他们的思维深度。

然而,如何在实践中有效地提升物理教学的有效性和深度? 这需要教师不断探索和尝试。首先,我们需要将以往注重知识传授的教学方式转变为注重引导学生自我探索、自我理解的教学方式。其次,我们需要设计出富有挑战性和实际意义的学习任务,让学生在完成任务的过程中实践和应用所学知识,提升他们的实践能力和创新能力。最后,我们需要对学生的学习表现给予及时、正面的反馈,让学生看到自己的进步和成长,增强他们的学习信心。

通过探究性学习,我们可以有效地提升物理教学的有效性和深度。这既有利于提高学生的学习效果,也有利于培养他们的独立思考能力和问题解决能力,从而实现深度学习的目标。

四、初中物理深度学习的教学设计实践——以"变阻器"为例

本节课采用"情境—活动"的教学模式。

1. 复习旧知,引入新课

回顾已学的知识与技能:(1)用自己的话简述什么是欧姆定律;(2)简述影响电阻的因素;(3)将电池、开关、电阻用导线连接成一个简单电路。教师在黑板上用演示器材同步连接。

2. 设置任务,驱动教学

提问:用现有器材如何改变电路中的电流? 并用欧姆定律分析原因。学生会想到改变电池节数的方法。提问:根据欧姆定律,还可以如何改变电流? 提出新要求:利用新提供的器材,设计改变电路中电流的方法。新器材有大晾衣夹、小晾衣夹、镍铬合金电阻丝、钥匙串、铝合金筷子、木筷子、两端各固定一枚小钉子的纸筒。在黑板上按影响电阻的因素归类。

3. 任务引领,步入主题

在学生设计方案的基础上,提出新问题:如果想要电流连续变化,哪种方案更合适? 以此确定改变电阻长度的方案。为学习滑动变阻器的工作原理打好基础。同时让学生将电流表及电阻丝接入电路中。提问:对此方案,你觉得方便吗?

A. 长变短——问题:电阻丝太长,不方便。讨论对策:将电阻丝绕在纸筒上。

B. 倒变立——问题:器材倒在桌面上,不方便。讨论对策:学生通过讨论后得出用大晾衣夹让纸筒横向固定。

C. 动变定——问题:操作中要多次移动导线夹,而一般电路中导线夹是固定的。这一步在思维上有跳跃,为了帮助学生过渡,先演示用导线夹在电阻丝上来回滑动,后让学生观察高山滑索视频,最后提问:可以用什么替代导线夹的滑动? 同时导线夹又是固定的。

D. 断变续——问题:移动钥匙时电流时断时续。讨论对策:缩短电阻丝间的

距离,但又不能相碰,难度很高或电阻丝在涂抹绝缘材料后相互挨在一起,并把与滑片相接触的绝缘材料刮去。展示用普通电线绕制的纸筒。

学生观察实验室用滑动变阻器的结构并完成"用滑动变阻器改变电路中的电流"实验,记录现象。学生根据实验现象,结合自己的模型分析并交流连接不同接线柱时的电流路径,总结有效接线方法。

分析实验过程中电流超过电流表量程的原因,并讨论安全操作的方法。

结合滑动变阻器结构及书本阅读,尝试根据提供的"电流表使用说明书"仿写"滑动变阻器使用说明书"。并在课后根据PTA量表对说明书进行自评。

观看视频,了解变阻器在调光台灯和汽车油量表中的应用。

(一) 真实情境脉络化

在"如何改变电路中的电流"这一真实情境中提出的脉络化问题。在不改变电压的情况下,如何改变电路中的电流? 若要电流连续变化,哪种变化电阻的方案更合适? 电阻丝太长,如何更方便地排线? 可以用什么替代导线夹的滑动? 如何让器材立起来? 如何让不连续的电流变为连续的电流? 如何有效地接入滑动变阻器? 如何安全地使用滑动变阻器? 让学生沉浸在实验研究的情境中,并使问题逐层递进且贯通整个教学过程,使深度学习得以发生。

(二) 模型建构可视化

滑动变阻器的结构是外显的而非模块化的,这会给学生带来直观的复杂感觉,若按照常规方式进行教学不利于学生明白各结构的功能。而将滑动变阻器模型建构过程可视化,从初步模型通过进阶设计和修正,通过经历整个模型的建构过程,让学生理解各结构的功能,更为其理解滑动变阻器工作原理与使用方法铺平道路。

(三) 问题解决差异化

学生的思维是有差异的。在不断修正设计方案的过程中展现学生在解决问题时不同的思维品质。比如,在选择新器材改变电路中电流的环节、想办法固定导线夹的环节、想办法让纸筒立起来的环节、想办法让不连续的电流变化变为连续的电流环节中都有体现。

五、结论与展望

(一) 结论

本研究的目的是探讨探究性学习在初中物理教学中的应用效果。通过对实验组和对照组学生的学习成绩、学习动机和学习兴趣等方面进行比较和分析,我们得出以下结论。首先,探究性学习可以提高学生的学习成绩,实验组学生在知识掌握、问题解决和实验设计等方面表现更好。其次,探究性学习可以增强学生的学习动机,实验组学生表现出更高的学习动机和学习积极性。最后,探究性学习可以激发学生的学习兴趣,实验组学生表现出更大的学习兴趣和主动参与学习的态度。综上所述,本研究的结果表明,探究性学习对初中物理学习有积极的影响。

(二) 展望

虽然本研究得出了一些积极的结论,但仍存在需要进一步研究和改进的问题。首先,我们需要进一步探讨探究性学习的最佳实践方法和教学策略,以提高其在初中物理教学中的应用效果。比如,如何更好地组织和引导探究性学习活动,如何平衡探究性学习和知识传授的关系等。其次,我们需要进一步研究探究性学习对不同类型学生的影响,如性别差异、学习能力差异等。这有助于我们更好地理解和应用探究性学习,促进教育的个性化发展。最后,我们还需要进一步探讨探究性学习在其他学科和年级中的应用效果,以推广其在教育领域中的应用。

在未来的研究中,我们可以采用更大样本的研究设计,进一步验证和深化本研究的结论。我们还可以结合其他研究方法(如问卷调查、观察等)来获取更全面的数据。此外,我们将探究性学习与其他教育模式和教学技术相结合,以进一步提高教育的质量和效果。

综上所述,本研究结论和展望表明,探究性学习在初中物理教学中具有积极的应用效果。然而,仍然有许多问题需要进一步研究和探索。通过进一步研究探究性学习的最佳实践方法、影响因素和应用领域,我们可以进一步优化探究性学习的教育价值和实践效果,为学生的学习和发展提供更好的支持和指导。

本文作者:陈焱冰

核心素养下初中低年级学生运算能力的培养

　　运算是学生必须牢固掌握的基础技能,是学生正确解决问题的关键性步骤。沪教版初中低年级学段的数学教学内容以数与式为主,着重强调培养学生的运算能力,意在为后续高年级学段的知识深化与问题的繁化奠定牢靠的运算基础。然而,笔者在教学中发现,仅有部分学生能发展很好的运算能力,大部分学生在运算时都会出现或多或少的错误,薄弱的运算能力不仅会影响学生后续数学专业能力的发展,更会影响学生学习数学的信心。因此,在初中低年级学段培养学生运算能力十分重要和紧迫。

一、核心素养中对学生运算能力的要求

　　我国于 2014 年正式提出核心素养这个概念,数学学科六大素养为数学抽象、逻辑推理、数学建模、直观想象、数学运算、数学分析。数学运算素养即在明晰运算对象的基础上,依据运算法则解决数学问题的素养。《义务教育数学课程标准(2011 年版)》指出,在数学课程中,应当注重发展学生的数感、符号意识、空间观念、几何直观、数据分析观念、运算能力、推理能力和模型思想。数学运算能力与空间想象能力、逻辑推理能力是数学中重要的三大能力,是指能根据法则和运算率正确进行运算的能力。

　　义务教育阶段以培养学生数学运算素养为目标发展学生的数学运算能力是必要的。《普通高中数学课程标准(2017 年版)》指出落实运算素养的关键是:(1)理解运算对象;(2)掌握运算法则;(3)探究运算思路;(4)选择运算方法。因此,对初中低年级学段学生运算能力的要求是在熟练掌握运算法则的基础上学会选择合适的运算方法进行正确的数与式的运算。同时,学生应发展符号化理解能力与数感。重点为:(1)理解数字符号化;(2)掌握运算法则;(3)选择合适的运算方法;(4)发展一定数感。

二、初中低年级学段学生运算能力现状分析

1. 运算基础不扎实

学生的运算基础不扎实,在早期的数学学习中没有获得足够的引导和支持,在小学就需要理解和熟练的算理和法则掌握不够扎实,如去括号法则、乘法对加法的分配率等仍然是初中低年级学段学生经常出现的运算错误,如图 2.1 和图 2.2 所示。

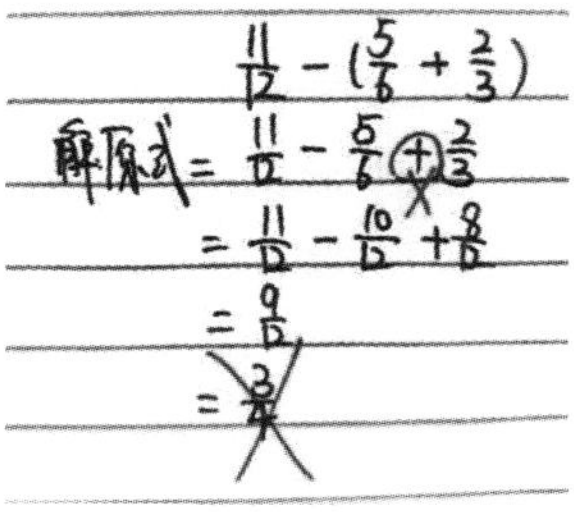

图 2.1 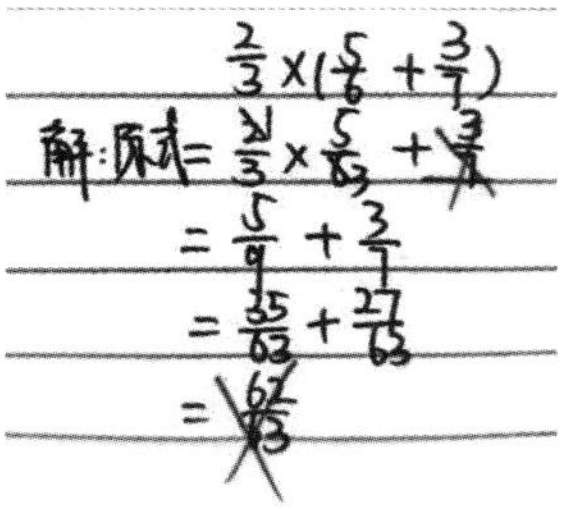   图 2.2

甚至有部分基础较为薄弱的学生九九乘法表仍不熟练。部分学生运算能力不强直接导致现阶段教师运算教学的困难。

2. 运算慢

运算能力不仅体现在运算的正确率上,还体现在运算速度上,部分学生运算较慢。影响学生运算速度的原因有多种,如运算时专注度不高,运算熟练度不够,运算积极性不高,用了不恰当的运算方法,数感差等。也有部分学生对数学概念和方法理解不够,以至于在计算时需要更多的时间来理解问题、思考问题的解决方法以及执行运算的步骤。

3. 运算过程不规范

运算能力的提升是一个循序渐进的过程,学生需要在一步步算理十分明晰的基础上才可以省略一些步骤,但面对提升过程部分学生耐心不够,以为自己知道算理就可以计算正确,在算理不够清晰时就急于求成直接心算,进行"跳步"……如部分学生在去既有减号又有系数的括号时总是顾此失彼,如图 2.3 所示,其原因是在刚接触这种运算时没有分步骤进行理解和训练,所以在运算要求

提高时就容易出错。又如,学生在解一元一次方程时将去分母和去括号放在一步完成,易导致正确率降低。

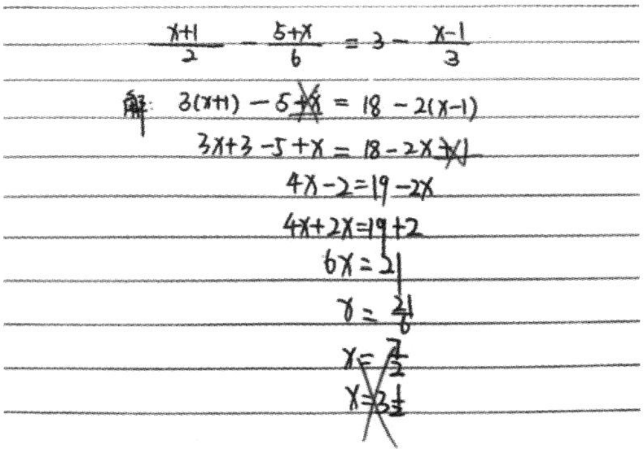

图 2.3

4. 对运算的重视程度不够

很多学生认为运算就是简单的计算,做计算题的习惯往往是拿来就算,缺少观察和思考,因此有时选择的计算方法不够简便,不仅花更多的计算时间还影响计算的正确率。同时,数学课堂教学时间有限,在计算学习时教师以明晰算理为主,训练时间不够,需要学生课下进行训练和巩固,但学生对计算的重视程度不够,往往在概念理解与应用上花较多时间,而用于训练计算的时间较少,导致运算熟练度不高。

5. 对运算的兴趣不大

学生可能认为运算是比较枯燥的数字计算,缺乏对数学深入的认知。课堂内或课后运算练习难度不匹配也会影响学生对运算的兴趣。如果运算内容过于简单,学生就会觉得没有挑战性;如果运算内容远超出学生水平,又会打击学生运算的自信心。由于学生运算能力强弱不一,教师对运算内容不加选择也会影响学生运算的兴趣。

学生普遍反映在校内课堂检验时变化练习方式或增加激励措施在一定程度上能调动运算的积极性,但回家后主动训练的意愿不大。在计算量比较大时,学生很难进入运算状态。

三、培养初中低年级学生运算素养的策略

1. 加强学生心理建设,提高学生对运算的重视程度

学生在初中低年级学段养成良好的运算习惯非常重要,提高运算能力能为后续数学知识的学习打好基础。对数学基础薄弱的学生来说,攻克运算难关有利于提高数学学习的信心;对数学基础不错但在运算上偶尔出错的学生来说,如果规避这部分错误,数学成绩会提高一个档次。保证正确率是不容易的,需要学生付出耐心和时间,熟悉运算法则、运算定律,计算时需要沉着耐心并选择合适的运算方法。

运算不是简单的计算,是解决问题的过程。教师可以从学生心理入手,运用多种方式强调运算的重要性,帮助学生打破对运算的偏见,提高运算在学生心中的地位,从而提高学生对运算的重视程度。笔者在教学中将计算题的单项得分拿出来单独分析,将学生进行分类,让学生明晰自己的运算水平,在学生表现好或有进步时给予及时的表扬。在课前预备时进行小量速算,从速度和正确率两个维度综合考虑,对表现好的学生给予表扬。

2. 尝试新方式,提高学生对运算的兴趣

兴趣是学习最好的动力源泉,现实情况是大部分学生很难在运算中体会到乐趣,这就需要教师通过新颖的教学活动或运算练习活动来调动学生运算的积极性。

教师通过竞技类方式充分调动学生运算的积极性。例如,笔者在课堂练习环节制订了"先做完先批改"的规则,对第一个算对的学生进行表扬,让学生在课堂练习中找到乐趣,提高对课堂练习的兴趣。

学生的集体荣誉感比较强,教师可利用学生的团队合作精神来提高学生对运算能力的兴趣。例如,将学生分为学习小组,每个小组拿到一样的计算题,然后进行小组分工,每人完成一题,完成最快最好的小组获胜。这样安排可以训练学生的自主能力,运算能力弱的做简单的计算,运算能力强的做复杂的运算,合理分工最终取得团队成功。有学生帮助小组获得成功收获了自豪感,也有学生影响了团队而表示今后一定认真练习,争取下次为小组作贡献,在一定程度上提高了学生对运算的兴趣和自主性。

3. 运算教学中重视算理讲解，提高学生的运算自信

人们都喜欢做自己有信心完成的事。因此，帮助学生建立运算自信是很重要的。

算理是指每一步运算的道理，解决的是为什么这样算的问题。学生能明白每一步运算的道理，自然能保证运算结果的正确，所以教师在日常教学中应强调算理，落实好每一步计算，让学生有意识地在每步计算时思考自己在做什么和为什么这样做，这样就增加了自信。

4. 注重培养审题习惯，提高学生的运算品质

审题习惯是学生在遇到问题时先观察、思考并进行预判的过程。缺乏审题习惯也就缺少了下笔前的思考过程，没有思维的运算自然就变成机械的计算。不观察、不思考就盲目行动不仅费时费力，也会因没有考虑到合适的做法而导致运算错误。在教学过程中，教师不管是例题讲解还是解题示范都要强调审题。

培养学生良好的运算审题习惯是培养其数学能力和解决问题能力的重要一步。以下方法可以帮助学生养成良好的运算审题习惯：

（1）强调重要性。向学生清楚地解释为什么正确的审题是解决问题的关键。通过实例说明，一个错误的审题可能导致错误的答案。

（2）反复阅读，详细分析。鼓励学生在开始解答问题之前反复阅读题目。这有助于他们充分理解问题，避免遗漏重要信息。指导学生在阅读问题时，仔细分析题中信息、关键词和条件，帮助他们理解问题的要求和限制。

（3）标记关键信息。学生可用笔或荧光笔标记问题中的关键信息，这样在解答过程中就不会忽略重要的条件。

（4）小组讨论。在小组内讨论问题，学生可以分享他们对问题的理解和解决方法。这有助于他们从不同角度思考问题。

（5）反思总结。解答问题后，鼓励学生反思解答过程，特别是审题部分。让他们思考是否有更好的方法来解题。

通过不断练习和引导，学生可以逐渐养成良好的运算审题习惯，从而在解决数学问题时更加准确和有效。

5.提高步骤要求,培养学生良好的运算习惯

学生在学习的不同阶段应有不同的步骤要求,刚接触知识时提高对解题步骤的要求,实际上是在帮助学生熟练算理,熟练度达到后可以改变步骤要求,对不必要的过程进行简化。教师应在运算教学时提出要求,并根据学生掌握情况及时更变要求。有学生会不按教师要求自己省略和跳步,教师应保持坚定的态度,培养学生养成良好的运算习惯。

四、总结

初中低年级运算能力是学生数学学习的基石。这一时期,培养良好的运算能力为日后更高级数学知识的学习提供有力支持,让他们更从容地应对复杂的数学概念和技能。而且,通过运算问题的解决,学生不仅锻炼逻辑思维和分析能力,还能树立自信心,形成积极的学习态度,从而在数学学习中更具动力。

数学运算能力的发展有助于其他数学能力的发展,初中学段学生需要在低年级时打牢运算基础,获得数学运算能力的发展,为高年级数学学习做好准备,为其他数学能力的发展做好铺垫。因此,注重初中低年级运算能力的培养具有重要而深远的意义,值得各位教师思考与研究。

本文作者:周　丽

新课标下历史教学中学生独立学习能力的培养

教育部发布的《关于深化教育教学改革全面提高义务教育质量的意见》指出:"树立学生是教育活动的主体,更加重视学生独立学习能力和创新能力的培养的思想。"传统教育注重教师传授,学生是听众,这样培养出来的学生缺乏创造性,因此需要培养学生的独立学习能力,让学生成为教育活动中的主体,这也符合课程标准中提出的凸显学生主体地位,在历史教学中,培养学生独立学习的能力,不仅有利于学生学习效率的提高,而且能更好地实现学生的主体地位,提高教学效率,更好地发展学生的历史核心素养。

一、历史教学中独立学习能力的必要性

独立学习能力是指个体独立面对学习任务时所表现出来的心理特征和行为表现。培养中学生独立学习能力，有利于他们更好地应对学习任务，开发自身的潜能，也有利于创新素养的培育和历史学习。

（一）创新素养培育的需要

学生只有具备自主性和批判性，才能创新，自主性和批判性是创新素养的基础。如果学生不能自主学习、思考，仅靠听课堂上教师讲是远远不够的。牛顿发现万有引力的事例也证明，现有的知识未必能满足实际需要。那么，学生如何掌握未曾学过的知识呢？美国教育家杜威说过这样一句话："学校中知识的目的，不在于知识本身，而在于使学生自己获得求知识的方法。"《汉书·董仲舒传》亦云："故汉得天下以来，常欲治而至今不可善治者，失之于当更化而不更化也。"就好比"授人以鱼不如授人以渔"。学生也需要具备获取知识的方法，学生掌握了一定的学习方法，能自主学习，遇到不会的问题，能用所学的方法去解决，不断实践，不断探究。自主能力的培养是社会发展的要求，更是学生终身发展的需要。我们要"栽培能生长成材的树木，生产能高速行驶的火车头，培养有创造精神的人才。"

（二）历史教学和学生学习的需要

历史教学实践证明，独立学习能力强的学生，上课会听讲，吸收知识能力较快，运用知识灵活。独立学习能力差的学生，则完全相反，作业质量明显下降，即便问题很简单，也不容易掌握。由此可见，在历史教学中，培养学生独立学习能力很重要。

就历史学习而言，初中生刚接触历史，学生的知识面窄，新课改后教材内容又不断增加，难度相应提高，只依靠课堂教学远远不够，需要学生有独立学习能力。如，合理规划时间、提前预习、课后及时复习、提高做作业效率等。

历史是延伸的，是文化的传承、积累和扩展，是人类文明的轨迹，教师不可能在课堂中将历史一一讲完，更需要学生学会自主学习，独立学习能力对学生有着深远的意义。拥有独立学习能力的学生，在面临学习任务时，能明确该如何去学

习相应的知识,有主动性。独立学习能力差的学生,只能靠教师在课堂中进行讲解指导,教师相对于独立学习能力差的学生来说就类似于保姆,直接影响他们的学习成绩。

二、历史教学中学生独立学习能力的现状

在历史教学中发现,学生的独立学习能力较弱,学习效率较低,导致教学中问题较多,影响教学质量,不利于历史核心素养的培育和创新思维的发展,具体表现在以下几个方面。

(一)不带教材

有学生上课不带教材,可侧面反映学生的独立学习能力不强,基本事情没有做好,更不用说学习效率。历史学科不同于理科需要对复杂的内容进行理解记忆,所以需要依托教材,需要对教材内容熟悉,能在书中找到相应的知识点并做好笔记。

(二)上课效率低

很多学生没有课前预习的习惯,所以听课效率打折扣。课堂上需要学生做笔记,但检查时没有任何痕迹,课堂效果又打折扣,课后复习也是关键环节,可鲜少有学生做到,这些行为都是自主学习能力低的表现。另外,有些内容需要迁移,运用跨学科知识,时空观念核心素养明显,需要与地图结合起来,有时还会用到语文、道法等学科知识,如果学生自主学习能力强,能将多学科知识综合运用,那么课上学习会起到事半功倍的效果。

(三)寻找材料能力弱

史料实证核心素养要求学生具备一定的搜集材料和筛选整理材料的能力,因为历史研究需要有材料的支撑,需要讲究证据,而搜集材料需要学生课后完成,如自主性不强,这项任务很难完成。通过观看上海博物馆"实证中国"展览后制作的小报作业发现,有些学生搜集材料的能力较弱。

(四)自主探究能力低

在教学过程中,有些知识可通过学生自主探究学会,可有些学生自主探究能力较弱。多数学生自主性不强,学习水平参差不齐,给教学带来阻碍。如果学生

独立学习能力较强,有些知识内容教师完全可以不讲,多拓展,教学效果会更好,教学相长,教学质量得到提升。

（五）作业质量差,成绩不佳

作业也能反映学生的自主学习能力水平。历史学科作业量通常较少,用时短,有些题目课上就能完成,可还有学生不能及时完成作业。做作业效率低,用的时间长,作业质量低,说明课后不能合理安排时间,没有好的做作业的方法,需要鞭策。有些成绩优秀的学生也欠缺独立学习能力。如果出现一个平时不常见到的题型,就算完全可以用他们已经学过的知识来解答,答得也不是很好。并且,历史开卷考试,通过自主学习完全可以及格甚至优秀,可还有一部分学生成绩不佳。

三、教学中学生独立学习能力培养的途径

教师的教育观念影响着学生独立学习能力的形成,在教学中培养学生的独立学习能力,需要基于学生核心素养发展转变传统的教学方式,这就不仅要考虑教学内容的逻辑、教学过程的环节和学生的认知特点等,还要在教学理念上以学生的学习与发展为本,注重学生的自主探究活动,调动和发挥学生学习历史的积极性、主动性和创造性。那么,教师应如何在教学中培养学生的独立学习能力呢?

（一）激发学生学史兴趣

兴趣是最好的老师。对每一位学习者来说,"兴趣"是学好知识最重要的因素之一。所以,教师一定要注意学生兴趣的培养。课堂中要激发学生学习的动机,给学生自主学习的机会,把时间与空间还给学生,促进学生主动参与,建立民主平等的师生关系,让学生学会独立自主学习。例如,关于第一次世界大战,教师提问,如果我想给你们讲第一次世界大战,我要了解第一次世界大战的什么?

生1:要知道这次世界大战爆发的原因。

生2:弄清楚萨拉热窝事件为什么是这次大战的导火线。

生3:了解这次世界大战交战双方有哪些国家。

生4:为了避免世界战争,我们应做什么。

学生们再根据自己想出的问题进行分组领取,找出相应的答案或对战争涉及的问题进行再分析。当他们通过自己思考后解决了问题,获得成功的喜悦和胜利果实,便会逐渐对历史课产生兴趣,有了兴趣不带历史教材的情况也会减少,课堂学习效率也会相应提高,学生的创造能力和发散性思维也会不断提升。

（二）提高学生的自主探究能力

为了使学生开展自主探究学习,需要确定并提出明确的学习任务,以具体的任务引领学生去认识历史。课前给学生预习提纲,学生根据预习提纲初步了解基础知识,并查阅资料供课上交流。还要加强学生对教材的解读,利用课前5分钟让学生快速浏览课文。在讲授过程中,教师还需提出探究性问题,无论单元学习,还是单课学习,都要结合教学内容的逻辑层次设置需要解决的问题,形成递进性问题链,构成教学过程的逻辑层次,使学生在解决问题过程中对知识进行迁移,获得新的知识。与此同时,要注重培养学生的问题意识和批判性思维。

（三）进行跨学科主题学习

为了进一步培养学生的自主学习能力,可以加强学生运用多学科知识与技能促进学生历史学习方式的转变。在历史课程中设计跨学科主题学习活动,引导学生围绕某一研究主题,将所学历史课程与其他课程的知识、技能、方法以及课题研究等结合起来,开展深入探究,从而提升解决问题的综合能力。跨学科主题的选择主要来自中国历史和世界历史六大板块。例如,中华英雄谱、小钱币大历史、历史上的中外文化交流、历史地图上的世界格局、生态环境与社会发展、探寻红色文化的历史基因等。从特定的问题意识出发,将分散在不同地方的内容整合在一起,有助于学生形成既在时段上纵通又在领域上横通的通史意识;同时借助不同课程所学的知识和方法,培养学生独立解决问题的能力和创造力。

（四）开展史料研习

学生学习历史不是简单地接受和记忆现成的答案,而是通过自己对相关史事的了解,运用有价值、可信的史料来判明历史事实,形成历史认识。因此,学生在进行史料搜集整理时,也是在培养学生独立认识历史问题的能力。首先,教师讲解搜集史料的途径,一般有实地考察,去图书馆、博物馆搜集,上网查询,进行访谈等。其次,引导学生筛选和整理辨析史料,选择典型、可信、有价值、有说服力的史料,考虑史料反映的立场、观点。再次,介绍史料分类标准,针对搜集史料依据研究对象进行分类,对史料进行价值判断。最后,引导学生对史料进行分析、比较、综合、概括等,形成自己的看法。

（五）采用以学生为主体的多种多样的教学活动

要培养学生的独立学习能力,很重要的方面是改变以教师传授知识为主的教学方式,突出学生在教学中的主体地位,组织以学生为主体、以师生互动和生生互动为特征、以探究历史问题为目的的教学活动。教学活动的类型应丰富多样,可开展课堂讨论,组织辩论会,编演历史剧,举办故事会、诗歌朗诵会、成语比赛、主题讲座、专题论坛、读书交流会、学习经验交流会等,进行历史方面的社会调查,采访历史见证人,参观博物馆、纪念馆及爱国主义教育基地,考察历史遗址和遗迹,观看并讨论历史题材的影视作品,制作历史文物模型,撰写小论文,编写家庭简史、社区简史和历史人物小传,编写历史题材的板报、通讯等,举办小型历史专题展览,设计历史学习园地的网页等。

四、结语

为了培养创新型人才,独立学习能力的培养是必不可少的。而学习能力的培养是一个长期的、螺旋式上升的过程,需要教师转变教学方式。教师是教学的"设计师",是课堂学习的"总导演",教师的教育思想、教学方式直接影响学生的学习行为。一个好的教师在"设计"其课堂教学活动时,不能再以简单的"授业传道解惑",而应从学生的能力培养方面"设计"课堂。历史教学的最终结果,不是教师"教"得如何,而在于学生"学"得如何。教学中突出学生的主体地位,需要教学方式的转变,掌握历史教学中学生独立学习能力培养的途径。

总之,历史教学中培养学生独立自主的学习能力,不仅是创新素养培育的需要,也有利于学生的核心素养的养成,强化学生的史学思维,掌握史学方法,进而使学生学会辩证地观察、分析历史与现实问题,从历史中汲取智慧,加深对祖国的热爱和对世界的了解,树立正确的历史观、民族观、国家观、文化观,增强责任意识和社会担当,养成公民应具备的人文素养,成为合格的社会主义建设者和接班人,应对新世纪的各种挑战。

本文作者:张丽霞

诗词在初中地理教学中的应用策略

中国传统文化是中华民族的宝贵财富,被誉为"文化黄金"。诗词犹如一粒粒璀璨的明珠镶嵌在中国传统文学的殿堂里。它们内涵丰富、意境高远、语言精练、朗朗上口,千百年间万口传诵。诗词是诗人以固定时期、固定环境下的生活为蓝图而创作的。因此,诗词中有许多描述自然地理景观或现象、揭示地理规律、蕴含地理知识的佳句。在初中地理教学的过程中结合诗词,不仅是对学生美育的培养,而且是将中国优秀传统文化教育有机融入课程,同时也加强了语文与地理学科间的相互联系,是跨学科主题学习的一个方面,有助于带动课程综合化实施。

一、诗词在初中地理教学中应用的意义

(一) 育人价值

将诗词运用于地理教学中,不仅促进了地理本体知识的学习,而且渗透了中华传统文化,塑造了文化素养和民族气质,在潜移默化中增进了学生对民族文化的认同,体现了诗词独特的育人价值。不少诗词用优美的语言描绘了我国壮丽的河山,也进一步增强了民族自豪感,提升了学生的爱国情怀。

(二) 美学价值

诗词不同于其他文学体裁,其主要特点是音韵和谐、语言凝练、联想丰富,这决定了诗词具有极高的美学价值。诗词承载着诗人内心深处最真切的感受,带给诵读者最优美的情境。将诗词融入地理教学中,不仅可以陶冶学生的情操,给学生美的享受,还能提升学生的审美水平。

(三) 培养学生能力

诗词是语文学习过程中必不可少的内容,将其引入地理教学过程,不仅能使学生感受到地理是一门博大精深的学科,培养学生热爱地理的情感,同时还可激发学生的求知欲,培养学生联系各学科分析问题和解决问题的能力,做到将各学科融会贯通以适应时代发展。

(四) 促进教师发展

作为地理教师,将诗词运用于课堂这一教学方法对其知识水平、教学策略及教学能力提出了更高的要求。教师必须掌握大量与地理相关的文学知识,具有较高的语言文学素养;为提升课堂效果,选用适当的方法适时适量引入诗词,这就要求教师对课堂进行精心的安排与设计;引入诗词活跃课堂,要求教师具有较高的课堂掌控能力,以达到想要的教学效果。

(五) 提升课堂效果

在初中地理教学中,运用诗词可以创设丰富多彩的教学情境,吸引学生注意力,激发学生学习地理的兴趣,同时活跃课堂气氛。此外,通过不同的教学策略引用相应诗词还能加深学生对知识的理解与记忆,起到温故知新的作用。

二、诗词在初中地理教学中的应用策略

(一) 利用诗词导入新课,激发兴趣

新课的导入方法多种多样,但其目的都相同,即吸引学生的注意力,激发他们对本课内容的好奇心和求知欲,从而高效地进入主题学习。利用诗词导入新课,创造了一种美的意境,能快速吸引学生的注意力和好奇心:为什么会在地理课上出现诗词? 这首诗词与本课所学内容有什么联系? 以此激起学生学习新课的强烈愿望。

例如,在引入沪教版初中地理七年级第一学期"台湾省"一课时,带领学生共同朗诵余光中先生的《乡愁》,并引导学生关注最后一段:"而现在,乡愁是一湾浅浅的海峡,我在这头,大陆在那头。"教师提问:"这首诗表达了余老先生怎样的情感? 这一湾浅浅的海峡是指哪个海峡?"必要时加入对余老先生简单的生平介绍以帮助学生理解,从而引出本课主题:台湾省。以整首诗词吸引学生注意,再节选部分诗句加以提问,顺势引导学生进入本课学习主题。

又如,在引入七年级第一学期学习我国的"气候特点"一课时,教师提问:"哪位学生能背诵王之涣的《凉州词》这首诗?"调动学生积极性,活跃课堂气氛。在肯定学生的回答后,就诗中"羌笛何须怨杨柳,春风不度玉门关"一句进行提问:"春风指什么风? 为什么春风度不了玉门关?"从而顺势引入对季风的学习。在

课堂伊始设下问题,激发学生的求知欲,通过一节课对季风内容的学习后由学生在课堂最后对该问题进行解答,既考查了学生掌握新知的情况,又体现了地理知识在生活中的应用,增强了学生学习地理的热情。

(二) 利用诗词描绘地理景观,加深印象

地理课中涉及许多自然景观是学生没有见过的,教师多采用图片或视频等方式帮助学生了解,形式过于单一。诗词是古人抒发情感的方式之一,作者借景抒情或寓情于景,因此诗词中许多是描绘地理事物或景观的。诗词的引用可创造出一种诗情画意的教学情境,使学生如闻其声,如见其形,把枯燥的说教变得灵动,加深对地理事物或景观的记忆。

例如,在七年级第一学期学习灾害性天气寒潮及其影响时,为了形象描绘短时间大范围内的急剧降温和偏北大风的天气过程,可引用唐代岑参在《白雪歌送武判官归京》一诗中的千古名句"忽如一夜春风来,千树万树梨花开"。"春风""梨花"等字词的出现可能会使部分学生产生疑惑:寒潮带来的急剧降温为什么还会使得梨花开?教师通过解释诗人以南方春景隐喻北方冬景,漫山遍野的梨花实际是白雪皑皑的场景后,使学生豁然开朗,印象深刻。

又如,七年级第二学期区域地理"沪宁杭地区"一课中有一节"上有天堂,下有苏杭",意在介绍该地区特有的江南水乡人文景观。在展示图片、视频的同时,结合诗词将大大提升其美的意境,如提到西湖时引用苏轼《饮湖上初晴后雨二首·其二》中的"水光潋滟晴方好,山色空蒙雨亦奇",使学生脑海中浮现出不同景致下的西湖之美。讲到苏州园林时引用杜荀鹤《送人游吴》中的"君到姑苏见,人家尽枕河。古宫闲地少,水港小桥多",苏州小桥流水人家的景致仿佛就在眼前,活灵活现。

(三) 利用诗词分析教学内容,加强理解

诗词源于生活,因此不少诗词中包含着常见的地理知识和现象,蕴藏着诗人细致的观察和丰富的情感。教师若能在地理课堂中恰当运用,可有效化解教学中的重难点,起到画龙点睛的作用,收获意想不到的结果。

例如,六年级第二学期"世界气温的分布"一课中,学生通过读世界气温分布图发现青藏高原地区气温常年低于同纬度地区,而后教师引入白居易《大林寺桃

花》一诗中的"人间四月芳菲尽,山寺桃花始盛开",指出两者蕴藏着相同的地理知识,借此引发学生思考产生这些现象的原因,最终指出这是由于山地海拔高导致的气温低。借助诗句中蕴藏的地理知识及其产生的地理现象帮助学生理解课本内容,在丰富教学方式的同时也有助于学生理解,提高课堂效果。

又如,在六年级第二学期伊始学习地球自转时,引入毛泽东的"坐地日行八万里,巡天遥看一千河",提问:"如何理解这句诗,为何坐地日行八万里? 行的方向是如何的?"通过提问使学生更真切理解地球的自转及自转的三要素,即绕转中心、方向和周期。有学生会问:"为什么是八万里,坐在哪里可以日行八万里?"通过对这些问题的回答也复习了上一节课学习的地球半径大小,通过换算可知八万里即4万千米,与赤道周长相近。

（四）利用诗词进行知识检测,温故知新

运用诗词中蕴藏的地理景观、现象和知识创设相应的试题,既使地理试题精练生动、诗意盎然,激发学生的答题热情,又能考查学生的知识迁移能力,做到温故而知新。

1. 在下列诗词中,哪些是描述天气? 哪些是描述气候的?

（1）夜来风雨声,花落知多少。

（2）忽如一夜春风来,千树万树梨花开。

（3）万紫千红花不谢,冬暖夏凉四时春。

（4）东边日出西边雨,道是无晴却有晴。

（5）二月江南花满枝,他乡寒食远堪悲。

2. 著名诗人李白的诗句"黄河之水天上来,奔流到海不复回"中的天上是指哪座山?"海"是指哪个海?

著名词人李之仪的词句"君住长江头,我住长江尾。日日思君不见君,共饮长江水"中的长江头是指哪座山? 长江尾是指哪个城市?

3. 古诗"羌笛何须怨杨柳,春风不度玉门关"中的春风是指（　　　）。

A. 春季风　　　B. 夏季风　　　C. 偏北风　　　D. 偏南风

（五）利用诗词组织课外活动,促进全面发展

除了将诗词融入日常的地理课堂中,教师还可利用诗词组织地理课外活动,

如地理诗词知识竞赛、绘制地理诗词小报、地理诗词诵读等。利用诗词组织地理课外活动不仅丰富了学生的课外学习方式，培养学生对地理学科的兴趣，还结合地理、语文、美术等多门学科，使学生全方位发展，提升学生的能力和综合素质。

我校曾在教学周举办了地理诗词知识竞赛，由初一年级各班学生分组搜集与地理相关的诗词，按课本内容分为以下几类：与天气气候相关、与地形地势相关、与河流湖泊相关、与农业生产相关等，将收集到的诗词进行适当筛选，要求通俗易懂，以适合该年龄段学生认知程度的诗词为主，形成地理诗词库。由学生或教师根据诗词库中的诗词出题，最后以班级为单位开展初一年级地理诗词知识竞赛，在学生中产生了较好的反响。

三、诗词在地理教学中应用时需注意的方面

(一) 选用密切相关的诗词

对于诗词的选用，教师需根据教材内容、课程要求，选用与其密切相关的诗词，寻找适当的切入点进行应用。要避免为应用而应用，生搬硬套一些与主要内容相关性较小或针对性不强的诗词，从而降低教学效果。例如，诗词作为中国传统文化，多用于描述中国范围内地理事物或地理现象的特征。因此，在学习世界地理分国篇时，极少引用诗词。

(二) 选用通俗易懂的诗词

六、七年级学生对诗词已经有了一定的积累，选用学生熟悉的或通俗易懂的诗词有助于更好地发挥诗词在教学中的作用，提升课堂效果。相反，若引用较为生涩难懂的诗词，则需要一定的时间进行讲解，影响教学的流畅与进度，同时也容易使学生产生畏难情绪，学习地理的积极性受到打击，偏离了引用诗词的本意。此外，选用的诗词也需注意趣味性、科学性和艺术性。

(三) 选用适量的诗词

对诗词量的选用需严格控制，做到精挑细选。一般情况下，一堂课中运用一两首诗词即可起到画龙点睛的作用。过多引用则会喧宾夺主，分散学生的注意力；同时也容易引起学生的审美疲劳，降低诗词在地理教学中产生的积极效应。

（四）在适当的情境使用

依据诗词内容及相关地理知识的特点,合理选择运用诗词的情境有助于更好发挥其作用,完成教学目标。比如,有些诗词适用于导入新课或新知,吸引学生注意力;有些蕴含地理知识的可用于帮助学生理解重点,突破难点;有些描绘地理景观的可帮助学生加深记忆……根据不同教学情境的特点,运用适当方法把诗词引入地理教学中的关键,需要教师精心安排和设计,切不可马虎随意,否则可能会起到画蛇添足的作用。

作为中华民族传统文化的瑰宝,底蕴深厚的中国诗词为地理与语文跨学科教学提供了大量的素材,丰富了跨学科教学的内容与情景。在教师的指导下,学生通过对诗词的赏析,在体验诗词之美的过程中轻松愉快地学习地理知识,感受中华传统文化的精妙。

本文作者:夏晨诚

学科核心素养导向的教学变革
——以初中数学教学为例

一、引言

在当今快速变化的社会和知识经济时代,教育的目标已经不再局限于传授纯粹的学科知识,而更加强调培养学生跨学科的综合素养和能力。在这一教育背景下,教学变革变得至关重要,以适应新的教育理念和需求。传统的单一学科教学模式已经难以满足学生面对复杂问题时所需的综合思维能力和跨学科应用能力。

学科核心素养作为教育改革的一个关键概念,强调学生在特定学科领域内所需的基础知识、基本技能和态度。它突破了传统学科边界,注重学生的跨学科学习体验,使学生能将不同领域的知识有机整合,解决现实生活中的复杂问题。学科核心素养不仅关注学科的深度,更强调学科之间的联系,培养学生的创新思维、批判思维和团队合作能力。

在初中数学教学中,学科核心素养的引入与应用具有重要意义。数学作为一门基础学科,不仅有助于培养学生的逻辑思维和分析能力,还能为他们未来的职业发展打下坚实基础。然而,传统的数学教学常常偏向于机械的计算和概念的孤立传授,难以激发学生的学习兴趣和创造力。学科核心素养导向的教学变革将数学知识融入实际问题中,培养学生将数学应用于现实生活的能力,提升他们的问题解决能力和实际应用能力。

因此,本文旨在深入探讨学科核心素养导向的教学变革在初中数学教学中的应用与影响。通过研究不仅可以丰富我们对教育变革的理解,还可以为教育实践提供有益的启示,促进教育体制的不断创新和提升。

二、学科核心素养在初中数学教学中的应用

(一) 跨学科素养融入数学课程的优势

学科核心素养导向的教学变革将跨学科素养有机融入数学课程,带来了诸多显著的优势和积极影响。传统的学科边界逐渐模糊,学生在学习数学的同时,也能培养和提升其他领域的知识和能力,使他们更好地适应未来多元化的社会需求。

跨学科素养培养学生的综合思维能力。数学作为一门抽象的学科,常常需要将问题进行拆解和重组,以找到解决方案。融入跨学科素养的教学模式可以激发学生的创新思维,使他们从不同的学科角度审视问题,提供多样化的解决方案,并培养他们的综合分析能力。同时,跨学科素养促进了学科之间的融合。数学与其他学科如科学、技术、工程和艺术等密切相关,通过将这些领域的知识融入数学课程,可以促进学生对知识的整合和应用。例如,在数学课程中引入实际科学问题,学生不仅可以学习数学方法,还可以了解这些方法在解决真实问题中的应用。此外,跨学科素养提高了学生解决实际问题的能力。现实世界中的问题往往是复杂而多样的,需要综合运用不同学科的知识来解决。将跨学科素养融入数学课程,可以帮助学生培养解决实际问题的能力,让他们从多个维度考虑问题,提出切实可行的解决方案。最后,跨学科素养提升了学生的终身学习能力。现代社会的发展速度极快,不同领域的知识在不断更新和演变。通过培养跨学科素养,学生可以更好地适应知识的变革,具备自主学习和持续学习的能力,为未来的职业发展打下坚实基础。

综上所述,跨学科素养融入数学课程的优势在于培养学生的综合思维能力、促进学科融合、提高解决实际问题的能力,并提升学生的终身学习能力。这些优势不仅有助于学生个人的全面发展,也为社会培养更具创新力和应变能力的人才。

(二) 设计课程内容以培养学科核心素养

在学科核心素养导向的教学变革中,设计课程内容是实现培养学生综合素养的关键一环。初中数学课程应当不仅是对概念和方法的简单传授,更应融合实际问题,培养学生的核心素养。

首先,课程内容应关注问题的实际应用。数学作为一门抽象学科,常常在实际问题中得以体现。设计课程时,可以选择与学生生活息息相关的问题作为教学材料,让学生看到数学在解决实际问题中的应用价值。通过将数学与现实生活联系起来,可以激发学生的学习兴趣,增强他们的学习动力。其次,课程内容应注重培养学生的创新思维。传统的数学教学常常侧重于教授已有的方法和概念。在实际问题中,往往需要创新思维来解决。设计课程时,可以引导学生进行探究性学习,让他们自己发现问题,提出解决方案,并在实践中不断调整和优化。通过培养创新思维,学生可以更好地适应未来不断变化的社会环境。此外,课程内容应强调跨学科融合。数学与其他学科密切相关,可以与科学、技术、工程等领域进行融合,开展跨学科学习活动。例如,可以引入数学建模,让学生在解决科学问题的过程中运用数学知识。这种跨学科融合不仅丰富了课程内容,还培养了学生的综合素养和团队合作能力。最后,课程内容应强调问题解决能力的培养。数学教学的核心之一是培养学生的问题解决能力。设计课程时,可以选择具有一定难度和挑战性的问题,引导学生进行深入思考和探究。通过解决复杂问题,学生可以提升他们的分析能力、逻辑推理能力和创造性思维能力。

综上所述,设计初中数学课程内容时应关注实际应用、培养创新思维、强调跨学科融合以及注重问题解决能力的培养。通过这些设计,可以有效地培养学生的学科核心素养,使他们在未来的学习和生活中更好地运用数学知识和能力。

三、初中数学课堂的实际探索

(一) 教学方法的改变与创新

在学科核心素养导向的教学变革下,教学方法的改变和创新是关键步骤之一。通过结合具体案例,我们可以更深入地了解这种改变如何影响学生的学习体验和成果。

传统上,正负数的教学常常是以抽象的方式呈现,学生难以理解其在实际生活中的应用。学生在计算过程中容易出错,同时缺乏对正负数的深刻理解。为了改善正负数教学效果,教师采用基于实际应用的教学方法。在教学过程中,教师将正负数的概念与日常生活中的实际场景相联系,如温度变化、海拔高度等。教师还引入物理学中运动的概念,如描述物体的位置和方向。通过实际问题,学生更直观地理解正负数的意义和作用。这种教学方法带来了显著的效果。学生在实际问题中更容易理解正负数的概念,他们将数学知识应用于实际情境中,从而加深对知识的理解。学生的学习兴趣明显提升,他们更愿意参与课堂讨论和实践活动。此外,学生的计算准确率也有所提高,因为他们对正负数的理解更加深入,减少了概念误解导致的错误。

案例背景:在初中数学课堂中,教师通过实际问题引入正负数的概念,以帮助学生更好地理解数学知识的实际应用。在这个案例中,教师通过描述小明的行走路径、涉及方向和距离的概念,引发学生对正负数的思考。

教学方法:教师设计了一个问题,小明从家出发,往东走了200米,然后往南走了150米,最后又往西走了120米。请问小明最终的位置在哪里?通过这个问题,教师将数学知识与实际情境相结合,引导学生进行正负数的加减法运算,并将其应用于解决实际问题。为了解决问题,学生需要绘制一个坐标图,以标记出每一步的行走路径和方向。他们还需要运用正负数的概念,将每一步的距离转化为数值,并进行运算。

教学成效:通过实际案例,学生不仅学会了正负数的加减法运算,还将数学知识应用于日常生活中的实际问题。通过绘制坐标图和计算,他们成功确定了小明最终的位置坐标。这个案例不仅帮助学生理解了正负数的含义,还培养了他们的问题解决能力和实际应用能力。学生在实际操作中感受到数学知识的实际价值,激发了他们的学习兴趣和动力。

综合而言,通过改变教学方法,将正负数的教学与实际应用相结合,以提高学生的学习兴趣和深度理解,使他们更好地掌握数学知识并将其应用于实际问题中。这种方法在初中数学课堂的实际探索中取得了积极的效果。

(二) 学生参与度和互动性的提升

在以正负数教学为例的教学实践中,教学方法的改变不仅带来了学生对知识的深刻理解,还显著提高了学生的参与度和互动性。

传统的数学教学往往以教师为中心,学生主要是被动接受知识。然而,在新的教学方法中,学生被鼓励主动思考、解决问题和表达意见。在案例中,学生需要通过绘制坐标图和计算来解决问题,这要求他们积极参与课堂活动,动手实践,与教师和同学进行互动。

以实际应用为基础的教学方法促进了课堂内外的互动。在案例中,教师提出问题后,学生可以合作讨论、分享不同的解决思路,互相学习。他们可以在小组中合作解决问题,一起探讨坐标图的绘制和计算方法。教师在课堂上充当引导者的角色,鼓励学生分享自己的观点,提出问题,促进课堂氛围的活跃和互动。

案例实例延伸:教师在课堂中还设计了一个小游戏,让学生分成小组,以竞争的形式解决类似的实际问题。每个小组需要根据不同的情景进行坐标图的绘制和计算,然后在限定时间内给出答案。这个小游戏鼓励团队合作,培养学生在压力下解决问题的能力。同时,学生在游戏中也享受了积极的互动体验,增强了他们对数学学习的兴趣。

综合来看,通过以实际应用为基础的教学方法,学生的参与度得到显著提升,他们不再是被动的接受者,而是积极的参与者和思考者。同时,互动性的增强使课堂成为一个开放的学习环境,学生可以充分交流、合作和分享。这种互动性不仅促进了知识的传递,还培养了学生的合作精神和解决问题的能力,为他们全面的素质发展提供了有力支持。

四、教学变革对学生的影响

(一) 学习动机的改变与提升

在学科核心素养导向的教学变革下,学生的学习动机发生了深刻的改变与提升。传统的教学模式可能导致学生对学科知识的兴趣逐渐下降,将学习视为一项枯燥的任务。然而,新的教学方法强调将学科知识与实际应用相结合,从而激发学生的学习兴趣和动力。

以上述教学案例为例,学生通过实际问题体验数学知识的应用,这使他们更加亲近和实际地感受到数学的重要性。与单纯的抽象概念相比,实际问题带来的成就感和实用性,使学生更有动力投入学习。他们开始将学科知识与解决日常问题联系起来,这种认知转变激发了他们对数学学习的兴趣和探索欲望。

通过实际案例的参与,学生不再将数学视为纯粹的学科,而是将其视为解决实际问题的工具。这种实用性的培养,使学生逐渐从被动地学习转变为主动地探究和应用。他们能体会到学科知识的实际价值,进而积极主动地投入学习活动。

综上所述,教学变革引发了学习动机的改变与提升。通过将学科知识与实际应用有机结合,学生更深刻地理解了知识的实际意义,从而在学习中获得了更多的乐趣和满足感。这种积极的学习动机将促使他们更加主动地探索和深入学习,为自身的全面发展奠定坚实的基础。

(二) 学生成绩和综合能力的提高

教学变革对学生成绩和综合能力的提高产生了显著的影响。通过注重培养跨学科素养和实际应用能力,学生的学习变得更加深入和全面。

通过实际问题的应用,学生在解决问题时更加熟练和自信。在这种实际应用的情境中,他们不仅在运用抽象概念,更是在解决现实生活中的实际难题。这种实际问题的解决能力使学生在类似问题中更加游刃有余,从而显著提升他们的学习成绩。

这种实际应用能力不仅在考试中表现出色,而且在日常生活中体现出来。学生更加自信地运用数学知识解决实际问题,培养他们的创新思维和问题解决能力。这种能力的提升使他们在解决复杂问题时更加从容,在现实生活中发挥所学。

除了学生成绩的提高,教学变革还培养了学生的综合能力。新的教学方法不仅强调知识的传授,而且注重培养学生的批判思维、合作能力和创新能力。通过实际案例,学生需要合作解决问题、进行团队讨论,从而培养他们的合作与交流能力。这些综合能力在学生未来的学习和职业发展中同样具有重要价值,使他们更好地适应社会的需求。

综上所述,教学变革通过培养实际应用能力,显著提高了学生成绩和综合能力。学生在解决实际问题中更加自信和熟练,同时培养的综合能力为他们未来的发展打下坚实基础。

五、结论

在学科核心素养导向的教学变革下,初中数学教育经历了积极的转变与探索。本文通过讨论教学方法的改变、课程内容的设计以及学生参与度和互动性的提升,揭示了这一变革对学生的积极影响。

教学方法的改变使学生从被动接受者转变为积极的参与者和思考者,促进了学生的学习动机的提升。通过实际应用案例,学生更深刻地理解知识的实际意义,激发了他们对学习的兴趣和愿望。课程内容的设计以培养学科核心素养为目标,使学生将学科知识与实际问题有机结合,培养他们的创新思维和解决问题的能力。以正负数教学为例,学生在实际问题中掌握了数学知识的应用,提高了他们的成绩和综合能力。学生参与度和互动性的提升使课堂成为开放的学习环境,学生自主探究、合作讨论,并通过互动交流提升合作与交流能力。这种互动性不仅在课堂中体现,也在学生的学习动机和能力提升中发挥了重要作用。

总体而言,学科核心素养导向的教学变革为初中数学教学带来了积极的变化。通过激发学生的学习兴趣、提高学生成绩和综合能力,这一变革不仅促进了学生个体的全面发展,也为未来社会培养了更具有综合素养和实际应用能力的人才。在教育实践中,继续深化学科核心素养导向的教学,将为教育体系的创新和学生的未来发展提供坚实支撑。

本文作者:沈强天

核心素养导向下的各版本初中数学教材比较分析与教学设计
——以"不等式的性质"为例

《义务教育数学课程标准(2022 年版)》明晰了数学核心素养,即会用数学的眼光观察现实世界、会用数学的思维思考现实世界、会用数学的语言表达现实世界,简称"三会"。如何将核心素养真正落实到课堂教学中成了一线教师迫切需要解决的问题。教材作为教师和学生学习的媒介,其重要性不言而喻,对不同版本的教材进行比较和分析,发现教材之间数学核心素养各自蕴含的特点,是提升教学质量和使核心素养落地的有力抓手。

一、核心素养下不等式数学教材比较分析的意义

不等式问题是初中数学中的一个重要内容。它在初中数学中与一次函数等有千丝万缕的联系,也是高中数学学习不等式的基础。不等式的性质既是等式性质的发展和延续,也为解一元一次不等式(组)提供依据。然而,在具体应用时,不等式的方向经常会判断失误,是什么原因导致学生不等式的性质掌握不完整呢?如何通过一节课的学习,让学生迅速抓住不等式性质的关键,真正理解不等式的基本性质并在实践中灵活运用呢?这就需要教师吃透教材,对教材有深刻的领悟能力,在教学实施过程中,根据学情,制订切实的教学目标,对教材内容进行适当的自主整合和开发利用,真正实现用教材教。在实践中笔者发现进行教材比较是深挖教材和实现用教材教的有效途径。

笔者通过综合分析三省一市初中数学教材,即沪教版、苏教版、浙教版和人教版教科书"不等式的性质"一节的内容,综合各版教科书的编排精华,结合班情、学情,制订基于核心素养的教学目标,形成沪教版"不等式的性质2、3"的教学设计,将数学学科核心素养的培养切实落实到课堂教学过程中。

二、基于教材比较分析的不等式教学内容重构

1. 确定重难点

比较教材可以把对教材重难点的把握变得更加容易,通过比较沪教版、苏教版、浙教版、人教版教材"不等式的性质"部分的内容,我们很快发现四种教材都包含的是不等式两边同加减一个数的性质、不等式两边同乘除一个数的性质两个主要内容,显然这两点就是这节课的重点和难点。

2. 确定教法和学法

通过比较教材,笔者发现四种教材在编排时间上有较大的差异,具体如下表所示:

表 1　各版本教材编排册次及课时分布情况

教材	沪教版	苏教版	浙教版	人教版
册次	六年级下	七年级下	八年级上	七年级下
课时	2	1	1	1

从表 1 中看出,该内容所安排的教学对象,从六年级至八年级,年级跨度较大。究其原因,编排顺序的差异或与不等式的性质应用所达到的要求不一致,由此可以根据内容出现时间上学生的年龄特点,确定教法和学法,如对低年级学生,教师注重概念的生成,通过大量的实例和题目的梯度来促进学生对不等式性质的理解,高年级学生理解能力较强,可适当增加不等式应用的难度。

3. 合理和灵活增添教学素材

每本教材的编排都有其内在逻辑性,但对不同的学生来说,理解并掌握一个新的知识需要的过渡、衔接、引申等都不尽相同,教师在教材比较中可以合理选取相关素材,让自己的课堂内容更丰富,更符合学情。例如,浙教版教材注重演绎思维培养,教学容量较大,练习题的设置范围较广,既有对不等式性质的正向应用,也有逆向应用;既有对具体数值(数值推广到实数)的应用、对带字母的不等式的应用,也有对实际问题的应用。练习中不等式性质本身的灵活应用也很广泛,人教版教材中有一些复杂的解不等式的应用,这些素材都可以根据学情适当加以使用。

4. 确定核心素养目标

表 2　各版本教材编排设计分布情况

编排顺序	沪教版	苏教版	浙教版	人教版
情境引入	实际问题	等式性质	通过合作学习从数轴上点的位置关系引出不等式的数量关系	给出一些简单的不等式的解集
概念生成	直接给出	用做一做来观察规律,用议一议来总结概括	以具体的实例验证得出不等式的性质	类比解方程的过程需要等式的性质一样,需要研究不等式的性质

（续表）

编排顺序	沪教版	苏教版	浙教版	人教版
概念辨析	无特别辨析	想一想概念区分	比较等式与不等式基本性质的探究活动	思考具体的不等式两边同加减、同乘除的具体实例的规律
例题及练习	正向直接应用	正向、逆向应用结合	正向、逆向应用结合	不等式性质的简单正向练习

综合四种教材，得出以下结论：（1）学习不等式的性质，需要类比等式性质；（2）需要通过观察、比较和分析发现不等式的性质规律；（3）不等式的性质是后续解题的基础，需要引导发现不等式方向改变的决定因素。

沪教版教材中本节内容出现在六年级，与其他三本教材相比，早了一两年的时间，因此学生在数学抽象、数学建模、逻辑推理等方面的思维能力略显不足，教学中需要教师着重培养核心素养。由此，制订基于核心素养的教学目标：

核心素养	教学目标	
数学建模	在实际问题中，感受、经历实际问题转化为不等式问题的发现与提出过程	1. 能说出这两个性质的区别和联系； 2. 能积累数学性质探索活动的经验； 3. 能根据问题的特点选择相应的性质，并运用它们分析和解决一些简单的实际问题； 4. 能享受探索和思考的乐趣； 5. 能体会分类讨论的数学思想
逻辑推理	借助分析、归纳、演绎，自主探索并发现不等式的性质	
数学抽象	能用文字语言和数学语言表达这两个性质的本质、区别和特点，以及"同乘""同除""方向不变""方向改变"等术语的含义	

三、指向核心素养的不等式教学实施与评价

对比分析四种教材后发现，不等式性质适合初中阶段六至八年级，沪教版安排在六年级，教材留给教师自主发挥的空间比较大，根据六年级学生的年龄特点、认知规律，以问题链的形式串联本节课内容较易让学生接受，具体设计如下：

1. 创设情境，引入新课

问题1：等式的性质有哪些？

生:等式的两边同时加上或减去相同的数,等式保持不变,等式的两边同时乘以或者除以同一个数(0除外),等式保持不变。

问题2:为什么强调0除外?

生:因为除数不能为零。

问题3:不等式的性质1是什么?

生:不等式的两边同时加上或减去同一个数,不等式的方向不变。

问题4:能不能说不等式保持不变?

生:不能,因为不等式是有方向的。

设计分析:(1)复习等式的性质引入新课,温故知新,为研究不等式的性质2、3埋下伏笔,培养学生类比联想能力;(2)复习不等式性质1,观察两边同时做了加减运算,激发学生继续探索不等式两边同时再做乘除运算的兴趣,为本节课的研究作铺垫;(3)梳理与本节课内容相关已学知识点,培养学生分析问题的能力;(4)追问等式性质中的特殊条件,培养思维的严密性;(5)追问不等式性质中的不同表述,体会不等式有方向性,为突破本节课难点做准备。

2. 合作交流,探索新知

出示课本中的实际问题:

李老师与王老师的家离学校的距离都是6千米,下班后他俩同时骑车回家,骑车的速度分别是每分钟0.2千米与每分钟0.15千米。10分钟后,他俩谁离学校的距离远?

问题5:我们能直接解决这个问题吗?

生:解决这个问题,最直接的方法就是根据"路程＝速度×时间"的公式直接计算他俩的距离,分别是$0.15×10＝1.5$(千米),$0.2×10＝2$(千米)。通过比较1.5千米与2千米的大小,得出李老师离学校比较远的结论。

问题6:刚才我们通过计算得到了结果,如果我们不计算,能否得到相同的结论呢?请同学们观察列式两边的特征?

生:两边都出现了"乘以10",是乘以了同一个数。

问题7:我们把刚才的过程用不等式来表示一下。

(教师板书:由$0.15<0.2$得到$0.15×10<0.2×10$)

问题7:是的,不等号的两边同时乘以同一个数,不等式方向改变吗?

生：不会发生改变。

问题8：你能举一些实例吗？

生：比如两边同时乘以20，左边等于3，右边等于4，不等式的方向不变。

问题9：刚才的同学举了两个正数的比较，能再举出和这个不一样的例子吗？

生：两边同时乘以-20，左边等于-3，右边等于-4，不等式的方向改变。

（教师请多位学生举例并说明方向特征。）

问题10：通过上面的例子我们发现不等号的方向和什么有关呢？

生：和乘以的数的正负性有关。

设计分析：(1)设计直接计算解决实际问题的方法，培养学生数学运算的核心素养。(2)引导学生自己建立不等式解决问题的数学模型，培养数学建模的核心素养。(3)引导学生举出不同类型的例子，培养发散性思维的能力。(4)引导从举例发现一般规律，培养归纳思维的能力。(5)引导发现不等式方向改变的决定性因素，深化知识理解，培养透过现象发现本质的能力。(6)渗透分类讨论的思想方法。

3. 归纳结论，形成性质

问题11：你可以用代数式表示上述结论吗？引例中的0.2、0.15能否用字母代替？例题中的10分钟能否用字母代替呢？

生：可以将0.2用a代替，将0.15用b代替，10分钟用m代替。

（教师板书字母代替数字后的不等式：

如果$a>b$，且$m>0$，那么$am>bm$；如果$a<b$，且$m>0$，那么$am<bm$；

如果$a>b$，且$m<0$，那么$am<bm$；如果$a<b$，且$m<0$，那么$am>bm$。）

问题12：把乘以一个数改为除以一个数，猜想结论仍然成立吗？

生：成立的。

问题13：你能举出一些实例吗？

生：还以刚才的不等式为例，两边同时除以正数5，左边等于0.03，右边等于0.04，不等式的方向不变。两边同时除以负数-5，左边等于-0.03，右边等于-0.04，不等式的方向改变。

问题14：刚才这位同学说得很好，那么，这个结论能否同样用代数式表示呢？

生：能。

（教师将板书补充完整，得出不等式性质 2、3）。

不等式性质 2：不等式两边同时乘以（或除以）同一个正数，不等号的方向不变，即：

如果 $a>b$，且 $m>0$，那么 $am>bm$ 或 $\dfrac{a}{m}>\dfrac{b}{m}$；

如果 $a<b$，且 $m>0$，那么 $am<bm$ 或 $\dfrac{a}{m}<\dfrac{b}{m}$。

不等式性质 3：不等式两边同时乘以（或除以）同一个负数，不等号方向要改变，即：

如果 $a>b$，且 $m<0$，那么 $am<bm$ 或 $\dfrac{a}{m}<\dfrac{b}{m}$；

如果 $a<b$，且 $m<0$，那么 $am>bm$ 或 $\dfrac{a}{m}>\dfrac{b}{m}$。

问题 15：如果不举具体的实例，能否直接得到结论？

生：可以，除以一个数就是乘以一个数的倒数，就可以直接用前面的结论。

设计分析：（1）引导用字母代替数，培养学生数学抽象的核心素养。（2）先猜想结论，培养学生直觉思维和探索精神。（3）引导用具体实例验证自己的判断，培养演绎思维的能力。（4）用多种方式得出结论，发展数学推理的能力。（5）自主归纳结论，发展数学表达的能力。（6）问题推进教学，培养学生分析问题的能力。

问题 16：有理数分类中，除了正数和负数外，还有哪个数？

生：还有零。

问题 17：不等式两边可以同时乘以零吗？

生：不可以，如果两边同时乘以零，不等式两边都等于零，不等式变成等式。

问题 18：不等式性质 2、3 与等式性质的区别和联系在哪里？

生：不等式性质 2、3 两边同时乘以或除以的数要考虑正负性，等式两边只要同乘以或除以同一个不为零的数时，不需要考虑正负对等式的影响。

问题 19：如果将 m 分钟后，谁离学校远变为谁离家近，你能解决这个问题吗？

生 1：因为两位老师家到学校的距离一样，所以离学校远的，即离家近。

生 2：也可以用不等式解这个问题，两位老师离家的距离可以分别用（6—

$0.15m$)和($6-0.2m$)表示,原有 $0.15<0.2$,在这个不等式的两边先分别同乘以 $-m$,利用性质3,不等式的方向改变,再在不等式两边同时加上6,利用性质1,不等式方向不变,最终方向改变,因此李老师离家近。

设计分析:(1)再次强调数的取值范围,培养数学思维的完整性。(2)旧知与新知的比较分析,发展学生求同和求异思维的能力。(3)问题中用字母代替数字,进一步落实数学抽象核心素养的培养。(4)引导学生多角度解决问题,培养数学表达和综合分析问题的能力。

4. 应用新知,尝试练习

例题1:设 $a<b<0$,用不等号填空,并写出理由。

1. $3a$ _____ $3b$(不等式性质 _____);

2. $-2a$ _____ $-2b$(不等式性质 _____);

3. $5a$ _____ $3a$(不等式性质 _____);

4. a^2 _____ ab(不等式性质 _____)。

练习1:$x>0>y$,用不等号填空,并写出理由。

1. $5x$ _____ $5y$(不等式性质 _____);

2. $-x$ _____ $-y$(不等式性质 _____);

3. xy _____ y^2(不等式性质 _____);

4. $-2x$ _____ $-3x$(不等式性质 _____)。

例题2:按要求写出变形后的不等式,并写出理由。

1. 由 $a<b$,两边同时乘以6,得到:_____(不等式性质 _____);

2. 从 $-3x>0$,两边同时除以 -3,得到:_____(不等式性质 _____);

3. 从 $-1\geq-5y$,两边同除以 -5,得到:_____(不等式性质 _____)。

练习2:按要求写出变形后的不等式。

1. 从 $-3a>-3b$,两边同除以 -3,得到:_____(不等式性质 _____);

2. 从 $3x>-9$,两边同除以3,得到:_____(不等式性质 _____);

3. 从 $10<-5y$,两边同除以 -5,得到:_____(不等式性质 _____)。

例题3:已知由关于 x 的不等式 $ax>a$ 可得 $x<1$,求 a 的取值范围。

练习3:已知由关于 y 的不等式 $-by<-2b$ 可得 $y<2$,求 b 的取值范围。

设计分析:(1)采用做做练练的基本形式,每一道例题都配有同类型的练习题,对知识点及时加以检测并巩固;(2)例题的选取由易到难,从简单的直接应用,到不等式性质的逆向应用,多角度应用性质,加深学生对性质的理解;(3)练习出现形式多样化,有只需要填不等号的填空题,有需要学生根据不等式的基本性质完整写出不等式的填空题,也有需要观察分析的简答题,促进知识的灵活使用。

问题20:讨论下列问题:

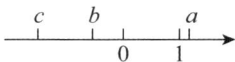

根据数轴上数的特征,试着利用不等式的性质,写出关于 a、b、c 三个字母的变形不等式,并说明变形依据。

设计分析:(1)以数轴为背景,需要学生自行观察图形写出基本不等式,培养学生读图能力;(2)写变形不等式时,需要注意选取字母的正负性,深化对性质的理解和应用;(3)这是一道开放题,不等式的形式多样,培养学生发散性思维和知识迁移的能力;(4)综合应用不等式性质,培养创新应用的能力。

5.归纳总结,形成体系:

请结合下面两个问题谈谈这节课的收获:

1.不等式的性质有哪些? 与等式之间的区别和联系是什么?

2.运用不等式的性质时需要注意什么问题?

设计分析:(1)培养归纳总结的能力;(2)检验本节课的学习效果;(3)培养独立思考和自主知识建构的能力。

四、结语

等式的性质是小学内容,且等式的性质没有方向性问题,这节课不等式的方向是重点和难点,这对学生的理解力和思维能力都提出了更高的要求。关于不等式,学生在生活中有所涉及,但还没有真正理解概念和学会用数学语言来规范表达。在教学过程中,教师要设计针对性强、能引发学生深度思考的问题,让学生主动观察并发现规律,总结概括不等式的性质,让学生真正建立不等式方向性特征,认识到触发不等式方向改变的关键因素。

在教学实践中,只有深刻把握知识结构,了解各个知识点与学科核心素养之间的本质联系,在尊重教材的基础上,用好用活教材,对教材进行二次加工和处理,使其更符合班情、学情,才能有效培养并落实学科核心素养。

本文作者:李　玲

基于核心素养的初中文言文阅读教学探究
——以抒怀类文本为例

　　文言文是中华民族经典思想、经典文化的精髓。统编版教材落地后,最显著的特点是增加了对传统文化的学习内容。不仅古诗词的量增加了,而且文言文的量也大幅度增加。《义务教育语文课程标准(2022年版)》明确指出:"语言文字既是文化的载体,又是文化的重要组成部分,学习语言文字的过程也是学生文化积淀与发展的过程。在语文课程中,学生的思维能力、审美创造、文化自信都以语言运用为基础,并在学生个体语言经验发展过程中得以实现。"文言文是文章、文学与文化的统一,入选教材的文言文基本上都是文质兼美的经典名篇,它们既是经世致用的适用文章,又是中国文学中的优秀作品,更是学习中华文化,提升文化自信的很好的载体。

　　长期以来,我们在文言文教学中关注最多的是字词教学和内容理解,而内容理解又主要集中于段意的归纳和主旨情感的把握。主要问题是忽视文言文和文体的特点,文言词句与文章内容的分离,对文本解读的整体关联不够,缺乏对文言文"语言形式"的研究。关于文言文核心价值的确定上,一直存在争议:"一是'语言文字'与'思想内容'之争,即所谓的'文道之争';二是'文学'和'文章'之争,也就是把古文主要当作文学作品来欣赏学习,还是当作表达的范文来学习。"我们认为,基于核心素养的初中文言文阅读教学,需要解决的是文言文的语言障碍如何与文章内容组合起来,如何将知识点的落实融入对文本行文的逻辑梳理中,从而真正达到深化文言教学内容、优化学生思维能力培养的目标。本文旨在立足语文核心素养的培养,结合自己的文言文教学实践,以初中文言文常见的抒怀类文本为例进行具体阐释。

一、关注材料的剪裁

　　抒怀类文言文多借助具体的景、物、事来抒发情志。材料的选择与文章"意旨"有关，我们写文章时面对诸多的材料要经过严格的挑选，精选出最能抒发情感、表达主旨的材料。作为读者，喜欢一篇作品首先是文章的情节吸引人，所以材料的选择会影响一篇文章的艺术感染力。

　　《湖心亭看雪》这篇文章即是抒怀类文言文。根据标题，作者在大雪三日后的晚上前往湖心亭的目的应该是去赏雪，但作者并没有对雪景进行详细的描绘。虽有"雾凇沆砀，天与云与山与水，上下一白"等写雪景的句子，但这是在去湖心亭的路上，还没到湖心亭，而且写得也比较笼统。等他到了湖心亭后，他写的是两个人铺毡对坐，童子烧酒，看见我大喜，拉我同饮，我勉强喝了三大杯就告别了。在这样的"人鸟声俱绝"的环境中，遇到一个与自己有共同志趣的人，而且那两人也表现出非常的惊喜"湖中焉得更有此人"，从"焉得""更"可以推断出在这样的环境下能遇到人是非常罕见的，作者为什么没有留下聊聊天而是马上告别呢？告别前也只是"问其姓氏，回答说是金陵人，客此"。为什么作者要选择这样的一句话来写？而且还是答非所问，问姓氏，却回答金陵人。这里的"金陵人"和"客此"都是别有意味的。张岱作为明朝遗老，"金陵"是南京的别称，南京是明朝的首都，"客此"是客居在这里，即杭州。就是说一个金陵人离开南京，客居他乡杭州。从地域概念来说，南京与杭州并不是很遥远的，尽管明朝那时交通没有现在发达，要回去是完全可以的。但是，从张岱角度来看，一个明朝人来到清朝"客居"，他就永远回不去了。亡国意味着一切皆休，文章表达的是作者对生命心如死灰。

二、关注行文的意脉

　　一篇文章无论长短，基本上都有一条主线贯穿全文，将文章中的人、事、物等串联起来。文章要言之有物，但也要言之有序。每一位作家写文章时，都必先要在心里对整篇文章进行谋划一番，如何做好"起""承""转""合"，如何建构文本的内在逻辑和行文思路，所谓胸中有丘壑，才能下笔如有神。写作如此，解读文本自然也应如此，否则如何通过文字触摸到文本的内涵和作者的情志呢？

　　对于《桃花源记》这篇文言文,通常我们比较关注第一、二段中优美的景物描写和第三段的"桃花源"中淳朴的民风,却往往忽略了最后两段的内容,我们可以想一想:为什么明明"此中人语云:'不足为外人道也'",渔人还是要背信弃义呢?而且是出来就"处处志之",太守得知也是"即遣人随其往",刘子骥也是"闻之,欣然规往",这些句子都是解读本文内容的关键之处。就是说,平民、高官、高尚士都对桃花源这个地方很向往,可见这个地方的吸引力之大。"太守即遣人随其往"中的"即"字值得研究,"即"是马上的意思,说明太守听了渔人的禀报以后非常急切地想去这个地方,因为这个地方太有吸引力了。刘子骥这个人物据说历史上确实有这么一个人,而且在当时很有影响力,当然无据可考姑且不论,但从他"欣然规往"可以看出,他听了以后也非常兴奋,而且兴趣非常之大,为寻找这个地方做了精心的准备,从一个"规"字就可以看出他是志在必得。再联系前文第一段内容,渔人是怎么进入桃花源的呢?完全是误打误撞("缘溪行,忘路之远近"),他进去时是无意识的,是偶然进入桃花源的,但是他出来时留了个心眼,一路上做了标志,刘子骥也是有计划、有目的地想要进桃花源,结果都进不去。这样前后联系起来,我们可以解释桃花源为什么是一个理想的虚构的社会,因为这个地方实际上是不存在的。所以要更好地理解桃花源是虚构的理想社会,可以抓住三个点:一是渔人的无意识进入,二是太守的有意识寻找,三是刘子骥的欣然规往。

三、关注语言的锤炼

　　文言文教学有效性提高的前提是对文言文的深入解读,解读的策略是值得我们探究的问题,关注语言的表达形式是文本解读的一个重要方面。"通过细致研究词的搭配、特殊的句式、句群的意味、语气,以及特殊的修辞手段的运用等,来细致体味每个词的本义、暗示义、联想义,在词、句的关系中,也即由'上下文构成的具体语境'中,重新确定词义的过程"。文本理解的核心在于语言的运用和文章结构,如果文言文教学只是将它翻译成一篇蹩脚的现代文,再来谈章法结构等,其作为文言文的价值就已经不存在了,所以只有解决基于语言形式的文言文解读,才能更好地进行文言文阅读教学。

1. 在具体语境中理解字词语义

文言文教学要根据文言文的特点来教,要让学生通过感受文言文的语言来挖掘潜藏其内的情感、思想和文化内涵。因此,进行解读和赏析时要细细琢磨、用心体会才能领会作者用词的精妙。

比如,像《记承天寺夜游》这类比较短小的小品文,学生借助书上注解完全可以读懂文本的大致意思,但真正要深入文本需要教师的解读和引导。如果学生能抓住"闲人"二字,再结合文中写到的"月""竹""柏"等意象组合形成的意境来理解,再关注"庭下如积水空明,水中藻、荇交横,盖竹柏影也"一句中本体和喻体的倒置来理解苏轼发现美景的沉醉与欣喜,不过仔细阅读会发现这种欣喜不过是短暂的,通过对"但""念""耳"等字词的分析,我们很快发现这种欢欣愉悦背后的凄凉、落寞。这种在"文"的带领下对"言"的含义的理解就不会显得古板单调,而是更加深刻有趣。学生的思维得到激发后,就会有自己的理解并能比较准确地表述出来,这比教师的讲解、灌输要有效得多,有趣得多。

当然,还可以带领学生走进文本的历史文化背景中去体悟文章深层次的内涵,品味字词表达等言语形式的精妙。比如,《小石潭记》虽然是一篇写景散文,但不能只是当作一篇游记来解读,因为其中包含着深层次的情感内蕴,联系柳宗元写此文的背景,当时他因参加永贞革新而被贬为永州司马,仕途上的不得志使他寄情山水,想借景来排遣内心的抑郁和愤懑。所以这种山水的快乐也只是短暂的,当周围环境变成"四面竹树环合,寂寥无人,凄神寒骨"时,"悄怆幽邃""其境过清"的心境油然而生。依据文化背景阅读文言文,其文字背后的深意才能读出来、读准确。

如《桃花源记》中"见渔人,乃大惊"中的"乃"究竟解释为"于是"还是"竟然",如果不联系语境是无法找到答案的。首先,要知道这是省略句,理解时要将省略的成分补充完整:(源中人)见渔人,乃大惊,问(渔人)所从来。(渔人)具答之。(源中人)便要(渔人)还家,设酒杀鸡作食。其次,源中人为何大惊,是渔人作为陌生人的突然闯入源中人担心和平安宁的生活被打破而大惊呢,还是长久与世隔绝突然见到一个外人而感到惊讶?这是解决"乃"解释"竟然"还是"于是"的关键。联系上下文的语境,从"问所从来""便要还家,设酒杀鸡作食"等句子可以看出"桃花源"民风淳朴,村民热情好客,毫不设防邀请渔人去家中做客,他们虽然惊讶,但只是见到外人出现的一般的惊讶而已,并不是见到渔人后担心这里的生活会遭到破坏的惊慌。因此,根据这样的语境推测,这里的"乃"解释为"于是"更为恰当。

文言文的学习,也是学生学习语言的过程,教师应锻炼学生的语言思维能力,让学生深入文本中理解语言的运用,这样的文言文阅读才不会枯燥,也不会是死记硬背的辛苦,而是文言文字词含义探究的乐趣。

2. 在"炼字炼句"处品味思想内涵

古人在创作中非常重视炼字炼句,目的是体现文本的独特的表现功能,而炼字炼句表面是在遣词造句,实际上是增强思想、情感的表现力,增强文本的艺术效果。在教学中如果能抓住关键性词句,可以引导学生更好地理解文本内涵。

解读《岳阳楼记》,可以抓住文中的两个"异"字,本文在开头简单地交代了一下重修岳阳楼的背景、盛况及岳阳楼壮观景象后,马上以一句"然则北通巫峡,南极潇湘,迁客骚人,多会于此,览物之情,得无异乎?"从前面介绍岳阳楼的壮观景象转到人情之异上来。这个关键词"异"所包含的情志内涵是什么呢? 是迁客骚人两种不同的"览物之情":一种是面对悲凉阴冷的景色而产生的悲伤之情,另一种是欣赏春光明媚的美景时的喜悦之情。简而言之,就是"以物喜、以己悲"。值得注意的是,无论是悲凉之景还是明媚之景,作者都写得波澜壮阔、气势宏大,绝不是个人的哀乐,而是多少与民生国运有关。这就必须关注到文本中的第二个"异":"或异二者之为"中的"异"。这是古仁人的"不以物喜,不以己悲",是为君主而忧虑,为百姓而忧虑。这一方面是因为范仲淹被贬邓州,旨在勉励自己,另一方面也是散文这一文体特点的原因,古代有"诗言志""文载道"之说,文以载道中的"道"不是个人的情感。再仔细体会"先天下之忧而忧,后天下之乐而乐"这句话,不是不能有自己的忧和乐,而是个人的忧和乐要在天下人的忧和乐之后。所以,本文写景抒情的"异",是因为主体从"迁客骚人"变为了"古仁人"。

应该说,文言文和现代文的教学同为语言教学,它们之间在许多方面是可以互为启示的。寻找巧妙的切入点作为主问题提挈整个课堂,设置"非常之问"并铺设一定的台阶来激活学生思维,以删改词语、调换顺序等方式来引导学生品味语言的张力,以形式多样的朗读来搭建理解的桥梁,最终达到水到渠成、余音绕梁的效果。

3. 在虚词和句式的运用中体会情感表达

虚词在文言文中往往没有实际意义,但它在情感意义上的价值是很重要的,有时候一个虚词能更好地表达人物复杂的内心情感。当然,虚词的理解更应与实词结合起来并联系具体语境来理解。前面讲到的张岱在《湖心亭看雪》中"天与云与山与水,上下一白"中三个"与",形象地将"天、云、山、水"四个景物融合在一起,形成了一种天地苍茫的浩大气象。梁衡先生曾指出三个"与"字连用得极好,反正一切都白了,天地一体,浑然皆白,这时若偶有什么东西裸露出来,自然显得极小。"湖上影子,惟长堤一痕,湖心亭一点,与余舟一芥,舟中人两三粒而已。"这句话本是与前面一句形成对比,在阔大的天地宇宙面前,人是多么的渺小,这种小境界中的大意象,就是由此而出的。但是,这句话中的一个虚词"而已"通常容易被人忽视,"而已"字面上理解是"罢了"之意,要想深刻理解此虚词的深意,我们要思考,写此景时作者在哪里?作者已经跳出景物之外,这是从老年张岱的视角写此景,融入作者写此文时的感受,经历了亡国之后,一切皆休,对生命彻底无望,正如他在《〈陶庵梦忆〉序》中所写"每欲引决,因《石匮书》未成,尚视息人世",这样的情景想忘却,可偏偏不能忘却,这是痛苦的,而且这种痛苦远大于一般贬官的痛苦,只好寄梦于往昔。

除此之外,虚词对整篇文章语气、文气的表达更是具有重要作用,古人学习古文首先要读懂句读,还要在涵泳中品味虚词在文句语气表达和文章脉络结构上所起的重要作用。比如,一些句末语气词不能简单地翻译成"吗、啊、呢"等,一些助词的语法作用也不能忽视,因为这些虚词在文章谋篇布局方面起到很大的作用。例如,欧阳修的《醉翁亭记》,全篇用了 21 个"也",一贯通篇,毫无赘烦之弊,反有灵动之妙,不仅有一种一唱三叹的韵律美和音乐美,而且与作者的心境巧妙地融合在一起,一个醉在其中、乐在其中、悠然自得的醉翁形象由此跃然纸上,让读者深深地陶醉其中。因此,我们在解读这篇文章时,抓住了"也",实际上就是抓住了理解文本的关键。第一、二段景物描写和人名介绍时用到的"也",有醉翁陶醉山间美景的得意之情。结尾段中"游人去而禽鸟乐也""人知从太守游而乐,而不知太守之乐其乐也"表达了一种万物各得其所的天人和谐的境界,将作者与民同乐的思想境界和盘托出,很好地完成了主题的升华。

　　文言文教学中对句子的品析往往会涉及倒装句、省略句、定语后置句等句式，我们要思考的是为什么这里要用倒装句，那里要用整句、散句等问题。古汉语的特征是简洁生动，句法也比较自由，作者在句式的选择上主要是由语义决定的。《岳阳楼记》中用了"日星隐曜，山岳潜形""沙鸥翔集，锦鳞游泳"等许多精致的对仗，对自然景观进行跨越时空的自由概括或描述，使描述的景象更具雄浑的气势。范仲淹在散文的自由句式中适当运用一些骈文的句法来调节，达到整散结合的效果。范仲淹运用骈句和散句的自由交替，"把骈文在节奏上的整齐和散文节奏上的自由结合了起来，显得情采和文采交融，情绪活跃，潇洒自如"。

　　选入教材的文言文基本上都有很高的文学价值，这种价值不仅有思想内容，语言表达也生动凝练，更重要的还在于作者通过其独特的语言形式，再现了作者的思维特点。教学时，要站在思维的高度来学习作者语言运用的成功之处。同样是贬官之作，《醉翁亭记》中有好多虚词"也"和"而"，但是《小石潭记》中就很少用到虚词"也"和"而"，这两篇文章表达的情感是不一样的，欧阳修在文中表达的是太守与民同乐的境界：陶醉于优美的环境，陶醉于滁州百姓富足的生活，陶醉于与百姓出游的快乐，是一种怡然自乐的心绪，而虚词"也"就能很好地表达这种心绪，而柳宗元不是，他的寄情山水是想排遣自己内心的抑郁、忧伤，所以这份快乐是短暂的，一旦感受到周围环境的冷清时，他内心的苦闷、忧伤就油然而生，如果用虚词"也"，表达的情绪就大不一样了。

　　语文学科强调"以人育人"，因此在指导学生解读抒怀类文言文作品时，教师不仅要让学生理解作品词句的巧妙，更要让他们深入挖掘，感受作品中的人文情怀，提升审美品位。这样的阅读才能让学生在深度学习这类作品的过程中，有效地提升学生的语文核心素养。在实际教学中，虽然我们不可能在每一篇文言文中都兼顾或渗透语文核心素养的四个方面，但是我们至少要有培养核心素养的积极意识，尽可能地充分挖掘文言文潜在的资源和价值，并努力付诸行动。如此方可有效、高效地培养和提升学生的语文核心素养，为其终身发展奠定扎实的基础，进而达到叶圣陶先生所倡导的"不需复教"的理想境界。

本文作者：罗春兰

浅谈初中古诗词教学中对张力结构的思考

《义务教育语文课程标准(2022年版)》提出语文课程理念,其中之一便是"立足学生核心素养发展,充分发挥语文课程育人功能。义务教育语文课程围绕立德树人根本任务,充分发挥其独特的育人功能和奠基作用,以促进学生核心素养发展为目的,以识字与写字、阅读与鉴赏、表达与交流、梳理与探究等语文实践活动为主线,综合构建素养型课程目标体系""提升思想文化修养,建立文化自信,德智体美劳得到全面发展"。

古诗词作为中考内容,且视为必拿分数的部分,在日常古诗词教学中开始出现形式单一的情况,大多是解字—释意—赏析—悟理/情,这种方式不仅固化了学习诗词的过程,让充满蓬勃生命力的诗词缺少了生长的空间,同时也未考虑到不同层面学生的学习需求,使中国传统文化的精神很难根植于学生的心灵之中。

《义务教育语文课程标准(2022年版)》指出初中阶段古诗的教学目标是"诵读古代诗词,有意识地在积累、感悟和运用中提高学生的欣赏品位和审美情趣"。如何在有限的古诗教学中激发不同层次学生的学习热情,在相应的思维层面有所推进,既提升学生的审美情趣,又传承民族的文化精髓,该问题是值得思考与探究的。

本文尝试借助古诗词张力结构的探究与运用,以期对中学古诗词教学提供一个新的思路与途径,让不同层次的学生既学会嚼字品词、悟情入境,还能具有诗词学习的新意识,关注诗词炼字、意象及意境、主旨和思路,即关注文本的语体层、语象层、语义层既对立又统一的关系。

一、古诗词张力结构的内涵说明

"张力"这个词语最初产生于新批评流派中关于文本细读的一个术语,并被认为是该流派最伟大的发现之一。退特在《论诗的张力》一文中提到:"我所说的诗的意义就是指它的张力,即我们在诗中所能发现的全部外展和内包的有机整体。"张卫青在《古诗词张力结构与中学语文教学》中提到的张力结构"是站在退特对张力概念阐释的基础上,对张力概念的具体化和特定化,是指存在于文本的语体层、语象层、语义层的既对立又统一的关系""古诗词的张力结构就存在于形式层(语体形态)、再现层(语象世界)和表现层(语义体系)等各个层面和各个角落,形成了一个个既相互对立又相互统一的关系,它们通过文字的组合秩序和节奏特点、意象的选择与使用、古诗词的语义内涵表现出来的"。

二、古诗词张力结构的实际运用

1. 形式层(语体形态)中张力结构的表现

在古诗词所选字词的表层含义与其情感含义之间,具有对立统一的张力结构。因此,在古诗词教学中关注凝练作者情感的字词,甚至表面存在矛盾的文字形式都是十分重要的。

首先,古诗词教学中指导学生关注凝练作者情感的字词,或以其为中心,或以其为突破口,深入感受文字及诗歌所蕴含的丰富内涵。

例如,部编版八年级上的《黄鹤楼》,是唐朝崔颢的晚年之作,尾句一个"愁"字视为点睛之笔,结合前句"日暮乡关何处是",领会其愁为乡愁。我们以"愁"为中心,去触摸作者登楼远望时的心境。于是引导学生思考作者缘何登临黄鹤楼产生此情呢?细品本诗,多处值得玩味,可抓住文中反复出现的"黄鹤楼"(三次)和"空"(两次)。我们知道古诗词忌用词重复,但本诗前三句中每句都出现一次"黄鹤楼",可本诗并未因三次重复而显得累赘,反而使诗意一气贯通。年少的得意与半生的失意交织纠缠,直至登临黄鹤楼,诗人登楼望远,怀古思今,那一股郁结之气在黄鹤了无踪迹之时喷薄而出,肆意挥洒。面对无限的江河,无限的空间与时间,诗人顿感人之渺小,历经半生的困顿,诗人发现自身已陷于两难之境,日暮途穷,家乡何在?失意的游子,憔悴的斯人,这一切都潜藏于字里行间。尤其是两个"空","此地空余黄鹤楼"中"空"是"只,只有",人去楼空,衬出独自登临黄鹤楼的诗人越发孤独、渺小,内心空荡。"白云千载空悠悠"的"空"是"徒然,只不过",广阔的天空中"黄鹤一去不复返",只有白云徒然地飘飘荡荡,天空更显得浩瀚无涯,一片空寂。鹤去楼空,物是人非,既衬托诗人内心的孤独寂寞,又令诗人生出世事沧桑的惆怅心绪。

安排在统编版九年级课外古诗词部分的《定风波》中,"山头斜照却相迎"的"迎"字也极具张力。诗人在体验完微冷后,抬头发现了斜照的阳光,明明是自己走向阳光却写阳光"相迎",在拟人的表达中写出了阳光的亲切和煦,更能表现夕阳的主动、热情。为了让理解力较弱的学生能体味出炼字的精妙,在教学中设计"相迎"能否改为"相逢"这一问题,使学生关注"迎"在字面义背后所传递的温暖热情之感,而此时理解力较强的学生便可以顺势思考"中国古诗词中出现夕阳多是惆怅孤独之感,可为什么苏轼眼中的夕阳如此温暖热情"这一问题。面向不同需求的学生,两个紧密衔接的问题使他们各取所需。

其次,古诗词教学中引导学生关注诗歌中表面存在矛盾之处的文字形式,以此作为探究诗歌内蕴的抓手。

例如,苏轼的《定风波》一词,走近它可以让我们触摸到苏轼旷达有趣的灵魂。通过诵读小序和词的内容,学生较为容易发现该词的反常之处,即作者一行途中遇雨"同行皆狼狈",苏轼却"独不觉",这是为何? 首先需要学生思考此处的"不觉"是什么意思? 这里的"不觉"不是说苏轼感觉不到风雨,而是不在乎,不放在心上。接着追问,从词中哪些地方可以加以证明? 学生会关注"竹杖芒鞋轻胜马"一句,实际上在泥地里走路绝对不会轻松,鞋上会大坨大坨的泥巴,此处又有一个反常。在雨天泥泞的道路上,拄着竹杖,穿着草鞋走路,比起骑马,孰难孰易不言而喻,苏轼却有着前者比后者更加轻快的感受,这样看似矛盾的语言表达,其实透露出的是苏轼此时闲适自在的情感。如果直接赏析"轻"字,基础薄弱的学生一时难以跳出常规认知,于是在教学中加以点拨,请学生用"轻"来组词。学生通过轻松、轻便、轻快等词的逐一迸发,思维被打开,借机引导学生选择最适宜的词语"轻快",进而轻松理解诗人寓于其中的快意人生之感。此外,学生还会关注"莫听"一词,这其实是一种心理诉求,一种自我提示,"莫听"也好,"不觉"也好都不在乎,不要在意它。所以,"余独不觉"呼应的是"一蓑烟雨任平生"和"也无风雨也无晴",无论风雨还是晴朗,对苏轼来说都是一样的。自然中、生活中、人生中有风有雨有晴天,但在这首词中我们通过对反常处的解析,看到了一个简单的苏轼,一个拯救自己、无论顺逆都无须在意的苏轼。

2. 再现层(语象世界)中张力结构的表现

在意象与意境之间存在对立与统一的张力结构,多个意象的组合和排列形成了诗歌独特的意境,扩大了诗意空间。在文学作品中,意象是通过具体形象和情景传递作者的思想情感,意境则是通过意象的组合和排列创造出一种整体的情感氛围。

首先,关注常见意象,知人论世,感悟情感。

例如,统编版八上的《使至塞上》,诗人王维作于出塞途中。737年春,河西节度副大使崔希逸大破吐蕃军。唐玄宗命王维以监察御史的身份出塞宣慰,察访军情,并任河西节度使判官,实际是将王维排挤出朝廷。"征蓬出汉塞,归雁入胡天",意象"征蓬""归雁"值得关注。"征蓬"是飘飞的蓬草,古诗中常用来比喻远行之人。"蓬"草是古诗中常见的意象,它的特点是枯萎后根断,随风飘飞,且飘泊无依,所以当诗人孤身在外,或送别友人,感叹自己或友人身世飘零的时候,思乡念友的时候,便用蓬草来寄托心曲。统编版八下课外古诗词《送友人》李白的"此地一为别,孤蓬万里征"也提到了蓬草。因此欣赏本诗,可引导学生关注意象,进入情境,设想王维轻车简从,走过一条条河流,翻越一道道山梁,西出阳关,征程万里。那根浅随风而行的蓬草,不正是诗人自身的写照,那蓝天中的雁阵是回家的雁阵吧。王维以"蓬""雁"自比,大雁北归旧地,诗人迎着风沙像蓬草一样飘向塞外,诗人被排挤出朝廷的孤寂飘零之感跃然纸上。

其次,关注意象叠加,感悟意境,走进诗人。

《饮酒(其五)》中多个意象的叠加,像"菊""东篱"和"南山",它们各有侧重但又息息相通,在意象的不断叠加中形成诗歌自然、平和、超逸的意境。本诗中每个意象都有其深厚的文化底蕴以及深远的历史渊源,那么学生如何从找出意象到理解意象,进而感受意象叠加所形成的诗歌意境,这些方面都是有难度的。因此课前预习单中可以设置相关题目,要求学生关注意象,并自行查找及理解意象的传承关系,以便在实际课堂中和学生有一个基本的对话起点。然后教学中将学生比较熟悉的意象"菊"作为切入点,从已学文章《爱莲说》中的相关语句"晋陶渊明独爱菊"和"予谓菊,花之隐逸者也"入手,明确菊花的品性和陶渊明的人格已融为一体。后再出示屈原《离骚》中的"朝饮木兰之坠露兮,夕餐秋菊之落英",点出意象"菊"的上承,接着再了解意象"菊"的下启,从陶渊明之后"菊"染上了隐士的灵性,成为文人寄托理想和表达情感的载体,菊的文化内涵在不断丰富与升华。这样的理解过程不会给基础薄弱的学生造成学习困难之感,并让他们体验到通过已知获取新知的愉悦之情。同时基础扎实的学生可以将自己课外搜集的相关内容与自己对诗歌的理解进行交流,教师顺势点拨意象"东篱""南山"。这样通过关注意象的传承关系,使基础不一的学生都能走进意象,理解意象,感受意象的叠加组合所传达出的浑然忘我的生命境界。

3. 表现层(语义体系)中张力结构的表现

对主旨理解的不确定性与文本所寓内涵之间存在对立统一的张力。

苏轼《定风波》的小序介绍了时间、地点、天气和创作缘由,我们知道这是诗人醉归遇雨的抒怀之作。其中有一处反常,即面对这场骤雨,没有雨具的其他人顿感窘迫狼狈,苏轼却"独不觉"。由此反常点作为理解该诗的关键点,引导学生走进诗词,在文本的研读中,重点关注"一蓑烟雨任平生""也无风雨也无晴"。如果学生缺少相应的背景知识,那么对该诗的理解将会浮于表面,仅得出苏轼面对风雨(人生困境)保持豁达乐观的精神,似乎与其他诗人在面对人生困境时所展现的积极乐观并无二异,那么苏轼之所以让后世如此喜爱与学习的意义就淡化了,而他本人在人生境遇中的自我觉知与突破所展现的强大精神力量也随之弱化。因此,出示苏轼宦游图,将苏轼的人生经历以地图形式清晰直观地加以呈现,让人震撼且感慨万千。基础薄弱的学生借此图可引发情感震荡,理解"也无风雨也无晴"中的"也无","无"不是没有,也不是无视,而是超越,是指苏轼面对人生的一种超然态度。基础较好的学生可将自己的所知与地图进行对应与融合,更加深刻感悟苏轼不仅是走出了人生逆境,更是超越于寒暖、顺逆之上,此时的苏轼真正做到了境随心转。所以,我们借助苏轼的人生地图,让不同层面的学生有了情感共鸣,理解苏轼以旷达来取代人生失意的哀愁,这样既使文本所寓内涵更加外显,又使不同层面学生对主旨理解不确定性时,逐步趋于一致。

三、古诗词张力结构的实践思考

1. 打破固态学习思维,培养发散性思维

古诗词教学中关注张力结构的运用,可以打破惯常的学习思维,使各层面的学生既关注诗歌的共性,又关照诗歌的个性。从文字的选择与组合、意象的使用与叠加、古诗词的语义内涵等多方面思考,培养学生更为动态、更为活跃的思维方式,进而养成发散性思维。并且使学生在语文古诗的学习中勇于探索、积极思考,引发求知欲,让思维更加敏捷、深刻且具有独创性与批判性。

　　《饮酒(其五)》是陶渊明弃官归隐后陆续写成的《饮酒》组诗中的一首,陶渊明为我们截取了隐居生活中的一个场景,在这个场景中诗人写到了哪些景物?这些景物构成了怎样的生活场景?诗人此时又有着怎样的心境?你是从哪些地方感受到的呢?一系列问题指引学生关注诗歌意象,学生首先关注熟悉的意象"菊",从诗人摘花赏花爱花中感受其热爱自然,热爱生活,也明白其高雅的情趣与高洁的追求。但是,关注意象,并不是静态看其中一个意象,还要了解在中国古诗词中它有着怎样的传承。例如,"菊",在陶渊明给菊花特别关爱后,菊花有了"陶菊"之雅称,也染上了隐士的灵性。菊成为文人寄托理想和表达情感的有效载体,唐朝诗人元稹的"不是花中偏爱菊,此花开尽更无花",盛赞菊花的坚贞品格;唐朝诗人岑参的"遥怜故园菊,应傍战场开",表达思乡怀人。可见菊的文化内涵在不断丰富与升华。

　　诗句除了"菊",还有"东篱"和"南山"两个意象值得我们关注,其中"东篱"最早出现在陶渊明这首诗中,"东篱菊"后成为典故,写隐士的田园生活,如"自有东篱菊,年年解作花。"(唐朝刘长卿《过湖南羊处士别业》)"东篱"这个意象在后世诗词中使用得也非常多,含义也愈加丰富。如"偶遇闰秋重九日,东篱独酌一陶然。"(唐白居易《闰九月九日独饮》),"东篱把酒黄昏后,有暗香盈袖。"(宋李清照《醉花阴·薄雾浓云愁永昼》)"东篱"在白居易这里,多了一些求归隐而不得的惆怅,在李清照这里是一种平静生活的寄托,我们看到"东篱"的意象在不断发生变化,并在转变中被加以继承,但是它的精髓未变,那就是陶渊明的超脱,因此它也就成为后世文人精神安顿处的代名词。另外意象"南山",它在中国古诗词中又有着怎样的传承,可以让学生课下继续探究。诗句中的意象"菊""东篱"和"南山",它们各有侧重但又息息相通,我们看到在意象的不断叠加中形成诗歌自然、平和、超逸的意境。所以,学生读诗不仅要把握意象,还要关注重点意象文化传承的脉络,明白意象组合叠加所表达的效果,让学生的学习思维更活跃、更发散。

　　2. 提供学习有效支架,形成方法意识

　　古诗词教学中关注张力结构的运用,可以为教师研读诗歌提供新的思考路径,并且为不同层面的学生学习和课后自主阅读提供有效支架。学而有法,既心中有数,又能触类旁通。在实际的教学过程中,逐渐使学生形成方法意识。这样通过积累、梳理和整合,不仅使学生具有良好的语感,还具有方法意识、文体意识,有助于学生深入感受语言文字的丰富内涵,对中华文化产生认同,而具有较为开阔的文化视野。

例如,苏轼的《定风波》是记事抒怀,写词人与朋友出游,风雨忽至,众人皆觉狼狈,唯独词人从容自若这样一件生活小事,展现词人达观超脱的胸襟,寄寓着其超凡超俗的人生理想。高年级学生对宋词有一定的学习基础,能关注关键词句,通过品析鉴赏揣摩意境,体悟情感。同时,学生也已经学过苏轼的《望湖楼醉书》和《记承天寺夜游》,对苏轼的主要人生经历有大概了解,但是对其思想的丰富性与复杂性缺乏认识。因此教学中应引导学生关注诗词的学习方法,明白学习诗词不能只抓住枝叶即对字词的品析细读,还应抓住文本的主脉,构建思维,初步认识作者乃至作者所处时代的文人所具有的文化意识和生命价值观。

打通诗歌与日常生活的阻隔墙,设计问题:苏轼因"乌台诗案"被贬黄州,面对重大打击,按常理来说人们往往是郁闷痛苦的,可在《定风波》中苏轼传递出来的却不是这样的,为什么? 此问题让学生在关注贬官心态的基础上,理解贬官心态在不同的知识分子身上有不同的选择。不同的选择可以两个人物为代表,一个是柳宗元,主要是儒,儒的核心是实现生命价值,是有为,所以当他无法实现生命价值的时候就产生了痛苦;另一个是苏轼,儒道相融,实际上受释的影响也很大,但是他的本质是儒,本质上是希望有所作为的。苏东坡的痛苦不摆在脸上,像林语堂说的那样在人前是快乐和洒脱的,苏东坡找到一种思想武器(道和释),让自己比较平静地面对人生,所以能达到一种达观。这样学生一步步感受到苏轼的心态及其个体追求,这样使学生既关注了诗歌共性,也把握了本诗的个性特质,为学生日后阅读体味诗歌提供了方向。

3. 超越文本时空距离,提升审美情趣

古诗词教学中关注张力结构的运用,可以帮助学生拉近与古诗词的心理距离,让学生通过感受、理解、欣赏以及评价语言文字,获得更为丰富的情感体验,发现美、感受美、运用美进而创造美。学生超越文本的时空距离,走入诗歌入境入情,心灵在碰撞中获得对世界的新认知,以此提升不同层面的学生对古诗词的审美情趣,提高其文学素养,涵养高雅情趣,具备一定的文化底蕴,这样才能继承和弘扬中华优秀传统文化。

诗不是讲大道理,诗就是用语言引发人们对世界的认知感受和情感体验。

例如,陶渊明的《饮酒(其五)》一诗,让学生体会诗中呈现的超然的意境,通过朴实的语言理解语言背后的意义,感受文字美,体会意境美。教学中通过问题"诗歌一开篇作者提出了一个怎样的生命体验"让学生思考,他们发现这是一个超越我们认知的生命体验,和我们的认知是冲突的,即按常理人境是人烟繁盛之地,应有车马喧,诗人却说"而无车马喧",因此引发学生进一步思考。学生关注"无""车马",其中"无",不是真的没有车马的声音,而是听不到,陶渊明没有像伯夷叔齐那样隐居深山密林,成为"身隐者",而是让自己身处喧嚣扰攘的尘世,心灵却达到了清静的状态,成为"心隐者",而"车马喧"并非指平时老百姓来来往往干活的车马发出的喧闹声,而指"上层人士之间的交往",车马来往频繁常意味着人与人的酬酢逢迎,"而无车马喧"就是告诉我们诗人已经远离了"车马"所代表的追名逐利的世俗。紧接着就是体验一系列意象的组合叠加为我们营造了自然超逸、浑然忘我的生命境界。最后关注诗人将诗眼"真意"有意留白,留给人无尽的想象。学生在一步步理解诗句之间内在联系的过程中,理解诗人的独特生命体验,解决了人的认知冲突,在读诗中心灵也受到了情感撞击。

总之,为打破学生对古诗词的固态学习思维,培养其发散性思维,笔者尝试在古诗词教学中运用张力结构,为不同层面的学生提供需求,从而使学生在积极的语文学习实践活动中积累、建构并在真实的语言运用情境中得以表现所培养的核心素养,真正综合性体现文化自信和语言运用、思维能力、审美能力、情感体验等。这样不仅给学生适宜的学习支架,培养其学习诗词的方法意识,并且帮助其超越文本时空距离,提升其审美情趣,以更好地将中国传统文化的精神根植于学生的心间。

本文作者:马 琳

第三节 评议与反思

从某种意义上说,学科核心素养是从认识论、方法论和价值论三个维度凝练各学科具有独特育人价值的内容,因此这些核心素养便有了认识论、方法论和价值论的意义,教学中通过对这些内容的培育能使学生养成正确价值观念、必备品格和关键能力。这就为我们如何在教学中培养学生的核心素养提供了基本依据。从上述案例和论文中看出,新中初级中学的教师较好地把握住了核心素养导向下的教学的基本知识观、价值观和方法论:经过变革的学科教学,教学任务不是满足于教授现行教材上的知识,而是把教育重心放在这些表层知识的背后,去挖掘其具有的认识论、方法论和价值论意义的深层内涵,使学生透过表层知识获取在创造这些知识中起主导作用的思想、观念、方法和价值观,洞悉和把握学科深层本质和深层结构。从学科的视角,教师能注重将思维从抽象上升到理性具体,从整体上把握学科的本质特征;从思维规律上把握学科学习和知识获取的方式和方法,培养批判性和创造性思维;从学科特性上注重培养学生正确的价值观,探究学科知识对人类的意义和价值,使学生产生学习知识的正确的动机和动力,调动其情感、态度、信仰等方面的积极因素来学习。这些探索,虽然有的还比较零散,不够系统,但是"双新"改革的基本价值和核心素养的"雏形"已经在课堂中得到体现,这说明"双新"的理念正在被教师认同,"双新"带来的课堂教学变化正在悄然发生。着眼未来,要进一步厘清核心素养导向的课堂教学应具有的应然属性,梳理核心素养导向的课堂和传统课堂之间的逻辑与差异,结合学科教学特点,凝练更具有学科辨识度和推广辐射价值的素养导向的课堂教学路径体系。

第四章　跨学科项目化学习的实践探索

　　当今时代,经济与社会的快速发展使人类生活面临愈来愈多的复杂问题,不断重塑教育的样态,也给人才培养提出新的要求,培养具有知识迁移和解决实际问题综合能力的学习者成为一种重要的目标导向。项目化学习模式(PBL)作为一种指向问题解决能力的新兴学习方式,通过对蕴含核心概念驱动性问题的持续探究,引发学生对真实复杂问题的思考和解决,形成公开可视化的成果,实现跨情境的知识迁移,切实培养学生对现实复杂问题的解决能力,在当下的课程教学和人才培养变革中越来越受到重视。《义务教育课程方案(2022年版)》在课程实施的整体要求中,特别注重教学改革的深化,提出"坚持素养导向,强化学科实践,推进综合学习,落实因材施教"的四方面要求,其中对综合学习的推进,课程方案强调,要积极探索开展主题化、项目式等综合性教学活动,明确将项目化学习的理念提上实践日程。在各学科的课程标准中,对学科教学的实施,也大都蕴含了学科内、跨学科项目化学习的探索要求。因此,如何结合"双新"改革,探索项目化学习在学科教学和跨学科学习中的应用,这也是每一所学校必须关注的命题。在新中初级中学教学实践可知,初中阶段学生已经具备相对完善的综合思维,着眼未来社会综合性人才的培养,跨学科项目化学习更体现"双新"和未来综合性人才培养的需要。因此,我们对项目化学习的探索,主要围绕跨学科的视角开展。

第一节　对项目化学习的整体认识

项目化学习的英文全称是"Project-Based Learning"，简称 PBL。项目化学习的思想源头可以追溯至杜威的"从做中学"的经验学习。其弟子克伯屈首次提出"设计教学法"，并通过设计教学法实践项目化学习。早期的项目化学习主要通过一个一个项目来学习如何做事，自 20 世纪 90 年代开始，项目化学习概念逐步进入国内学者的视野，国内外学者就项目化学习的概念、模式等展开研讨，使项目化学习的研究取得了更快的发展。

对项目化学习的具体概念，不同的学者有不同的理解方式。美国巴克教育研究所认为，项目化学习的重点是学生的学习目标，不仅包括基于标准的内容，更涵盖批判性思维、问题解决思路、自我管理与合作等技能，从这一逻辑出发，巴克教育研究所将项目化学习定义为：在一段时间内，学生通过研究和应对一个个真实有吸引力和复杂的问题、课题或挑战，从而掌握重点知识和技能。[①] 学者 Sawyer 认为，项目化学习是通过为学习者提供有意义的背景，使学生参与科学实践，在此过程中，使学生将科学知识的学习融入对现实问题的调查研究中。国内学者郭冉认为，项目化学习是以学科概念和原理为核心，使学生借助各方资源在真实世界中开展探究活动，并在特定时间内解决相互关联问题的一种新型探究性学习模式。[②] 夏雪梅将项目化学习概括为：学生在一段时间内对学科或跨学科有关的驱动性问题进行深入、持续探索，在调动所有知识、能力、品质的基础上创造性地解决新问题、形成公开成果中，形成对核心知识和学习历程的深刻理解，能在新情境中进行迁移。[③]

---

① ［美］巴克教育研究所.项目学习教师指南——21 世纪的中学教学法［M］.任伟，译.北京：教育科学出版社.2008.

② 郭冉，赵胜男，储春艳.基于项目的协作学习在大学英语听说教学中的实践与研究［J］.价值工程，2015，34(06)：45 - 46.

③ 夏雪梅.项目化学习设计：学习素养视角下的国际与本土实践［M］.北京：教育科学出版社，2019.

　　不论基于怎样的概念解读,都可以清晰地看到,项目化学习是一种不同于以往的以知识、学科等为核心依据与载体的学习方式,其所秉持的核心理念是:学生的学习在经历和解决真实世界的问题中最容易发生①,要通过项目的方式引导学生学会知识的融会贯通和综合运用,更好地关联学生的学习和生活世界,帮助学生建构真正适应未来社会生活的实践能力、探究能力和综合素养。由此,项目化学习本质上是指通过实际项目来促进学生的学习和发展。

　　在项目化学习的实践范式中,跨学科项目化学习是一种越来越受到重视的实践方式。"跨学科"一词起源于 20 世纪 20 年代,到了 20 世纪 50 年代,"跨学科"开始被广泛运用。1926 年,美国哥伦比亚大学著名心理学家伍德沃思(Woodworth)提出了跨学科概念。按照伍德沃思的理解,跨学科是团队或个人的一种研究模式,它把来自两个以上学科或专业知识团体的信息、数据、技能、工具、观点、概念和理论综合起来,加深基本的认识,或解决那些不能用单一学科或研究领域来解决的问题。从这一概念认知出发,真正的跨学科不是把两种学科拼凑起来,而是思想和方法的结合。② 学者克莱恩和纽威尔认为:"跨学科研究是一个回答、解决或提出问题的过程,该问题的广度和复杂度都超过单一学科或行业的范围,跨学科研究借鉴各个学科的研究视角,并通过构建一个更综合的视域来对各学科的理论视角进行整合。"曼西利亚认为,跨学科研究是利用两个或更多学科相整合的知识和思维模式来提高认识的追求,跨学科研究具备三个特性,即目的性、学科性和整合性。从课程与教学改革的角度出发,跨学科则可以被理解为一种新型的课程教学理念和人才培养范式。大量研究指出,作为一种新型的课程教学理念和人才培养范式,跨学科教育具有多方面的显著特征。比如,以人的全面发展为旨趣,超越原有知识分科观念,解决科学与生活世界问题等。③

　　真正的跨学科课程并非不同类型课程在内容上的"拼盘式"结合,而是遇到那些用单一的学科知识不能彻底解决的问题时,自动运用不同学科的思想观念

---

　　① 夏雪梅.项目化学习:连接儿童学习的当下与未来[J].人民教育,2017(23):45-46.

　　② 王艳华.跨学科理论及其发展综述[J].科技创新导报,2009(33):45-46.

　　③ 王菲菲,陈爱武.跨学科课程及其实践探索[J].教育与教学研究,2020,34(07):45-46.

和思维方式加以解决的学科和方法①,其核心价值与宗旨表现在打破学科壁垒,对各学科进行知识和思维方式的整合,构成了一种课程教学改革和人才培养的新范式。从项目化学习本身的内在价值看,它不是以学科知识的习得为根本导向的,课程整合、跨学科等相关理念也是改进项目化学习的新思路。从本质上说,跨学科学习和项目化学习有着很深的内在逻辑契合,这种契合,不仅体现在两者具体的概念界定上,也体现在两者在具体的课程教学场景运用及人才培养的共同价值导向上。

基于对"跨学科"相关概念的解读,可以认为,跨学科学习与多学科学习不同,不是为跨而跨,而是为解决一个真实的问题;跨学科学习运用一种真实的综合方法,整合来自不同学科的知识和方法,产生整体理解②;跨学科学习离不开学科学习,与学科学习之间并不存在非此即彼的绝对二元对立关系。同样,项目化学习的核心也不在以项目的方式来开展学习这种外在的表现,其核心价值是为了促进素养目标而围绕一个真实问题进行深入持续地探索,形成项目成果,对于学生核心素养、实践能力、问题解决的共同关注,构成了项目化学习和跨学科两者关联的逻辑基础。

跨学科项目化学习是跨学科学习和项目化学习的合集,综合了两者的关键特征,不管是在跨学科学习领域还是在项目化学习领域,跨学科项目化学习都是最具有挑战性的。③ 尽管随着"双新"改革的推进,实践领域对跨学科项目化学习的探索已经逐步推开,但从整体上看,用跨学科理念开展的项目化学习思考与实践相对而言不够丰富,其中的一些基本理论问题也没有得到很好解决,这也凸显我校开展"双新"理念下的跨学科项目化学习的探究价值。

① Sam Wineburg, Pam Grossman. *Interdisciplinary Curriculum：Challenges to Implementation*[M]. New York：Teacher College Columbia University,2000.
② Stember,M. *Advancing the social science through the interdisciplinary enterprise*[J]. The social science journal,1991(01):65 - 66.
③ 夏雪梅.跨学科项目化学习:内涵、设计逻辑与实践原型[J].课程·教材·教法,2022,42(10):45 - 46.

第二节　教师的主题式行动探索

跨学科视角下数学教学设计与实践经历

一、跨学科教学的意义与目的

（一）跨学科教学的意义

"跨学科教学"一词译作"interdisciplinary"，是指跨学科整合的一种教学方法。在解决实际问题的过程中，发现单一学科的知识和方法不够用时，就产生了跨学科的需要。跨学科首先是一种意识，是一种学科与学科之间的合作与融合。跨学科教学理念的提出指明了教师教学方式创新的新方向，与此同时，也给学科融合教育的体系构建提供了理论基础。跨学科是随着学科知识的分化和综合而产生的，强调的是多个学科知识的融合，而非简单的累加拼合。

国内首次使用"跨学科"一词的是 1965 年徐秉煊先生发表的《记忆的神经学基础研究进展》一文，自此，关注跨学科的群体在介绍国外跨学科理论研究的基础上，开始尝试将跨学科应用到具体的自然科学领域。李光、任定成主编的《交叉科学导论》和刘仲林主编的《跨学科学导论》两本专著的出版，推动了跨学科研究进程的规范化。

随着时代的发展和进步，社会对复合型人才的需求增加，要求劳动力具备结构化跨领域横向知识。这个时代也要求在开放的世界里加强国家与国家之间的交流与合作，细化于行业与行业之间、人与人之间达成高度的沟通与融合。但是，传统教学授予的知识体系以及学生对各科知识的分离性学习是不利于未来趋势的。少年强则国强，在新课程标准的指导下开展的义务教育阶段跨学科教学，打破知识体系壁垒和学科边界，给学生提供与传统教学更为效率化的考量所不同的学习思考体验，也能为未来推进社会产业结构和社会结构的变革增添动力。

（二）跨学科教学的目的

在新课程标准中明确提出，要通过教学改革来推动学生综合能力的提升，而为了完成这一目标，就必须促成学科之间的联系与融合，帮助学生学会从多元角度看待问题和解决问题。理念有时脱胎于实践，更多时候理念是参与并塑造实践的。跨学科教学对学生能力的培养是多方面的，一方面有助于学生加深对周围世界的理解，且增强理解能力，并进一步转化为创新能力的提升；另一方面整合各学科的观点，使分散的各科知识之间产生实质上的联结，从而为学生构建一个更多元化的知识体系。

跨学科教学除了培养学生的综合素质之外，对教师的综合能力提升程度也是难以估测的。除了对新课程标准的准确理解，也要求教师教学能力的提高，如果教师按照传统的平铺直叙、归纳意义的固有模式进行跨学科教学，实际上学生的收获不仅大打折扣还有可能产生一些负面效果，不利于对所跨学科知识点的掌握。因此，教师对跨学科教学的探讨研究有利于开阔眼界、提升提高综合分析能力，有利于教师的职业成长和生涯发展。

二、跨学科视角下初中数学教学设计

跨学科教学是不能替代常规的学科教学的，它们是相辅相成的关系。兴趣广泛、求知欲强是初中生的突出特点，他们对学科之间的融合必然是充满新鲜感并抱有一定兴趣的。在初中学段数学开始了从较为贴近实际生活的具象应用转向了更为抽象的内容，许多学生对数学学科产生排斥心态。数学是所有理科学科的基础，实际上文理也是相通的。作为万物基础，数学与各学科之间的联系十分紧密，对跨学科教育教学的展开是十分有利的。

根植于跨学科的教育理念，尝试与实际教学相结合，本文将提出一些日常初中数学教学中的跨学科场景及对应的教学设计和部分实践反馈。下面将展示数学与英语、语文、地理、物理、美术学科的跨学科教学实例：

（一）与英语学科

案例 1：与不等式相关的固定搭配

英语中常用的表示价格的固定搭配——not as cheap as 不如…便宜（贵）、more

expensive than 比…更贵、less expensive than 没有…贵(便宜)、not as/so expensive as 不如…贵(便宜),由于单词较长,词组搭配相似而词义相反,学生掌握较难,但与数学中的不等式结合,以简练的符号语言直观地展示英语词组表达的含义。

α is not as cheap as β	$\alpha < \beta$
α is more expensive than β	$\alpha > \beta$
α is less expensive than β	$\alpha \leqslant \beta$
α is not as/so expensive as β	$\alpha \leqslant \beta$

案例 2:全等三角形的判定依据

初中学段全等三角形五条判定依据用英语大写字母表示:①S.A.S;②A.S.A;③A.A.S;④S.S.S;⑤H.L。教学时采用与英语相结合的形式,教会学生大写字母所对应的单词,即 A—angle 角度,S—side 边,H—hypotenuse 斜边,L—leg直角边,在加深全等三角形判定依据印象的同时,帮助学生加强对英语单词的记忆和背诵。

数学课本中虽然渗透有许多英文注释,但由于英译中数学题在通常考试中不会出现,一般较少将之纳入课堂教学的范围,实际上是违背课本设计初衷的。数学与英语学科的跨学科教学,是在英语的语言背景下解决数学问题和培养数学思维,在不改变两个学科学习时间的基础上,双向强化数学和英语语言能力。

(二) 与语文学科

案例 3:整除与孙子定理

孙子定理又称中国余数定理,是中国古代求解一次同余式组的方法,是数论中一个重要定理。一元线性同余方程组问题最早可见于中国南北朝时期的数学著作《孙子算经》卷下第二十六题,叫作"物不知数"问题,即"有物不知其数,三三数之剩二,五五数之剩三,七七数之剩二。问物几何?"宋朝数学家秦九韶于 1247 年对"物不知数"问题做出了完整系统的解答。明朝数学家程大位将解法编成易于上口的《孙子歌诀》:三人同行七十稀,五树梅花廿一支,七子团圆正半月,除百零五使得知。

初中数学一般较少将数论问题放入日常教育教学,但在知识拓展方面非常值得探究。对刚进入初中学段学习整除的六年级学生来说,同余实际上是较容易解决的问题。与语文学习相结合,从古文的简单翻译入手体会中国古代的数学智慧和古人跨越时代思维的碰撞,同时普及孙子的相关文学文化常识。

案例 4:勾股定理

在中国,周朝时期的商高提出了"勾三股四弦五"的勾股定理的特例。

学生自主阅读材料:《周髀算经》原名《周髀》,算经的十书之一,是中国最古老的天文学和数学著作,约成书于公元前 1 世纪,主要阐明当时的盖天说和四分历法。唐初规定它为国子监明算科的教材之一,故改名《周髀算经》。《周髀算经》介绍并证明了勾股定理。

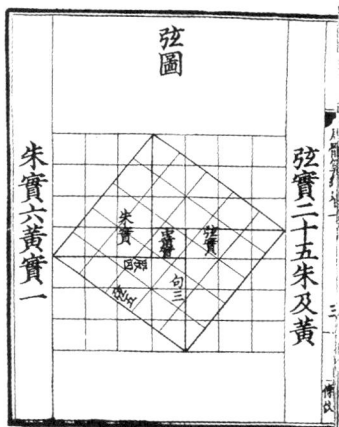

在《周髀算经》中,赵爽描述此图:"勾股各自乘,并之为玄实。开方除之,即玄。案玄图有可以勾股相乘为朱实二,倍之为朱实四。以勾股之差自相乘为中黄实。加差实亦成玄实。以差实减玄实,半其余。以差为从法,开方除之,复得勾矣。加差于勾即股。凡并勾股之实,即成玄实。或矩于内,或方于外。形诡而量均,体殊而数齐。勾实之矩以股玄差为广,股玄并为袤。而股实方其里。减矩勾之实于玄实,开其余即股。倍股在两边为从法,开矩勾之角即股玄差。加股为玄。以差除勾实得股玄并。以并除勾实亦得股玄差。令并自乘与勾实为实。倍并为法。所得亦玄。勾实减并自乘,如法为股。股实之矩以勾玄差为广,勾玄并为袤。而勾实方其里,减矩股之实于玄实,开其余即勾。倍勾在两边为从法,开矩股之角,即勾玄差。加勾为玄。以差除股实得勾玄并。以并除股实亦得勾玄差。令并自乘与股实为实。倍并为法。所得亦玄。股实减并自乘如法为勾,两差相乘倍而开之,所得以股玄差增之为勾。以勾玄差增之为股。两差增之为弦。

倍玄实列勾股差实,见并实者,以图考之,倍玄实满外大方而多黄实。黄实之多,即勾股差实。以差实减之,开其余,得外大方。大方之面,即勾股并也。令并自乘,倍玄实乃减之,开其余,得中黄方。黄方之面,即勾股差。以差减并而半之为勾。加差于并而半之为股。其倍玄为广袤合。令勾股见者自乘为其实。四实以减之,开其余,所得为差。以差减合半其余为广。减广于玄即所求也。"

阅读材料相较于中国剩余定理较长,虽然该文的古文翻译句式较为简单但也需要有较强的古文阅读能力。勾股定理为八年级第二学期的学习内容,学生的自学能力和语文古文阅读能力与六年级相比是有大幅度提升的,对高年级学生来说,适当的跨学科学习材料也能增强学生的古文阅读能力和材料分析能力。

(三) 与地理学科

案例5:平面直角坐标系与地理经纬网

七年级学习的平面直角坐标系在现实生活中的应用。与地理经纬网相结合,经线纬线是东西方向与南北方向互相垂直的,而水平的横轴与铅直的纵轴也是相互垂直的。把 x 轴以及平行于 x 轴的直线类比成纬线,其中 x 轴为赤道,x 轴上方为北纬,x 轴下方为南纬,把 y 轴以及平行于 y 轴的直线类比成纬线,其中 y 轴为本初子午线,y 轴左方为东经,y 轴右方为西经。

与平面直角坐标系差别较大的在于,人们制定的经纬线实际是立体的,是覆盖于地球表面的,但在地理学习过程中学生接触的都是将经纬线从地球仪上展开或投影成平面的,也就是形成一张经纬网地图,可以与平面直角坐标系有机结合,熟悉点坐标的写法。学会坐标系中点与坐标的对应关系,也能在经纬网地图中根据地点坐标找到对应地点的准确位置。

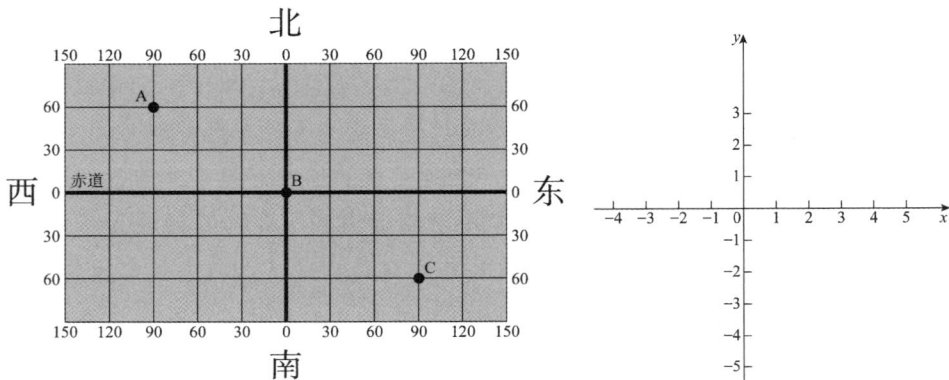

案例 6：比与比例尺

六年级学习比与比例时可将地图中的比例尺引入。

比例尺的计算公式为：比例尺 $=\dfrac{\text{地图上的长度}}{\text{实际长度}}$

比例尺越大，地图上显示的范围就越小，但精确度更高；比例尺越小，地图上显示的范围就越大，但精确度相对来说更低。

数学与地理知识联系非常密切。地理计算是地理能力考查的一个重要组成部分，包括时间的计算、经纬度的计算、比例尺的计算、海拔与相对高度的计算、面积的估算等离不开数学模型；题目中地理统计图表、地理要素等值线图、地理坐标图、地理气温曲线图和降水量柱状图等的判读，也离不开数学知识；涉及地球仪、经纬网及两点之间的距离估算等，也要用到几何知识。两者密不可分，息息相关。

（四）与物理学科

案例 7：物理常数与科学记数法

科学记数法。重力对自由下落的物体产生的加速度，称为重力加速度 $g \approx 9.8 \text{m/s}^2$，通常把航天器达到环绕地球、脱离地球和飞出太阳系所需要的最小发射速度，分别称为第一宇宙速度（环绕速度）$v_1 \approx 7.9 \text{km/s}$、第二宇宙速度（逃逸速度）$v_2 \approx 10.848 \text{km/s}$ 和第三宇宙速度 $v_3 \approx 16.7 \text{km/s}$。

在物理学科中，物理量之间的关系、物理变化规律等，除了用文字叙述，用方程、方程组、不等式、比例式、三角函数、三角方程等表示，还可以用相应的图像来描述。数学作为计算公式贯穿其中，广泛用于推导公式、表达关系、描述规律，同时其逻辑作用和抽象作用可用于辅助物理概念和规律的形成。掌握物理中的数学方法，是学好物理的关键之一。

（五）与美术学科

案例 8：黄金分割

黄金分割具有严格的比例性、艺术性、和谐性，蕴含丰富的美学价值，这一比值能引起人们的美感，被认为是建筑和艺术中最理想的比例。

在艺术和建筑领域中有广泛的应用，画家们发现，按 0.618：1 的比例设计，画的画最优美，在达·芬奇的作品《维特鲁威人》《蒙娜丽莎》《最后的晚餐》中都用黄金分割。古希腊著名雕像断臂维纳斯及太阳神阿波罗都通过故意延长双腿,使之与身高的比值为 0.618。在度量器具未被规制之前,许多伟大而美丽的建筑都与数字 0.618 密切相关,无论是古埃及的金字塔、巴黎的圣母院还是法国的埃菲尔铁塔、希腊雅典的帕特农神庙。

美育在我国素质教育综合素质要求中占有重要的地位,美术也是促进学生综合素养发展的关键学科,在培养学生审美鉴赏能力方面,具有极为重要的作用。但是,由于个人天赋及美学感受的不同艺术教学有较大的落差。与之相似的数学,对不同学生来说掌握速度和应用水平有较大差距。数学其实是最适合,但最少有人与美联系起来的学科,做好数学与美术学科的融合,不仅能让数学知识点变得更具趣味性,还能让学生在探究和应用数学知识的过程中感悟数学学习的魅力。无论是相互对称的数学公式,还是将函数、三角函数呈现在平面直角坐标系中产生的图形,其实都在展现数学之美。

美术与数学的联系和跨学科教学可以进入更深层面,无论是美术作品中蕴藏的逻辑性和规律性,还是数学背后蕴含的各种美的表达形式都能有效提高学生数学学习的积极性,也为促进学生综合素养的发展提供坚实的基础。不仅开阔了学生眼界,也让学生学会从数学角度欣赏美术作品。

初中生拥有极强的想象力,对美术作品的欣赏能力也有一定提升。但是,由于思维的局限性,学生还是难以自主地分析和探索美术与数学之间的联系,这就需要教师对其进行有针对性的教育和指导。

三、跨学科视角下初中数学实践反思

跨学科教学的一个特点,就是打破学科界限,注重本学科与其他学科的联系,培养用本学科知识解决其他问题的能力。不同学科的教材中有不少内容互为联系,可以相互沟通,学生可用其他学科中学习的知识和经验来解决本学科问题,为新知识的学习铺平道路。所以,跨学科教学有利于拓展学生思维。将其他学科的内容与本学科教学联系起来,以加深学生对教材的理解,提高课堂教学效率。

现实情况下,跨学科发展日益呈现出交叉方式多样化、跨度增大、层次加深等特点,原有教学体系给跨学科的深层次发展与创新带来巨大阻力。由于学生习惯于学科间泾渭分明的学习思路,跨学科教育的开展是较为耗费教师时间精力的,同时学生在面对新兴教学方法时需要进行激励,并准备与之匹配的评级体系和评价标准。与以新时代为背景新课标为标尺的跨学科教学由于其影响深远,需要学生积极参与。各学科面对跨学科教学时采用的方式方法和涉及的知识可能不同,在培养方向和目标上存在差异,但共同目的是让学生掌握跨学科的知识和技能。

除了在本校课堂中贯彻跨学科教学外,希望在教育组织部门的协调下就某一特定主题开设讲座、大师课等,以开阔学生视野。增设活动课,将自主能力较强的学生组成活动探究小组进行跨学科相关讨论和撰写报告。尝试通过融入大量的其他创新的教学形式来提高学生的沟通能力,以培育跨学科人才。

本文作者：朱依颖

《新课标》背景下初中英语项目式学习活动的设计研究

英语项目式学习是提高学生英语认知水平和学习能力的重要途径,是课堂任务型英语学习的有效补充,是个性化学习的最佳途径。《新课标》坚持创新导向,提出"凸显学生主体地位,关注学生个性化、多样化的学习和发展需求,增强课程适宜性"。项目式学习强调以学习者为中心,把"项目式学习"模式用到初中英语学习中具有重要意义。本文将探讨在《新课标》背景下开展初中生英语项目式学习活动方案设计的基本思路,以及目标、内容和实施模式。

一、项目式学习有助于解决初中英语教与学中的问题

当前,初中生在英语学习时存在一些普遍的问题,而项目式学习的理论融合了建构主义理论、多元智能理论、终身学习理论和杜威"做中学"等多种教育理念,围绕一个驱动性问题构建一个真实的学习环境,学生组建团队,在此环境下解决了一个个开放式任务,可以很好地解决一些现实问题。具体表现如下:

（一）增强英语学习内驱力

许多学生对英语学习缺乏持久的兴趣、缺少对英语学习的主动性等。英语项目式学习基于一个真实问题的解决,可有效提高学生英语学习的主观能动性。

学生在项目式学习中需要不断探究,循环递进地学习语言,可持续保持对学习内容的热情,并将所学内容用于真实问题的解决。

(二) 提升英语核心素养能力

部分学生为提高英语成绩,只是限于基础知识的反复训练和听力、阅读刷题。语言能力得不到发展,学习能力得不到提高,思维品质得不到提升,文化意识得不到培育。大部分学生无法将所学语篇中的知识内化,从而指导自己的学习和生活。项目式学习要素包括"学生基于一个项目主题,在真实的任务情境下,通过合作学习,开展规划与探究活动,最终完成一个项目任务,形成项目成果,向公众展示成果,接受评价"。学生在项目式学习中以生活中真实的问题为导向,自主选择和利用课内外学习时间和空间,获取最有效的个性化的学习资源,从而提高学习能力;在实践体验、内化吸收中发展语言能力;探索创新过程中自主培育文化意识;在展示成果,接受评价过程中提升思维品质。

(三) 提供英语学习真实语境

目前初中英语教学中缺少真实英语语言的应用环境,无法将学到的英语知识在真实情境中使用。《新课标》提出:"秉持在体验中学习、在实践中运用、在迁移中创新的学习理念,倡导学生围绕真实情境和真实问题,激活已知,参与到指向主题意义探究的学习理解、应用实践和迁移创新等一系列相互关联、循环递进的语言学习和运用活动中。"笔者认为,语言项目式学习既是以项目为中心组织学习活动的一种教学模式,也是促进学习者综合实践能力和综合语言运用能力发展的有效学习方式。英语项目式学习作为一种有效促进学习者语言综合实践的教学方法,可以有效解决这一问题。目前英语课内外活动虽然有情景对话、语篇阅读、影视欣赏、朗诵、唱歌、讲故事、演短剧等形式,但依然主要是学习理解类活动和实践应用类活动。借助英语项目式学习,教师可以丰富教学中的迁移创新类活动。

二、英语项目式学习活动案例的分类及其设计要素

(一) 英语项目式学习的活动方案分类

笔者根据初中生英语知识和英语语言能力,以建构主义理论中的学习情景创设为原则,设计了以下英语项目式学习活动方案:(1)语法项目式学习:梳理汇

总英语单元疑难语法;(2)翻译项目式学习:编写制作英文版的城市旅游手册,包含热门景点和当地特色菜肴;(3)报刊阅读项目式学习:阅读英语报纸语篇,并做新闻演讲;(4)视听说项目式学习:英语戏剧小品的创作演出,英语电影片段配音;(5)写作项目式学习:英语电子邮件交友活动,制作主题英语海报;(6)阅读项目式学习:英语整本书阅读,绘制人物关系图,整理故事脉络,撰写英语书推荐。这些项目式学习案例大部分是对生活中真实问题的发现和解决,具有真实性和创新性。

笔者根据牛津英语上海版教材学习内容和《新课标》中主题内容的要求,列举了不同学段和不同主题范畴的英语项目式学习方案(如表 1 所示)。

表 1　牛津英语上海版　分学段英语项目式学习内容

年级	项目名称	主题范畴	活动类型
6	Make a poster to protect the environment 制作一张以保护环境为主题的海报	人与自然	写作项目式学习
7	Do an international promotion for a Chinese restaurant 为一家老字号美食店做一次国际化推广	人与社会	视听说项目式学习
8	Start your own blog 写一篇英语日记并发布到博客	人与自我	写作项目式学习
9	Make a class cartoon book *Improve Your Memory* 制作一本班级卡通读物《提高记忆力》	人与自我	阅读项目式学习

(二) 英语项目式学习的设计要素

1. 英语语境创设

语言类学习需要真实语境,《新课标》也强调语境对语言学习的重要性,在词汇学习要求中提到"理解和领悟词汇的基本含义,以及在特定语境和语篇中的意义、词性和功能"。而英语项目式学习基于生活中真实问题的解决,为语言学习提供了天然的语境。学生在真实的语境中学习英语,避免了"哑巴英语"的现象,也避免了书面语言和口头语言混淆的状况。

2. 关注思维和能力的培养

《新课标》在学习总目标中提出学生在学习中要"提升思维品质。能在语言学习中发展思维,在思维发展中推进语言学习;逐步发展逻辑思维、辩证思维和创新思维,使思维体现一定的敏捷性、灵活性、创造性、批判性和深刻性。提高学习能力。能树立正确的英语学习目标,保持学习兴趣,主动参与语言实践活动;在学习中注意倾听、乐于交流、大胆尝试;学会自主探究,合作互助;学会反思和评价学习进展,调整学习方式;学会自我管理,提高学习效率,做到乐学善学"。

英语项目式学习不仅要关注学科知识的学习,同时也关注学生批判性思维能力、解决问题能力、团队协作能力和自我管理能力的培养。在项目前期知识框架构建阶段,学生需要学习英语词汇、语法、语言技能和跨学科的信息技术、图片处理方法等。这些学习内容都由学生自行寻找学习的渠道获得学习内容,并在小组内分享交流。由于这些学习都是从解决实际问题出发主动学习,因此学生一开始就带着批判性眼光和思维,深度学习这些获得的学习内容,并给这些学习内容不同的评价。

3. 发挥过程性评价的作用

《新课标》在学习评价中提出:"坚持以评促学、以评促教,将评价贯穿英语课程教与学的全过程。坚持形成性评价与终结性评价相结合,逐步建立主体多元、方式多样、素养导向的英语课程评价体系。"在英语项目式学习中,学生和教师在项目过程中需要针对各环节进行反思,包括学习的内容、探究和项目执行的有效性、项目成果的质量,项目中遇到的问题及解决方案等。教师会让学生填写团队协作能力评估量表、创新能力评估量表等,让学生进行自我评价和同伴互相评价。

三、初中英语项目式学习活动方案的设计框架

(一) 育人目标的设定

笔者在语言项目式学习和《新课标》的理念基础上从语言学习、跨学科学习、英语学科核心素养、综合实践能力四个方面制订了适合初中英语项目式学习的学习目标框架(如图1所示)。

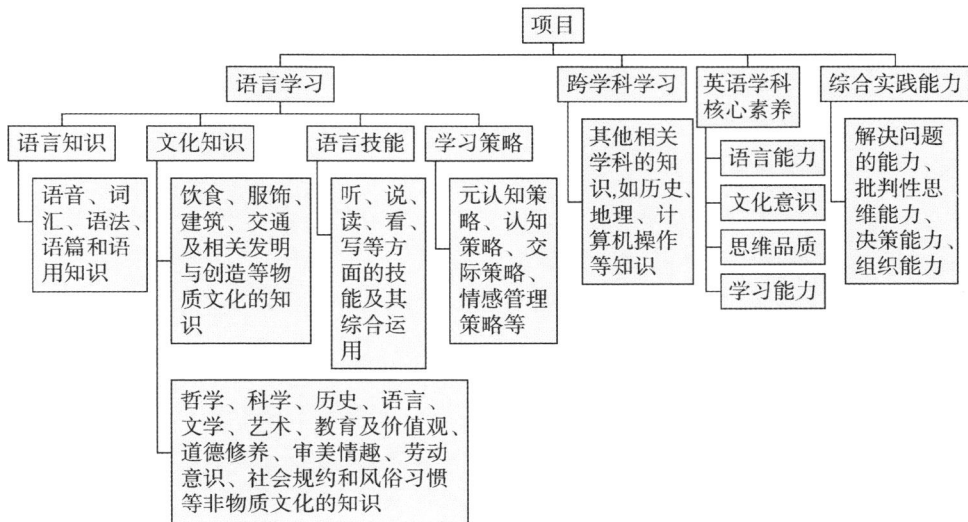

图 1

（二）活动过程的设计

笔者在语言项目式学习基础上构建了适合初中英语项目式学习的活动过程（如图 2 所示）。英语项目式学习分为项目启动、项目实施、成果展示和评估三个阶段。

项目启动	项目实施	展示与评估
·教师：导入活动，决定并公布项目学习目标和评价方式 ·学生：入境 ·教师与学生：共同讨论和协商英语项目式学习的作品	·教师：为学生准备项目研究所需要的语言、技能和策略 ·学生：实施项目研究，制作项目产品 ·教师与学生：对项目产品进行交流改进	·学生：对项目作品公开展示及对项目过程的评价与反思 ·教师与学生：聚焦项目学习中的语言学习

图 2

笔者和团队成员在上海市新中初级中学进行了一系列不同年级的英语项目式学习活动。以七年级项目式学习为例，笔者组织学生开展"为一家老字号美食店做一次国际化推广"的英语项目式学习实践研究。活动实施案例如下：

【案例】为一家老字号美食店做一次国际化推广

七年级学生已有一定的社交能力,他们获取信息的途径非常广泛,学习效率和合作能力都在逐步提高。他们对社会热点问题保持一定的关注度,对生活和周边事物也非常关心和热爱。通过初中课程的学习,学生的英语、数学和信息技术学科知识已经有了一些积累,同时他们已经具备了一定的科学思维方法和操作技能,这些都将为项目的开展打下良好的基础。

1. 项目启动阶段:构建真实情境,提出驱动问题

(1) 入项活动:通过观看视频,让学生了解区域的发展目标——彰显"最国际、最上海"的发展特色,成为"全球服务商",向全国乃至全球提供"静安服务"。同时向生活在静安的外籍人士介绍本地特色美食店、美食店英语菜单、菜肴的历史和文化等问题,把学生带入真实情境。

(2) 驱动问题讨论:学生分成小组,围绕"作为静安人,怎样才能更好地把上海的美食店介绍给世界"的问题,展开讨论。

这个问题有一定的挑战性。学生有发言权,包括想做什么和怎么做。有的学生计划通过制作视频并投放网络平台进行宣传,有的学生提议为美食店制作宣传手册、翻译菜单、介绍特色菜肴。

(3) 计划安排:学生小组讨论,列出在接下来的几周里将完成的任务。例如,如何通过大众点评网等搜索附近的美食店,了解它们的特色菜肴,并选择一家可以代表中国特色的美食店。

(4) 设计供美食商户和外籍人士使用的调查问卷。

2. 项目准备阶段:深入现场,开展实地调查和培训

(1) 社会调查:学生分组去目标餐厅做调查,并和外籍人士对话,了解美食商户和外籍人士的需求,并把这些不同的需求整合到自己的宣传方案中。

学生知道自己在做真实的项目,就会努力调动自己的一切知识与技能,以便解决真实问题。当他们和真实的餐厅方和外籍人士建立联系时,就能关心所要服务对象的真正需求。

(2) 媒介宣传培训:学生自行在网络上搜索餐厅宣传案例视频和成品宣传手册,并在小组内分享学习。

(3) 英语语言培训:学生从各种渠道获取相关资料,阅读一些英语的餐厅介

绍,学习用英语介绍目标美食餐厅的写作方法,并翻译特色菜肴的历史和菜单。

（4）融资筹款培训:如果美食店提供的资金不足,学生互相交流学到的筹款融资方法,并商议挑选实施方案,做好预算。

（5）视频剪辑培训:学生网络搜索视频剪辑和图片处理教程,交流学习。

3. 项目执行阶段:运用综合技能,进行产品设计和制作

（1）小组分工合作,构思宣传视频脚本,完成餐厅英语介绍、菜谱翻译和特色美食介绍。

（2）组间交流提出修改意见。

（3）拍摄视频和图片采集。

（4）视频剪辑,宣传手册电子版制作。

（5）方案修改优化:邀请美食店经理和外籍人士进行头脑风暴,优化活动展示方案。

4. 成果展示阶段:沟通交流,展示学习成果

在网络等平台投放宣传视频作品,并为餐厅提供双语菜单和宣传手册等。

5. 项目评估阶段:分享收获,促进自我评价

（1）根据项目评价量表,开展团队评价和自我评价。

（2）学生回顾活动中最有感触的某个环节及自己在语言学习方面的收获。

四、学习成效

（一）提升英语学习效率

心理学研究表明,人们在学习语言时,视觉输入后,人们只能记住20％;听觉输入后,只能记住40％;视听觉同时输入后,并能使用语言,则常常可以记住75％或更多。项目式学习中,学生通过英语阅读、用英语进行搜索、对外籍人士做社会调查、英语写作、英语视频配音等活动,各种输入方式协同发生作用,自然带动语言的产出,提高学习效果。例如,在美食店推广项目中,学生一开始通过有道字典翻译,将蹄髈译成猪爪（pork trotter）。后来通过查阅资料,访谈店家,他们发现蹄髈制作采用的是猪腿肉,而不是猪爪部分,所以后来改为 pork leg。通过菜品翻译、制作美食宣传片、主持采访等活动,有些学生表示,他们也许终身不会忘记猪蹄髈的翻译了。

（二）促进跨文化的理解和表达

《新课标》指出："学习和运用英语有助于学生了解不同文化,比较文化异同,汲取文化精华,逐步形成跨文化沟通与交流的意识和能力,学会客观、理性看待世界,树立国际视野,涵养家国情怀,坚定文化自信,形成正确的世界观、人生观和价值观,为学生终身学习、适应未来社会发展奠定基础。"

在项目实施过程中,学生对中西方文化有了更深入、更具体的了解。如,学生在翻译菜品的项目式学习过程中,学生通过和外籍人士对话,了解到西餐中的肉食通常会和一种配菜一起吃,并佐以不同的餐酒。于是学生在宣传海报设计中,不仅着重宣传中国传统美食,也能根据外籍人士的饮食习惯推荐配菜和红酒。通过学习不同文化,学生汲取中西方文化的精华,学会站在国际视野的角度去宣传中国产品、传播中国文化。

（三）自我优势发现和能力提升

在项目式学习中,学生的潜能得到无限激发。有些学生通过活动发现自身潜藏的优势,如沟通、组织、协调、适应等方面优势。这些优势往往无法在传统的学习中发现。如,在美食店推广案例后,有的学生发现自己善于计划和安排,并协调团队成员之间的分工。

《新课标》在英语学习总目标中指出学生要"提高学习能力。能树立正确的英语学习目标,保持学习兴趣,主动参与语言实践活动;在学习中注意倾听、乐于交流、大胆尝试;学会自主探究,合作互助;学会反思和评价学习进展,调整学习方式;学会自我管理,提高学习效率,做到乐学善学"。在英语项目式学习中,学生通过持续探究活动,自身创新能力、社会实践能力等也得到了有效提升。学生在采访中表示通过与几位专业人士的交流,学到了要准确翻译菜品,必须了解菜品的原料和制作工艺,无形中提高了自己的英语综合实践能力。有些学生大胆的策划创意得到了专业人士的认可,还有的学生表示自己的社交能力得到了提升,变得敢于和陌生人交流,也更有礼貌了。有的学生表示,在项目式学习后自己更善于管理时间,学习也变得更有效率了。

本文作者:邱　颖

《新课标》背景下初中数学课程跨学科项目化学习的实践探究

一、引言

在《新课标》背景下，跨学科教学成为初中数学教学中的一个重要发展方向。《新课标》强调不同学科之间的融合、结合与整合，要求学科之间进行有机的联系和交叉，以提高学生的核心素养和解决问题的能力，让学生更好地学习及成长。

《新课标》要求开展跨学科主题学习，加强课程综合，注重关联，加强课程内容与学生经验、社会生活的关联，强化学科内知识整合，统筹设计综合课程和跨学科主题学习。注重培养学生在真实情境中综合运用知识解决问题的能力。《新课标》要求，探索主题、项目、任务等内容组织方式，各门课程用不少于10%的课时设计跨学科主题学习。《新课标》指出"初中数学教学应培养初中生的几何直观、空间观念、模型思想和推理能力，特别要培养初中生的创新和应用意识。课程内容呈现应注重数学知识与方法的层次性和多样性，适当考虑跨学科主题学习"。"跨学科"是指打破各学科之间的壁垒，把不同学科的知识、理论、价值观有机地融合为一体的研究或教育活动。

数学"跨学科"教学是指在教学过程中以数学学科为中心，打破学科界限，主动有序地联系其他学科，渗透相关知识点，有目的有计划地进行教学设计和组织教学活动。

在这一背景下，初中数学教师要切实地担负起神圣的教育职责，注重及落实与其他学科的跨学科融合，以此实现更为高效、高质量数学课堂的良好构建，促进学科之间相关知识的互相渗透，并引导学生将数学知识应用到解决实际问题中，进而引导学生不断运用所学知识去发现问题和解决问题，尝试提智增慧，锻炼和提高学生的多项能力，帮助学生更快地到达自身的最近发展区。

二、初中数学中跨学科项目化教学原则

当今社会科技发展迅速,各领域都趋于综合化发展,教育教学也随之发生了相应变化,学生凭单一学科知识和技能已很难解决复杂多变的现实问题,无法成为社会所需的复合型、创新型人才。数学跨学科教学不仅有利于学生将各学科的知识串联起来一并理解和掌握,而且有利于提高学生的综合分析能力和创新思维能力,能帮助教师在教学过程中开阔视野,获得更多专业性知识,更好地完善教学策略和方法,更新教学观念。在《新课标》背景下,教学评价是初中数学跨学科教学过程中重要的一环。其目的在于评估学生的学习成果和能力发展,以及课程目标的达成情况。同时,这种跨学科教学方式的合理应用丰富了课堂内容,也能提高学生的数学学习能力和参与积极性,让学生愿意学习、热爱学习数学知识,并借此提高学习效率,为学生未来高阶学段数学学科知识的学习奠定坚实基础。

教学原则是指根据教育教学目的、遵循教学规律而制订的指导教学工作的基本要求。它表明教学应当遵循怎样的教育目的和教学要求;表明怎样依照教学规律而合理、有序、有效地组织教学。教学原则是有效进行教学必须遵循的基本要求。它既指导教师的教,又指导学生的学,贯彻教学过程的各个方面和始终。教学原则的确立有三个依据。一是社会依据。社会政治经济制度和社会发展对人才培养的要求及对教学原则的确立有很大影响。二是人的依据。教学原则的确立应符合学生的身心发展规律。三是教学自身的依据。教学原则的确立更多地受教育教学自身规律、目的的制约,是教学规律的反映,也是教学经验的概括和总结。

在《新课标》背景下,组织及开展初中数学跨学科项目化教学模式,则要遵循及体现相应原则:

(一) 问题导向原则

跨学科项目化教学以问题为导向,让学生通过解决实际问题来学习、掌握数学知识。因此,初中数学教师可以设计及导入一些相应问题,并引导学生借助跨学科知识的学习、分析、研究来解决所遇到的问题。同时,也能借助所提问题来激发学生的学习动力,点燃学生的学习热情,促进学生自身学习动机的进一步提高,让学生更好地投入相应难题的攻克中和解决中。

（二）跨学科整合原则

跨学科项目化教学需要将数学知识与其他学科知识进行相应整合、融合，创设跨学科的学习情境。所以，初中数学教师通过一定任务或活动的设计，来引导学生运用多学科知识解决问题。这样一来，才能让学生更好地理解及应用所学知识，并借此培养学生综合运用知识的相应能力。

（三）学生主导原则

跨学科项目化教学强调学生的主动参与和主导学习，并给学生提供更多自主权及选择权。学生则能依据自身能力或兴趣来进行解决问题方法的自由选定、灵活应用，并在相互学习中发挥自身能力、价值。在这一过程中，初中数学教师则要充当指导者的角色，在学生有所需要时提供及时的帮助和指导，促进学生有效学习的发生。

（四）合作学习原则

跨学科项目化教学鼓励学生之间的合作学习，并借此培养及提高学生的团队合作能力和沟通能力。因此，学生就能通过相应交流、一同探讨来促进自我的提升及发展，并共同进行相应问题的有效解决。同时，学生也能通过有效协作、相互合作来分享及整合各自的专长和知识，促进彼此学习效果的相应提升。

（五）实践应用原则

跨学科项目化教学注重将数学知识应用到实际问题中。学生不仅要学习、掌握所授的理论知识，实现自身相应知识面的进一步拓展、延伸，更要学会运用知识，进行所遇问题、所遇难题的有效解决，以此增强学习的实践性和应用性，让学生更好地理解及应用相应知识，并借此培养及提高学生解决实际问题的能力。

三、《新课标》背景下初中数学跨学科项目化教学策略

项目式学习是当前科学教育实践中关注的热点问题，它强调教师要围绕真实问题设计一系列探究活动，让学生综合运用学科核心概念、跨学科概念和科学实践解决问题。项目式学习需要以对学生有意义且重要的问题为线索来组织和

推进教学活动。驱动性问题是项目展开的核心和灵魂。在当前科学教育实践中,项目式学习多以综合实践活动课的形式展开,存在偏重形式忽视内容、学生的探究不够持续且缺乏深度等问题,这些问题的出现与教师对项目式学习中驱动性问题的理解和设计存在密切关系。

驱动性问题设计:(1)将具体问题提升为更本质的问题。例如,故事中谁是玛丽的好朋友?引出什么是真正的好朋友?(2)将事实性问题转化为概念性问题。例如,在哪里可以找到霜?(3)可以从学生生活中获得驱动性问题的雏形。例如,关于丝绸的发展。主题的设计基于学科核心知识,建立学科与生活的联系,设计驱动性问题,验证驱动性问题是否从学生出发,以学生为本。

(一) 整合教学内容

在《新课标》背景下,初中数学跨学科教学需要整合不同学科的相应内容。因此,初中数学教师可将数学学科与其他学科的知识点进行相互联系、融合,构建起一个有机的知识结构。如,在数学与科学的跨学科教学中,可将力学和几何相关的知识点结合起来,让学生在学习数学知识的过程中,也能了解力学的基本原理和几何的应用。

再如,数学与语文学科的融合,即通过数学问题的解答来培养学生的阅读理解能力和文字表达能力或顺口溜的搜集与引入、渗透。在"曹雪芹的数学"项目中,《红楼梦》的"数学+文学"类跨学科问题系统的模式,其问题设置如下。

主要问题:数学知识是如何在文学创作中体现的?

辅助问题:阅读中国古典名著《红楼梦》,然后写一份小说中使用数学知识的评价。

例如,在书中第一回写道:原来女娲氏连五彩石以补苍天之时,于大荒山无稽崖炼成高经十二丈方经二十四丈的顽石三万六千五百零一块。娲皇氏只用了三万六千五百块,只单单剩了一块未用,便弃在此青埂峰下。

一般问题:

1.描述名著所写的主要事件。

2.用自己的文字描述故事的背景。

3. 如何假设故事中的情节,建立数学模型,如假设石块形状一样,都是长方体,那么有如下子问题:

(1) 古代(清代)的一丈是现在的多少米?

(2) 如果把问题假设成平面几何问题:用边长为 24 丈的正方形拼成圆(古人认为天圆地方),能否拼成?

(3) 曹雪芹眼中的天是多大的面积? 女娲氏炼的这些长方体的石块能把天补齐吗?

又如,数学与音乐或美术学科的融合,前者可进行歌谣、歌曲的渗透,后者可进行有关图形活动自主实践的结合、融合。

除此之外,初中数学教师还要注重及落实相应项目名称的确立,如,分析不同空气质量等级的天数分布情况,然后要求学生依照相应名称内容以及所获信息以统计图形式呈现、展示,其方式可为条形、柱形、折线形等。可见,这一活动则是选择地理学科、美术学科相融合的项目内容,一方面,可考查学生对地理学科相应知识的掌握程度,让学生依据所学知识对当地空气质量等级进行分析及造成不同空气质量等级的成因;另一方面,可检验学生对美术学科相应知识的学习成效,让学生在设计图表中,借鉴美术学科的一些原则和相应技巧,如颜色、字体或图形元素的良好应用等,确保绘制的图表具有艺术性及可读性。同时,也能通过活动的组织及开展来实施思想教育,如,引导学生探讨和分析空气污染对人体健康的影响。

(二) 明确教学目标

在跨学科教学中,教师需要明确具体的教学目标。教学目标应包括数学知识的掌握和其他学科知识的应用。因此,初中数学教师应通过明确教学目标,让学生在学习数学的过程中,了解到其他学科的相关知识,并将其应用到实际问题的解决中。以上述跨学科项目内容为例,可以实现数和形相关内容的融入,进一步启发及提高学生的数学思维和发散性思维,并借此让学生学会、掌握相应的统计图制作方法。同时,也能进一步强化学生对地理学科以及美术学科所授知识的记忆、应用,让学生更好地内化、"吸收"相应知识,促进学生相应学科知识框架体系的构建、完善。

(三) 项目化教学实施

在跨学科(项目化)教学实施中,初中数学教师可依照以下步骤进行相应活动的组织及开展(仍以上述案例进行详情说明):

1. 合理分组

初中数学教师要对本班学生的数学实情以及综合能力有一个更为全面的了解及掌握,然后依据不同层次学生来进行合理规划,划分为多个合作探究小组,让学生以小组形式进行跨学科项目的分析、研究。同时,也要鼓励学生进行团队内的相互合作、互相交流,以此促进学生有效学习的发生,并让学生进行彼此学习经验和学习思路的汲取,实现相互学习、一同成长的良好成效。

2. 问题设置

初中数学教师在开展活动时,可设计及引入相应问题,如"同学们,请每组用所学的统计知识将收集到的空气质量指数中某一个月份的空气质量指数呈现和展示出来。并且,选出空气质量最差的一天,各小组可以完成吗?"各组学生进行柱状统计图的设计,并通过对柱状统计图的分析、探究,寻找空气质量最差的一天。这意味着学生对数形结合内涵有了更全面的了解及掌握,也借此提高学生对其他学科知识的应用能力,帮助学生不断锻炼自我、提升自我、发展自我。此外,也可通过驱动问题来启发学生的数学思维。例如,问题一:同学们,在统计图的观察、分析中,发现了哪些有用的信息? 并进行组内交流、探讨;问题二:你们可以用不同于这种统计图(如折线图)来进行再次制作吗? 能借助图形对空气质量进行描述和阐释吗? 问题三:统计图的制作技巧是什么? 又能体现数据哪些特征呢? ……

3. 成果展示

各组推选一名学生,并由该学生进行自身小组成果阐述、分享,以此给学生更多表现自我、展现自我的机会和时间,并让其他学生进行该组学生学习成果的分析、探讨,让每名学生都能通过相应观察、交流来获取一定的成长和进步。可见,在具体的教学过程中,能让学生借助相应合作、有效协作进行互相学习,并共同解决所遇问题及困惑,进而培养他们的合作精神和团队意识,让学生认识到协作学习的重要性、必要性、关键性。

4. 学习项目的结构设计

跨学科主题学习项目的展开,通过对栏目内容的梳理和归纳,按照 Samuel Bloom 知识形成的一般过程,即"记忆—理解—应用—分析—评价—创新"从浅层学习到深度学习的过程。由此归纳跨学科主题学习项目的"四个环节"的结构设计。不同类型跨学科主题学习具体设计情况见表1。

表1　不同类型项目的结构设计

项目类型		数学＋文学	数学＋物理	数学＋历史	数学＋地理
各个环节	介绍	介绍项目的作者及作品	介绍项目涉及的事物	介绍项目涉及的历史事件	介绍地理气候或环境的变化
	主要问题	数学如何在文学作品中体现	物理现象如何影响人	现代人如何使用古代数学知识	通过数据分析对气候或环境变化进行预测和分析
	辅助问题	故事再创作,想象或创新	对问题进行分析和举例	描述古人如何解决数学问题	怎样进行数据记录、分析和预测
	一般问题	文学作品中的数学关键词	和数学知识关联的问题	古代数学问题和数学公式由来	地理中的数据采集和误差分析
		文学作品中原本的问题	如何使用数学知识或公式解决问题	中西方对数学问题描述的差异	建构数学模型
		文学作品数学问题再创作	数学公式在物理中的具体体现		预测的变化规律或趋势
	总结	说明要求,得出结论	说明要求	说明要求	说明要求

(四) 教学评价

在《新课标》背景下,教学评价是初中数学跨学科(项目化)教学过程中不可或缺的重要一环。其目的在于评估学生的学习成果和能力发展,以及课程目标的达成情况。简单地讲,要从以下两方面进行评价工作。一是教师点评。初中数学教师可依据每组学生在合作学习中的学习表现进行相应点评、评价,如学习态度、参与度等,做好学生学习过程的有效评价,确保评定结果的全面性、合理性。同时,也要在每组学生进行自我成果展示时,给予相应点评,即待优处、闪亮点,让学生更好地提升自我。二是学生自评及互评。学生自评及互评工作的开展有助于学生自主学习意识的强化,并实现互助学习的良好成效。因此,可要求学生对自身学习过程进行相应点评,并鼓励、支持其他学生进行互相交流及评价,实现相互学习、共同成长的良好成效。

此外,初中数学教师以及学生也能通过教学评价进行自我反思、改进提升。因此,初中数学教师可依据评定结果进行教学策略、教学内容的及时调整,并依据学生的薄弱之处进行后续教学方案的优化、改进,以此确保所设教学计划与学生知识学习的契合、挂钩,更好地满足学生的学习需求、发展要求;学生则可依据评价结果,及时发现自身学习不足、短板之处,并依据相应情况进行自我学习能力、跨学科能力的稳步提升。

四、结束语

综上所述,初中数学可以与其他学科进行跨学科融合,促进学生综合能力的提高。同时,这种跨学科(项目化)教学方式的合理应用,也能促进学生对数学学科学习动力及参与积极性的强化,以此让学生愿意学习、热爱学习数学知识,越发踊跃、积极地投入其中,并借此提高学生的学习效率、学习进度,为学生未来高阶学段数学学科知识的学习奠定坚实基础、做好铺垫工作。

本文作者:崔礼涛

项目化学习在六年级几何教学中的实践探索
——以"圆的面积"为例

《新课标》提出:"引导学生会用准确的语言描述研究对象的概念,提升抽象能力,会用数学眼光观察现实世界;要通过生活中或数学中的现实情境,引导学生感悟基本事实的意义,感悟归纳推理过程和演绎推理过程的传递性,增强推理能力,会用数学思维思考现实世界。"

项目化学习是几何教学中对几何学习的延伸,学生从现实问题出发,用数学思路去解决问题。项目化学习使学生与教师成为平等的学习合作者,学生在课堂上不再是被动的知识接受者,而是有着鲜明个性的学习者。他们不仅表现出对学习知识的热情,更表现出在学习过程中被激发出的敏锐而深刻的思维。

本项目是沪教版数学六年级第一学期第四章《圆和扇形》的第三节课。《圆和扇形》是初中学习几何图形的开端,在九年级第二学期会学习《圆》,也是初中几何图形的最后一章,因此圆在初中几何中占据重要位置。本章教材内容既是小学所学的直观认识几何形体特征以及有关计算的延续和发展,又为今后逐步由实验几何阶段转入论证几何阶段做好渗透和准备。在几何教学中起着承上启下的衔接作用。学生通过小学探究特殊的几何图形面积的方法,探究圆的面积公式。但是,圆与学生学过的几何图形有所不同,因此在求面积时会产生一系列问题,因此设计本节课的项目化学习。

一、项目化学习的设计

(一) 明确项目教学目标

教学目标是教师的教学导向和学生的学习结果。明确的教学目标可以指明教学方向,也是提供教学评价的依据。在确定教学内容后,教师可站在整体高度基于教学知识点和核心素养培养要求设定教学目标。对于本次项目化教学活动,实际教学目标如下:

学生在通过动手操作、数据运算、探索推导圆的面积公式;学生能掌握圆的面积公式,熟练运用公式进行简单计算;在操作实验中,学生感悟类比、化归、"无限逼近"的数学思想。

(二) 创设项目情景

学生在小学时已经学过一些平面图形的面积公式,如三角形、长方形、平行四边形、梯形等图形的面积公式。在之前的学习中,学生学会通过"化曲为直"计算圆的周长,初步具有学习分析能力和推理归纳能力。

学生已学习关于圆的相关知识,并且在现实生活中圆形的事物有很多,因此基于学生的认知水平,教师设置"如何求圆面积"项目。学生通过教师指导,分析项目的核心任务,即通过已有方法和经验推导归纳出圆面积公式。从而逐步从披萨面积抽象出圆的面积,用数学眼光观察世界;学生通过"化曲为直"的思想求出圆的面积,用数学思维思考世界;学生总结圆面积公式后求披萨的面积,用数学语言表达世界。

(三)项目任务分解

在教师指导下,学生分析项目"如何求圆面积"的核心任务,引入披萨这一现实生活中的场景,探究推导圆面积的公式,并运用于实践中。学生为经历这一核心任务,需要完成发现问题、提出问题、分析问题、解决问题四个阶段,相应有四个任务。本项目为探究圆面积公式分解任务如下:

任务驱动 核心任务	学生 探究	生成性问题, 激发思考学习
如何求圆面积	任务一:借助方格纸,用割补法探求圆面积	问题1:圆面积的大小与圆半径长度的比值是否会改变? 问题2:圆面积的大小与圆半径平方的比值接近于多少?
	任务二:准备圆形纸片,通过拼剪研究圆面积	问题1:通过多次拼剪,圆可以转化成什么图形? 问题2:探究圆面积公式的基本方法是什么? 基本思想是什么?
	任务三:研究圆直径或圆周长与圆面积公式的关系	问题:如何通过圆直径或圆周长求圆的半径?
	任务四:以小组形式录制视频或用课件解释圆面积的其他推导方式	说明操作过程,并阐述推导方式的合理性和严谨性

(四)项目设计特点

1. 立足学生几何直观的数学素养

为了更好地初步学习圆的知识,为今后由实验几何阶段转入论证几何阶段做好渗透和准备。教师给予适当的活动引导,学生通过动手操作、发现问题、分析问题、解决问题的过程,推导圆的面积公式。学生理解与圆面积公式有关的基础知识,掌握图形割补的基本技能,体会类比、化归和无限逼近的数学思想,建立几何直观素养。

2. 鼓励组内合作和组间合作的探究方式

该项目涉及学生小组的组内合作和组间合作,以及学生和教师之间的合作。学生通过合作用不同的方法计算圆的面积公式,并如何根据圆直径、圆周长与圆半径之间的关系,推导圆面积公式。在项目进行的过程中,教师鼓励学生探究自己发现的问题和想法。

二、项目化学习的实施

(一) 情景引入

在教学时,教师可借助现实生活中的场景:小明一家去披萨店吃披萨,他们想点一个十二寸披萨,结果被服务员告知,十二寸披萨已经卖完了,问能不能换两个六寸的披萨。你觉得这样换合理吗? 为什么?

学生对此问题展开激烈讨论,提出需要比较一个十二寸披萨和两个六寸披萨的大小。教师提问:"披萨像我们所认识的哪种平面图形呢?"学生迁移数学认知,发现可以将披萨看成圆形,因此需要求出圆的面积。教师继续提问:"谁能说一说什么是圆的面积?"学生回答:"圆所占平面的大小叫作圆的面积。"通过现实场景中展现圆面积概念,从具体到抽象,学生会用数学眼光观察现实世界。

(二) 课堂教学(项目实施)

学生通过情景引入发现"求圆面积"的问题,随后提出"如何求圆面积"的问题。根据学生现有的认知水平,教师设计以下相关任务,帮助学生分析"如何求圆面积"的问题,从而提升解决问题的能力。

基于小学所学的割补法求圆面积,是对小学学习的延伸,也是完成项目的一个铺垫,起到承上启下的作用。因此,教师设计任务一,学生发现所学知识的迁移与基本方法的运用。

1. 任务一:借助方格纸,用割补法探求圆面积

学生活动:学生以两人小组为单位在方格纸上画圆,确定圆心的位置和圆半径的大小,计算并推导圆的面积。通过列表法计算圆面积与圆半径的比值、圆面积与圆半径平方的比值,推导圆面积公式。

活动效果:学生用方格纸可以近似求出圆面积的大小,并将多组数据填入表

格,学生通过数据计算发现圆面积与圆半径平方的比值接近于圆周率的大小,进而推导圆面积公式。

评价任务:在该任务中,教师对学生在方格纸上画圆的位置与求圆面积的大小和如何利用方格纸求圆面积的大小进行评价。

【设计意图】学生通过画图后发现圆心在格点处,半径为整数时,计算圆的面积和测量圆的半径较为简便;在计算圆面积时,通过割补法和"化曲为直"的数学思想,初步培养学生几何直观素养。在计算圆面积与圆半径之间的数量关系时,学生发现比值大小的改变关系,教师引导学生进行圆面积与圆半径平方的比值计算,从而推导圆面积公式。

通过任务一,学生发现圆可以用分割法求面积,用方格纸求圆面积的计算误差较大。教师引导学生思考减少误差的方法,基于本项目的任务,学生发现在切披萨时,可以沿着披萨的半径将披萨平分,由此抽象成沿着圆半径将圆面等分,设计任务二。

2. 任务二:准备圆形纸片,通过拼剪研究圆面积

学生活动:学生课前准备好圆形纸片,在课堂上将圆形纸片进行等分(四等分、八等分等),观察拼起来的图形与基本图形(如三角形、长方形、平行四边形等)的关系。

活动效果:项目式学习主要是以探究、合作、交流的方式学习新知识,建构新体系。在本项目中,教师给学生提供展示交流的机会,学生以小组为单位演示和分享小组结果,根据拼成的图形与基本图形的关系求得圆的面积,继而对圆面积公式进行推导。教师根据学生的回答进行必要的补充和讲解。

评价任务:在这个过程中,教师对学生找出的拼图与基本图形的关系进行引导,判断,进而对学生计算圆面积的方法进行评价。

【设计意图】学生通过动手操作及空中课堂的动画探索圆的面积公式,让学生再次直观体会割补法中蕴含的"无限逼近"的思想,通过动手操作了解圆面积实际上是通过转化成基本图形的面积来进行计算的,也是化归思想的再一次体现。通过比较任务一和任务二,探寻方法的异同之处,让学生体验将未知转化为已知解决问题的基本技能。

在推导圆面积公式后,学生发现"十二寸披萨"中"十二寸"是指披萨的直径。

结合所学的圆周长公式的变形,圆面积公式是否也能进行相应的变形呢?设计任务三,解决该项目任务。

3. 任务三:研究圆直径或圆周长与圆面积公式的关系

学生活动:你现在能帮助小明解决问题吗?

活动效果:学生利用披萨的直径或披萨的周长,求得披萨的面积。并将圆面积公式进行适当变形和推广。

评价任务:教师对学生求披萨面积方法的合理性和圆面积公式变形及推导的准确性进行评价。

【设计意图】学生通过观察测量圆桌的直径和周长,用已知求未知,让学生掌握圆半径、圆直径、圆周长相互转换,集思广益,经历发现问题、分析问题和解决问题的过程,运用基础知识与基本技能,学会用数学眼光观察世界,会用数学思维思考世界,继而会用数学语言表达世界。

(三) 作业布置

学生通过本节课学习,对圆面积公式的推导有了一定的认识。教师基于割补法,结合网络资料,布置任务四。学生从现实生活中发现数学问题,进而用数学方法解决生活中的问题。

4. 任务四:以小组形式录制视频或课件解释圆面积的其他推导方式

学生活动:通过查阅资料,推导圆面积的方式还有很多种。请以四人为小组录制视频或课件解释圆面积的其他推导方式。

活动效果:学生通过自己掌握的知识理解并运用其他圆面积的推导方式。例如,将长绳卷成的半径剪开并展开后拼成三角形,将圆面积转化成三角形面积;圆面积无限逼近圆的内接外切正多边形的面积;开普勒婚礼上的红酒桶等。从而激发学生的学习兴趣,再次感悟"无限逼近"的数学思想。

评价任务:教师对学生阐释圆面积的其他推导方式的视频或课件进行评价。

【设计意图】让学生站在巨人的肩膀上,加深对圆面积公式的理解,再次体会化归的数学思想,经历探究过程,积累活动经验,学生逐步会用数学的眼光观察世界,会用数学的思维思考世界,会用数学的语言表达世界。

(四) 评价量表

本项目化学习评价分为个人评价与小组评价。个人评价分为自评、他评;

小组评价分为互评与师评。在项目伊始,学生明确评价的标准,对项目成果进行评价打分。个人评价为学生在项目化学习中学习过程和态度的评价,小组评价为对各项任务的过程性评价。通过多元化评价,提升学生进行自我评价的能力。

项目化学习个人评价

评价指标	自评	他评
我会举手发言,参与讨论交流(10分)		
我会在团队中与组员合作,在小组内能给出建议,并且对小组有贡献(10分)		
我会提出与项目有关的问题,并努力寻找答案(20分)		
我在学习中有明显的创新意识,且观点有一定的合理性(10分)		
总分		

项目化学习小组任务评价

	评价内容		互评	师评
课堂活动	任务一:借助方格纸,用割补法探求圆面积(10分)	圆心位置的合理性(5分)		
		圆面积计算的准确性(5分)		
	任务二:准备圆形纸片,通过拼剪研究圆面积(15分)	圆面是否等分(5分)		
		是否能求出拼图的面积(5分)		
		猜想圆面积公式(5分)		
	任务三:研究圆直径或圆周长与圆面积公式的关系(15分)	圆面积与圆直径的公式推导(5分)		
		圆面积与圆周长的公式推导(5分)		
		换披萨可行性(5分)		
作业布置	任务四:以小组的形式录制视频或课件解释圆面积的其他推导方式(10分)	语言清晰、准确性、逻辑性(8分)		
		视频或课件制作美化(2分)		
总分				
改进之处:				

三、以项目化学习为载体的初中几何教学的思考

本课以圆面积公式为主要教学内容,采取项目化学习的教学方式。教师根据教学目标和学生认知水平,以学生为中心设置项目任务,然后在教师的指导下由学生分组完成,学生按照任务逐步完成和完善对相关知识的学习。通过本节课,学生在现实情境中开展学习基础知识和基本技能,体会化归的数学思想,经历问题、提出问题、分析问题和解决问题的过程,提高几何直观的数学素养。

（一）项目化学习对教学的促进作用

1. 促进师生进步

在教学中融入项目化学习,教学设计从"设计如何教"转变为"设计如何学",在课堂内外相互结合。项目化学习让学生亲身感受数学来源于生活,体验问题的提出、探究的过程、成果的展示,学生对新知有了更为深切的理解和认识,提高学生解决问题的能力,激发学生学习的兴趣。

通过学生分享交流,教学相长。在任务二中,学生用发散性思维尝试多种方法拼接图形,主动探索,积极动手操作,理解割补法,为后续学习几何打下良好的基础。

2. 促进思维提升

在课堂教学中,教师以项目化学习为载体,通过发现问题、提出问题、分析问题、解决问题的过程,促进学生思维提升和创造力的发展,实现数学知识与现实世界相融合。在现实世界中,发现数学问题,用数学思维思考现实世界,获得活动经验,提高数学素养。

3. 促进多元化评价

在实施教学中,教学评价形式多样化。学生在项目进行过程中相互交流、阐述想法后,会收获同学的评价（组内评价、组外评价）和教师评价,可以评价学生在动手操作中的问题,评价小组内沟通协作的能力……学生借助多元评价发现自己在学习过程中的问题,及时改正,及时优化。

（二）项目化学习实施过程中的反思

在实施项目化学习的过程中,教师也发现了几个问题:

1. 生成性问题的设计

生成性问题有利于推动项目化学习,因此设计的问题需要满足学生的认知

水平、学习内容、学习能力等。在项目实施过程中,通过提出生成性问题,促进学生不断思考,帮助学生更好地将所学的知识情境化,让项目具有连贯性、逻辑性。因此设计的问题要有一定的开放性和挑战性,教师也要考虑问题可能出现的情况,可能达不到预期的效果。教师在设计问题时还需要不断完善、不断调整,使问题设计更有指向性、明确性。

2. 项目活动的设计

项目活动需要教师花更多时间准备,学生在探究过程中有兴趣,会需要更多的时间。如果不能合理安排,会影响课堂教学的实际效果。因此,在设计项目活动时应注重数学知识的渗透,而不是徒有其表,切忌"为了项目而设计项目"。

通过与学生的课后谈话,发现学生喜欢项目化学习的方式,认为通过项目化学习使课堂学习更有趣味性、更生活化,并有机会畅谈自己的想法,深刻认识数学知识与现实世界的紧密联系。

本文作者:王珏慧

第三节　评议与反思

毫无疑问,跨学科学习和项目化学习是有共性特征的,都需要围绕真实问题进行探索。跨学科学习和项目化学习本质上是对固化的知识逻辑的挑战,都追求在复杂问题中的创新与回应。但是,跨学科学习和项目化学习也有不同的侧重点,跨学科学习侧重学科整合,项目化学习侧重持续探究。[①] 跨学科项目化学习就是取两者之间的合集,是要汇聚两个及以上学科概念来解释现象、解决问题、创造作品,让学生产生新知识,获得更深的理解。在课程标准的基础上,把握学科核心概念,构建跨学科知识网络,设置驱动性问题引发跨界学习行为,设计多维度实践,渗透表现性评价等措施,加强学科之间的横纵向联系,切实提高学

① 夏雪梅.跨学科项目化学习:内涵、设计逻辑与实践原型[J].课程·教材·教法,2022,42(10):45-46.

生核心素养和问题解决能力。

　　跨学科项目化学习尽管在形式上兼顾跨学科和项目化两个教与学改革的关键词,也兼收了两者的优势和特征,但是,从本质上看,跨学科项目化学习是一种超越项目化学习和跨学科学习更高层次的教与学的模式。一般而言,跨学科学习有三个层级:用到其他学科的知识或情境;用其他学科的知识共同解决问题并产生整合性理解;在真实问题的解决中有意识地学习不同学科的知识并创造性地整合以解决问题、形成成果。这三句话代表了跨学科学习的不同层级,真正意义上的跨学科学习一般处于第二个层级,而跨学科项目化学习则需要以追求第三层次的精神为价值。从新中初级中学的教师探索案例看,一方面,教师结合国家课程的实施探索跨学科项目化实施的方式,既有助于新课程和国家课程的落实,也有助于通过项目化学习的方式来变革传统教学,让项目化学习有了落实落地的基础。另一方面,从教师探索的角度看,学校的跨学科项目化学习,不仅局限于不同学科的简单拼接,也注重在一种真实或仿真的环境中,引导学生围绕一个或几个关键问题进行探究,让不同学科的知识在跨学科项目化学习的运用中得到具体实施,这实际上是一种将跨学科项目化学习从简单层面推进到深层次的有效探索。

第五章　单元整体教学的设计与实施

　　在信息时代的背景下,素养导向的课堂变革应时而生。素养导向的课堂变革之根本在于转变教学目标,通过从传授专家结论转向培养专家思维,提升学生解决真实性问题的素养。在具体的教学过程中,大概念是将素养落实到具体教学中的锚点,是指反映专家思维方式的概念、观念或论题,具有生活价值。理解大概念有助于达成高通路迁移,形成具体与抽象交错的复杂认知结构,不仅可以打通跨学段、跨学科学习,而且能解决学校教育和真实世界相阻隔的问题。围绕大概念的单元整体教学由目标设计、评价设计和过程设计三个关键步骤构成①,成为当前课程教学改革中破除单一知识点相互割裂状态,实现学科共同育人、综合育人的有效方式。义务教育新课程方案和新课程标准,突出强调了综合育人改革过程中单元整体教学的价值与要求。自此,"大单元""大概念""单元整体教学"等成为落实"双新"改革的关键词,也成为当前课程教学改革中亟须探索的重要领域。

第一节　对本问题的整体认识

　　单元整体教学无论在国内还是国外,都不是一个新的概念。单元连接着课程与课时,"单元设计既是课程开发的基础单位,也是课时计划的背景条件"。单

---

　　① 刘微."大概念"视角下的单元整体教学构型——兼论素养导向的课堂变革[J].教育研究,2020(06):65-66.

元是一种集合,然而,这个集合遵循什么逻辑来组织则看法迥异,以至于同样被称为"单元整体教学",其概念内涵和外延是完全不同的。

单元整体教学是一种"双新"理念重点强调的教学方法,其核心理念是将学科知识组织成一个完整的单元,以整体的方式呈现给学生。这种方法强调将教学内容连接成有机整体,突破传统的零散知识点教学,使学生更好地理解知识的内在联系和应用场景。不同于传统的教学,单元整体教学通常具有如下特征:

其一,整体性。单元整体教学将一定范围内的学科知识组织成一个整体,强调知识之间的内在联系。这有助于学生形成更为完整和深刻的理解,而不仅仅是零散知识点的堆砌。其二,跨学科融合。单元整体教学有助于跨学科的融合,将不同学科的内容整合在一个单元中,使学生在解决问题和思考时跨越学科的界限,培养学科跨越性能力。其三,问题导向。单元整体教学设计通常以问题为导向,将问题作为学习的出发点和驱动力。学生通过解决问题,逐步深入学科知识,培养问题解决和批判性思维能力。其四,注重实践和应用。单元整体教学强调将学科知识应用到实际情境中,通过实际案例、项目等方式,让学生在真实场景中运用所学知识,提高其实际问题解决能力。其五,指向学生综合素养培养。单元整体教学目标不仅包括学科知识的掌握,还包括培养学生的批判性思维、创造性思维、沟通能力等综合素养,单元整体教学旨在培养学生更全面的能力。其六,呼唤学生参与和合作。单元整体教学过程中注重学生的积极参与和合作,通过小组讨论、项目合作等方式,促进学生之间的交流与互动,培养团队合作和沟通能力。鼓励学生在整个单元学习过程中进行反思,引导他们发展自主学习的能力。通过反思,学生更深入地理解自己的学习过程和提高学习效果。其七,多样化评估。采用多样化评估方式,不仅关注学科知识的掌握,还注重学生在整体学习过程中展现的综合能力。评估方法可以包括项目评估、展示评估、口头报告等形式。总体而言,单元整体教学是一种以整体性、实践性和综合素养培养为特点的教学方法,旨在提高学生对学科知识的深刻理解,并培养其在实际情境中应用知识的能力。

"双新"改革下的课程教学,在整体设计上突出"任务群"概念和学科核心素养导向,这种新的任务设计和教学导向,需要更为合适的教学载体来实现。以语文学科为例,相较传统的以课文、课时等为主要标志的零散教学,单元整体教学或大单元教学的理念,更适宜于整合课程的整体语文资源,发挥协同育人和整体育人价值。因而,在"双新"改革背景下,探索语文单元整体教学具有重要的意义。华东师范大学崔允漷教授认为"大单元教学"是一种学习单位,一个完整的学习事件、微课程。没有"大任务"驱动,没能围绕目标、内容、情境与评价组成一个"完整"学习事件的几篇课文,只是"内容单位",不是学习单位。① 由此,在进行单元整体教学的设计和思考过程中,新中初级中学非常注重聚焦《新课标》设计的教学"任务群"和学生学科核心素养的培养要求,通过单元主题的凝练,以单元重组拓展大单元教学的实施范畴,以集体教研推动单元学习活动的动态优化,让大单元教学真正在学科教学中落到实处。

第二节　教师的主题式行动探索

《新课标》背景下初中数学单元教学实践研究
——以初中"四边形"教学为例

　　《新课标》提出确立核心素养导向的课程目标这一新的课程理念。由于核心素养的发展是一个日积月累、循序渐进的过程。《新课标》特别强调实施基于主题的大单元整体教学。应根据学生已有的知识经验、认知水平、学习要求,结合具体内容特点系统规划单元教学目标,整体把握结构化课程内容,选择能促进学生思考的教学方式,在教学中整体设计、分步实施。

　　钟启泉教授指出,单元教学是改进课堂教学方式,落实核心素养的关键。数学单元教学是指在整体思维的指引下,以数学核心素养为目标导向,统筹、重组教学内容,设定相应教学目标,依据明确的教学主线,根据课时安排组织课堂教

① 崔允漷. 如何开展指向学科核心素养的大单元设计[J].北京教育(普教版),2019(02):65-66.

学活动,由此构建独立教学单元的过程。这指明了单元教学的基本流程:确定单元教学内容、设定单元教学目标、明确单元教学主线、安排单元教学课时、组织课堂教学活动。

一、数学单元教学的意义与价值

长期以来,数学教学通常都是按照教材的内容和编排顺序,以课时为单位进行的。在传统的以课时为单位的教学实践中,教师过度关注局部知识和技能的获得,忽视数学知识内在的本质联系,忽视数学学习和研究方法的一致性,导致学生缺乏对学科知识结构的整体感知和理解。基于主题的单元整体教学设计帮助教师与学生建立结构化知识网络。

(一) 数学教学内容的结构化

数学单元教学强调对数学知识体系的系统建构和整体把握,突出数学知识的整体性、结构性和联系性,提倡以结构化的数学知识体系统摄数学学习的大背景、大问题、大思路、大框架,引领学生在已有知识经验的基础上进行主动建构,实现数学知识结构化的自然生长。使数学知识能连成线、结成网,形成数学知识结构,并在学生身上沉淀下来,从而发展数学核心素养。

(二) 数学教学活动的情景化

从数学学习的认知本质看,学生学习知识的过程本身是一个建构的过程,无论是知识的理解,还是知识的运用,都离不开知识产生的环境和适用的范围。学生的数学学习起点往往不是逻辑公理,而是在学生已有的知识基础上发展。

(三) 数学思维发展的问题化

数学单元教学强调以高质量的问题驱动高品质的数学思考,促进学生数学思维能力的发展。数学单元教学倡导真实情境下的问题解决,引领学生经历发现问题、提出问题、分析问题、解决问题的完整过程,同时注重适当引入具有开放性的劣构问题,引导学生全面、客观、辩证地分析解决问题。从而,在这样的问题解决过程中,不断发展学生的实践性反思、批判性思维、创造性思维等高阶思维能力。

二、初中数学几何单元教学实践

(一) 研读数学教材,确定单元教学内容

几何图形是初中几何教学内容,根据《新课标》要求解析图形的性质、图形的旋转变化及几何图形与坐标间的关联,由此提炼出大单元的核心知识,从而规划几何单元教学任务。由大概念出发重构的教学内容能清晰地展现核心概念与子概念间的关联性,并协调几何单元内部知识点与前后单元内容之间的联系,体现教学思路的整体性及知识结构的系统性。

几何图形基本知识

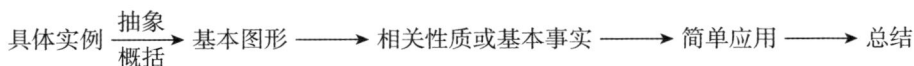

三角形

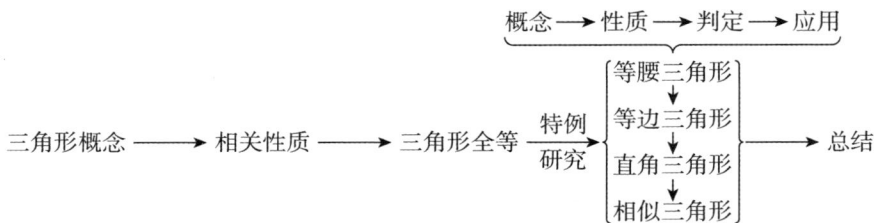

四边形

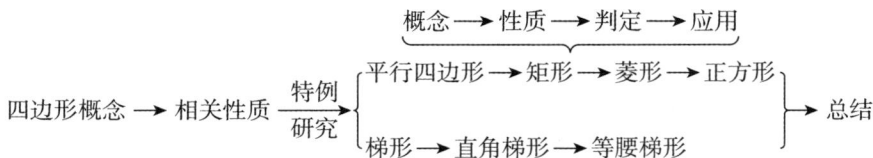

圆

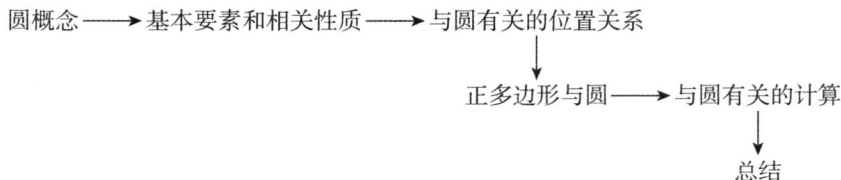

"四边形"单元教学的主要内容是：特殊四边形概念、性质、判定、应用。主要发展的核心素养是：几何直观、空间观念、推理能力。

（二）基于核心素养，设定单元教学目标

单元教学目标要体现核心素养的主要表现，因此教学目标的设定要体现整体性、阶段性和可操作性。根据学情和教学内容制订以下单元教学目标。

目标一	类比三角形得出四边形的研究对象、研究内容、研究方法、研究路径。理解平行四边形、矩形、菱形、正方形、梯形的概念、性质及其关系，会应用其性质和判定进行有关计算和证明，提升推理能力
目标二	经历平行四边形的概念、性质、判定的探究，知道研究这一类图形通常按照"概念、性质、判定"的基本路径进行：图形概念是通过属加种差的方式确立的；图形性质包括组成图形的基本要素（边、角）或相关要素（对角线）之间的数量关系或位置关系、图形的整体对称性两个维度，一般通过"观察（测量、实验）—猜想—验证（举反例或推理证明）"的方法研究；图形判定的研究通常从性质出发，猜想最基本的判定条件，然后通过举反例或推理证明进行验证
目标三	通过对矩形、菱形、正方形、梯形的探究，学会研究这一类图形的路径和方法，提升研究几何图形的能力，提高学习能力
目标四	通过对平行四边形、矩形、菱形、正方形、梯形的探究，体会数学知识之间的内在联系，积累研究四边形和其他几何图形的概念、性质、判定的经验，感悟数学的严谨、系统、一般、统一，发展理性精神，以及抽象能力、几何直观等核心素养

依据素养导向下的教学目标，教师优化教学内容，强化情境设计并提出问题，引发学生主动探究，使学生在经历知识生成过程中发展数学核心素养，从而达成预期目标，提升数学单元教学质量。

（三）结合单元目标，明确单元教学路径

依据单元教学内容、单元教学目标，将"四边形"单元教学路径确定为：图形研究路径—探索平行四边形—探索矩形—探索菱形—探索正方形—探索梯形—回顾与总结。根据教学路径，研读数学教材，梳理相关知识点，确定具体教学内容和课时。

研究路径	研究内容	课时安排
四边形概念	四边形的研究框架;四边形的定义、分类、性质;特殊四边形的分类	1
探索平行四边形	平行四边形的定义、性质定理及简单应用	2
	平行四边形的判定定理及简单应用	2
探索矩形	矩形的定义、性质定理与判定定理	2
探索菱形	菱形的定义、性质定理与判定定理	2
探索正方形	正方形的定义、性质定理与判定定理	2
探索梯形	梯形的定义、分类、等腰梯形性质定理与判定定理;三角形、梯形中位线	3
回顾与总结	回顾单元知识内容	2

(四) 根据教学内容,组织课堂教学活动

数学单元教学强调真实情境与任务的介入,引领学生在真实情境下迁移应用所学的知识与经验解决现实问题。以"平行四边形图形研究路径(第一课时)"为例。

1. 情景引入

活动一:观察图片,从中抽象出平面几何图形,梳理几何图形研究路径。

设计意图:教学中注意引导学生联系三角形的研究过程,发现几何图形研究遵循由一般到特殊的过程,且等腰、等边、直角三角形都是按照"概念——性质——判定——应用"的路径展开的,从而梳理出几何图形研究的基本路径。

在回顾三角形的分类依据时,强调"边相等""90°角"等都是对图形进行特殊化处理的方式,是图形分类时的重要依据。借助三角形的知识内容,学生梳理出几何图形的研究路径。

2. 新知学习

活动二:通过猜一猜、画一画推理探索四边形的概念及性质。

设计意图:教师首先出示三角形的定义,让学生仿照三角形的定义尝试说明四边形的定义,并对四边形定义中"同一平面内"进行理解性讨论。再根据四边形的定义及学生画出的四边形,让学生了解四边形可分为凹四边形与凸四边形两类,并且说明初中阶段只研究凸四边形。

活动三：类比探索三角形性质的方式，归纳几何图形性质的研究角度。

设计意图：学生类比探索三角形性质的过程，思考四边形的性质可以从哪些角度入手。根据学生的回答进行归纳梳理，让学生进一步感知图形性质的研究可以从定性（边、角、对角线等）与定量（内角和、外角和、面积等）两个方面入手。从定量方面探究四边形内角和、外角和公式及对角线公式。

活动四：小组合作共同探究四边形的性质。

设计意图：学生开展小组合作，教师引导学生从上述提到的角度切入来直观感知四边形的特征，从而使学生自然地发现"边相等""角相等""边平行""2个角或4个角都为90°"时能构成特殊的四边形。教师引导学生将三角形性质的学习经验应用于四边形性质的探究，发展学生的知识迁移能力。在学生观察四边形的特征时进行特殊化处理，为"特殊四边形的分类"做准备。

活动五：通过小组合作对特殊四边形进行分类，并说明分类的依据。

设计意图：在发现平行四边形、矩形、菱形、正方形、梯形等特殊四边形是本单元重点要研究的图形后，提问学生："这些图形之间是否存在一般与特殊的联系？"让学生带着问题进行小组合作，尝试对这些特殊四边形进行分类，并说明分类的依据。学生充分讨论后，展示部分小组的分类结果（该结果主要围绕"边的位置关系与大小关系或特殊的角"展开），小组代表说明其分类的标准。同时，引导学生从边和角两方面进行梳理：可以考虑边的位置关系（平行与垂直）和大小关系（相等）；在角方面考虑直角和四个角相等。由此可以归纳得到以下结论：

（1）两组对边分别平行的四边形有：平行四边形、正方形、菱形、矩形；

（2）四边相等的四边形有：正方形、菱形；

（3）四个角都为90°的四边形有：正方形、矩形；

（4）一组对边平行（另一组对边不平行）的有：梯形、直角梯形、等腰梯形；

（5）一组对边相等（另一组对边不相等）的有：等腰梯形；

（6）有两个角是直角（另两个角不是直角）的有：直角梯形。

教师引导学生根据上述结论，结合一般到特殊的研究思路，确定四边形特例研究的先后顺序。学生迁移三角形的学习经验，提出本节课要研究的图形及如何研究，以此明确任务的性质。通过类比三角形的学习历程建立起新旧知识间的关联，让学生在对特殊四边形进行分类的过程中理性认识本单元的研究对象，并通过小组合作引导学生梳理出四边形特例研究的逻辑结构,即以四边形为起点,根据其边、角、对角线的关系再对平行四边形、矩形、菱形、正方形、梯形展开进一步研究。

3. 归纳小结

活动六:梳理总结四边形单元研究路径。

设计意图:让学生理解研究四边形内容的顺序和从数学思想角度认识四边形。教师总结:本节课是通过类比三角形的学习过程,得到几何图形的研究方法是从一般到特殊的过程,以及图形研究的基本路径是"概念—性质—判定—应用",由此梳理出"四边形"单元的研究路径,形成如下图所示的单元知识结构图。提炼知识,再一次强调几何图形研究的思路,为后续学习打好基础。

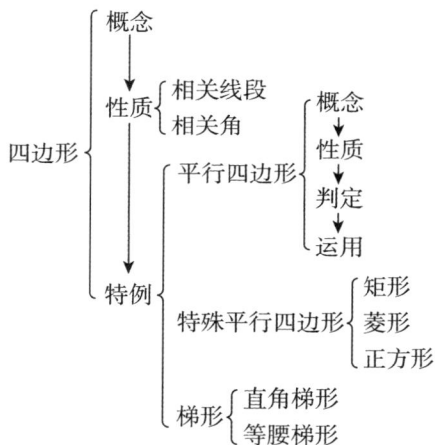

在课堂活动中,学生经历知识生成与建构的过程,认清知识间的逻辑关系,理解四边形概念,体会"概念—性质—判定—应用"学习的基本路径。明确单元内容研究路径,通过类比思想方法构建整体知识网络。

三、初中数学几何单元教学的策略

(一) 设计学生活动,明确单元研究路径

明确单元研究路径旨在引导学生整体感知本单元的教学内容、整体建构本单元的知识体系,让学生对本单元学习内容有一个全面的了解。通过学生活动解决三个问题:本单元要学习什么内容? 为什么要学习这些内容? 怎样学习这

些内容？首先，从学生的已有生活经验或知识经验出发，借助适当的材料，自然引入新知识，让学生感受学习新知识的必要性；其次，需要帮助学生认识到当前所学内容与已有认知经验之间的实质性关联，并将其纳入原有知识体系，形成新的认知结构；再次，需要指明新知识的发展方向和研究方法，揭示整个单元的研究思路及其学习方法，让学生后续的学习既有方向，又有方法。

（二）善用思维导图，梳理单元研究路径

学生通过思维导图对所学内容进行系统梳理、合理重组、总结提炼的过程，也是学生自主建构、不断知新、拓展应用的过程。首先，通过全面回顾、系统梳理、合理重组等途径，以知识树、思维导图等形式帮助学生理清知识间的联系，使之条理化、关联化、结构化、整体化，从而建构起更稳固的知识结构体系；其次，在单元知识结构体系的统领下，聚焦本单元的数学核心素养，加强对数学思想方法的提炼归纳。

在核心素养培养背景下，教师可以选用适宜的策略，开展初中数学几何单元教学。前期教师需要基于整体视角、系统思维来确认几何单元教学内容和设定几何单元教学目标，根据知识内部关系确定研究路径，明确几何单元教学路径和安排几何单元教学课时，组织活动帮助学生整体构建单元知识结构。实施单元教学，深化学生对数学单元知识的记忆，让学生的数学知识体系、结构更加系统化，从而培育学生学科思维、学科能力、学科素养。

本文作者：王元英

《新课标》理念下初中语文单元整体教学设计与实施
——以八年级下册第一单元为例

单元整体教学是对语文课程的二次开发，是语文教学研究的重点，特别是随着《新课标》的发布和统编教材的实施，单元整体教学越来越受到关注。

《新课标》的课程理念部分提到要"构建语文学习任务群，注重课程的阶段性与发展性"，并要求"学习任务群的安排注重整体规划，根据学段特征，突出不同学段学生核心素养发展的需求，体现出连贯性和适应性"。这就要求教师对教学

内容进行"结构化"组织,加强模块或主题的整合,揭示单元、章节中各教学内容之间的相互联系,通过课时目标、单元目标的达成实现年级目标,逐步帮助学生形成良好的认知结构。

在实践教学中,教师在处理教学内容时,整体结构意识相对薄弱,常常将单元内的课文孤立地进行教学,较少思考单元各篇课文之间的联系,使教学处于"碎片化"状态,难以体现学习的阶段性、连贯性。单元教学设计是教材结构化研究的重要抓手,也是整体规划教学内容的重要手段。教师可以通过把握学生的认知特点及教材中知识与能力结构之间的关联,进行单元教学设计,组织开展适当的教学活动,引导学生经历必要的思考过程,掌握语文学科特有的思考方法,提升学科核心素养。

本文将以统编教材语文八下第一单元为例,谈谈开展单元整体教学设计的一些思路与策略。

统编教材八年级下册第一单元的文本体裁较为多样化,有小说《社戏》、诗歌《回延安》、散文《安塞腰鼓》《灯笼》等,这个单元是以人文主题"民俗"来整合的。语文教学培养学生的核心素养体现在四个方面:文化自信、语言运用、思维能力、审美创造。语文学科是人文性和工具性的统一。因此,在本单元教学时,不能仅仅关注"民俗",还应有侧重地提升学生的学科知识和技能,让他们学会一些阅读与写作的方法。以下浅谈笔者对八下第一单元开展整体教学的一些方法和策略。

一、依标据本,确定单元教学目标

单元教学目标的确定应在《新课标》的统领下进行,要依据教材。在统编语文教材中,"单元导语"部分说明本单元的学习重点和要求,在此基础上分析教材中各篇目的特点,提取单元主要教学内容与要求,同时进行学情分析,进而确定单元教学的重点目标。

(一) 重视"单元导语",立足"核心素养"

八年级下册第一单元导语中除了"民俗"外,还提到"学习本单元,要注意体会作者是如何根据需要综合运用多种表达方式的""要注意感受作者寄寓的情思,品味作品中富于表现力的语言"。

《新课标》对第四学段(7～9年级)学生提出的学习要求中,"阅读与鉴赏"指出"在通读课文的基础上,理清思路,理解、分析主要内容,体味和推敲重要词句在语言环境中的意义和作用""在阅读中了解叙述、描写、说明、议论、抒情等表达方式"。"表达与交流"指出"根据表达的需要,围绕表达中心,选择恰当的表达方式。合理安排内容的先后和详略,条理清楚地表达自己的意思"。

根据教材和《新课标》要求,从语文知识与技能角度,笔者从八下第一单元的教学内容中提取出两个关键点,一是"表达方式",这一点指向《新课标》中所提到的学生核心素养"语言运用"。二是"主旨表达",无论是"感受作者寄寓的情思""理解、分析主要内容"都指向这一点,但值得注意的是,《新课标》在"理解、分析主要内容"前提到了要"理清思路",同时"表达与交流"部分提到"合理安排内容的先后和详略,条理清楚地表达",由此可见,与"主旨表达"息息相关的是能梳理内容或恰当地组织内容来表达。

从八年级学生的学情来看,梳理行文思路、理清作者的情感脉络对他们来说的确有一定的困难,因此希望通过本单元教学给他们梳理行文思路的一些思考方法,以培养学生的梳理能力、推断能力、抽象能力。

(二) 分析课文,找出共性

从四篇课文的表达方式角度来看,抒情与议论的表达方式较为突出。每篇课文中都有一句或一组起到提纲挈领作用的议论抒情句。下表摘录部分议论抒情句:

课文	议论抒情句
社戏	真的,一直到现在,我实在再没有吃到那夜似的好豆,——也不再看到那夜似的好戏了。
回延安	身长翅膀吧脚生云,再回延安看母亲!
安塞腰鼓	好一个安塞腰鼓!
灯笼	你听,正萧萧班马鸣也,我愿就是那灯笼下的马前卒。

从主旨表达的角度来看,作者在材料的选取和处理上有较多可以探究和借鉴的地方。比如,《社戏》中的"看社戏"是中心事件,从叙述重点来看,作者却略写看戏的内容而详写戏前戏后的事,体现出作者想表现的不是"戏"而是"人"。

通过对"看社戏"当天紧密相关事的叙述,呈现了村中少年淳朴好客的形象,从与"看社戏"关联不大的内容中,如写"我"在平桥村的日常生活、看戏后第二天六一公公给"我"送罗汉豆等情节,呈现了村中大人的形象特点,通过对平桥村老少的刻画,展现平桥村的淳朴民风。

在《安塞腰鼓》中,作者先写腰鼓舞蹈的壮阔场面,然后聚焦到腰鼓的声音,写腰鼓给人带来的内心震撼,又转而聚焦到击打腰鼓的后生,写其迸发出的蓬勃的生命力量,最后人与鼓合二为一,在这腰鼓舞蹈中让人的思绪随之升华。一场腰鼓舞蹈,作者从整体到局部聚焦再到整体,脉络清晰,情感也在逐渐升华。

综上所述,基于对《新课标》、教材和学情的分析,笔者确定的八下第一单元的教学目标为:(1)了解课文中出现的民俗文化及其意义;(2)梳理文中材料,理解材料的选取与处理方式对表达主旨的作用;(3)把握作者综合运用多种表达方式对文章的作用,概括或推断作者寄寓其中的情思;(4)选择适切的组材方式,根据需要运用抒情等表达方式来表达主旨。

二、紧扣单元教学目标,明确单篇教学目标

在确定单元教学目标后,依据学情确定单元课时目标,安排单元课时。此时每篇课文不再是零散的个体,而应紧密围绕单元教学目标,以共同达成单元教学目标为任务的有机整体。单元教学目标决定课时目标的确立,而课时目标又是单元教学目标的细化与具体实施,通过课时目标的达成来实现单元教学目标。

(一) 单篇目标服从于单元目标,紧密围绕单元教学目标

单元教学目标决定课时教学目标的确立与实施。在该单元中,每个课时的教学目标都应紧密围绕单元教学目标,是单元教学目标的具体化与细化。以《社戏》为例,从材料的组织方式角度来看,作者详写的主要材料是"看社戏"当天"我"与平桥村少年的经历,而略写的次要材料是"我"在平桥村的日常生活,戏后第二天六一公公给"我"送罗汉豆等情节。《社戏》通过以主要材料和次要材料组合的方式,共同揭示了小说的主旨,体现了平桥村淳朴的民风。这种材料的组织方式正好对应单元教学目标2。因此,笔者在教学设计时,对主要材料和次要材料的分析分别安排在两课时中,通过这样的处理,让学生理清思路,了解这种材料处理方式对表达主旨的作用,同时落实单元教学目标2。

从表达方式角度来看,《社戏》综合运用了叙述、描写、议论、抒情等表达方式,运用恰当的叙述和描写,作者通过寥寥几笔就刻画了生动的人物形象。但是,基于八年级学生的学情,比起叙述和描写,学生对抒情和议论的表达方式及其运用相对陌生。因此,笔者以对文中重要议论抒情句"真的,一直到现在,我实在再没有吃到那夜似的好豆,——也不再看到那夜似的好戏了。"这句话的理解作为这篇课文的主问题,以探究"戏好""豆好"的真正原因贯穿全文的教学,最后理解作者发出这份感慨时所蕴含的情感,以此有侧重地达成单元教学目标3。

以下为《社戏》的教学目标及其与单元教学目标间的关联:

《社戏》教学目标	单元教学目标
1. 梳理与社戏相关事件,分析"戏外"的情节,理解材料与中心之间的关系	2. 梳理文中材料,理解材料的选取与处理方式对表达主旨的作用
2. 分析平桥村生活画面中蕴含的淳朴、和睦的民风。 (第一课时分目标)分析平桥村少年们的人物形象,理解"我"对平桥村生活的喜爱、眷恋之情。 (第二课时分目标)分析小说对平桥村人的描写和叙述,理解平桥村生活画面中蕴含的淳朴、和睦的民风	1. 了解课文中出现的民俗文化及其意义 3. 把握作者综合运用多种表达方式对文章的作用,概括或推断作者寄寓其中的情思
3. 理解小说选择两种叙述视角来表达主旨的作用	

(二) 单篇承担各自的作用,合力达成单元目标

一个单元由多篇课文组成,每篇课文各有特点。以八下第一单元为例,每篇课文的材料组织方式都不尽相同。《社戏》是以主要材料和次要材料的组合来共同揭示小说主旨。《回延安》是以诗歌特有的穿插和跳跃的形式进行组合,过去、现在、未来不断交织,彼此映衬,最终将诗人对延安曾经的感激依恋、而今的惊叹自豪、未来的祝愿期待融为一片深情。《安塞腰鼓》通过对腰鼓舞蹈场面的整体描写或局部聚焦的切换,来转换写作对象,并层层递进表达对腰鼓表演中所传递出的生命力的赞叹。《灯笼》是将记忆中的灯笼和想象中的灯笼相联结,虚实结合共同表达了作者对家国的热爱和保家卫国之志。可以说,每篇课文的教学都从不同角度落实了单元教学目标2,而通过四篇课文的学

习,也让学生了解了四种不同的材料组织方式,以此作为抓手梳理了文章思路,理解了文章主旨。

从表达方式的角度来看,四篇课文都运用了议论、抒情的表达方式,并都以此作为点睛之笔,表达了作者所寄寓的情感。但同中有异的是,这些句子在不同课文中出现的位置、形式是不同的。以八下第一单元三篇课文中较为突出的议论抒情句为例:

篇目	句子	位置	形式
社戏	真的,一直到现在,我实在再没有吃到那夜似的好豆,——也不再看到那夜似的好戏了。	文末	复句,较长;出现一次;独句成段
安塞腰鼓	好一个安塞腰鼓!	文中	单句;反复出现;独句成段
灯笼	你听,正萧萧班马鸣也,我愿就是那灯笼下的马前卒。	文末	复句,相对较短;出现一次;非独句成段

抒情、议论的表达方式虽然大都能起到点明作者情感的作用,但它们在文中的位置不同、形式不同,其具体作用也有所变化,如《安塞腰鼓》《灯笼》中的抒情议论句相对较短,更清晰、直白地传递了作者的情感。《安塞腰鼓》中的"好一个安塞腰鼓"反复出现,还起到了总结上文的作用,作者的情感也在反复出现的赞叹中逐层升华。独句成段的句子则更为醒目,让读者一目了然。

可以说,这一单元中的四篇课文在材料组织和表达方式上都有其个性特点,在实际教学中让学生了解到文本语言和形式的丰富性,它们各自从不同角度落实单元教学目标2、3。

三、读写转换,落实单元写作目标

单元写作也是单元整体教学设计的一部分,从知识要素角度来看,语文教学就是教会学生一些阅读和写作的方法。阅读是输入,写作是输出,两者密切相关,阅读是学生将知识、语言内化和吸收的过程,写作是将学生内在的语文知识和能力呈现的过程。因此,单元写作目标应与该单元的阅读目标为互逆关系,简而言之,即学生在单元阅读课上学了什么,在单元写作课上,就重点培养这方面的写作能力。

以笔者确定的八下第一单元阅读课教学目标和写作课教学目标为例:

阅读课教学目标	写作课教学目标
梳理文中材料,理解材料的选取与处理方式对表达主旨的作用	选择适切的材料组织方式
把握作者综合运用多种表达方式对文章的作用,概括或推断作者寄寓其中的情思	根据需要运用抒情议论、等表达方式来表达主旨

在八年级第一单元阅读课教学中重点落实的是"材料组织方式"和"语言表达方式"两方面内容,在写作课中就以此作为操练点,进行写作训练。

从教材要求来看,八下第一单元的写作要求正是"学习仿写"。叶圣陶先生曾说过:"教材无非是个例子,凭这个例子要使学生能够举一反三,练成阅读和作文的熟练技能。"因此,本单元四篇课文就是优秀范文,而作者所运用的组材方式和表达方式就是这一单元写作的"仿写点",在此基础上让学生举一反三,培养写作技能。

笔者将八下第一单元的写作要求定为:

以"＿＿＿＿＿在我的记忆深处"为题,要求:(1)围绕中心选择多个材料。(2)根据表达中心的需要确定材料的组合方式。(3)至少在文中安排一处议论句或抒情句。其中以第一、二点为重点要求,在课堂上让学生拟定提纲。

以"＿＿＿＿＿在我的记忆深处"为题的半命题作文,对八年级学生而言,审题和选材的难度都不是很大,因此,就自然将写作训练核心聚焦在对材料的组织安排以及表达方式两方面,指向本单元阅读教学的核心,也是单元写作目标。

以下呈现一例学生的提纲:

标题:北京在我的记忆深处

中心:北京在我的记忆深处,因为北京人的热情、友善,让我感动

材料:
　　材料一:在机场偶遇出租车司机,他热心地给我们介绍北京的景点,帮我们规划行程。(次要)
　　材料二:迷路求助,陌生人不仅给我们指引方向,还特地带我们过去,把我们送到近处才离开。(主要)
　　材料间的关系(组合方式):主要和次要

　　在这则提纲中,学生选择通过主要材料和次要材料组合的方式来表现人物品质,体现文章中心。在《社戏》的阅读教学中,正是让学生关注作者是如何通过主要材料和次要材料的使用来表现文章中心的。这就是由阅读到写作的迁移。

　　由此可见,单元教学中阅读课与写作课并不是互相孤立的,在阅读教学中重点引导学生掌握一些阅读方法,在写作教学中可以引导学生把其运用于写作中,让整个单元教学形成一个整体。

　　综上所述,笔者从单元教学目标的确定、单篇和单元教学的关系、单元教学中阅读和写作的关系三个角度谈了关于进行单元整体教学的一些想法和措施。

　　单元教学目标是确定单元作业目标、评价目标和活动目标的依据,是单元设计中的一个重要组成部分,也是完成单元整体教学设计的基础。在确定单元教学目标时,要以课程标准为引领,关注教材单元导语的提示、分析教材文本,同时依据学情,确定单元教学目标。

　　在单元教学目标的基础上确定的课时目标,应紧扣单元教学目标,让课文教学成为落实单元教学目标的一个具象化范例。从单元整体角度,让单元内的课文有机组合,形成合力,共同达成单元教学目标。

　　在进行单元教学目标设计时,也要关注单元写作目标的设计和达成,并让两者间建立必要关联。

本文作者:任逸枝

《新课标》视域下水平四足球大单元教学设计的研究

——以上海市新中初级中学为例

一、前言

（一）研究背景

《义务教育体育与健康课程标准(2022年版)》(以下简称《新课标》)指出:"体育与健康课程要培养的核心素养,主要是指学生通过体育与健康课程学习而逐步形成的正确价值观、必备品格和关键能力,包括运动能力、健康行为和体育品德。"体育与健康课程的教学要围绕运动能力、健康行为和体育品德三个方面的核心素养展开,而要达到培养学生核心素养的目的,就需要通过每节课聚焦于核心素养的教学的累积来实现。以往我国专项运动技能的教学几乎都是碎片化教学,采用的是不系统、不集中、不连续的教学,普遍的现象是相邻水平、学期、单元、课时之间没有阶段性、关联性、不可逆性、进阶性的结构化内容,更严重的问题是采用所谓"双教材"教学即在一节课中教两个运动项目的内容,导致运动技能学习的负迁移,无法使学生掌握和理解一项运动技能。《新课标》提出采用大单元教学,目的就是要改变这种教学状况。

（二）概念界定

《新课标》中对大单元教学的定义是指对某个运动项目或项目组合进行18课时及以上相对系统和完整的教学。同时,要加强课内外的有机结合,促进学生通过较长时间的连续学练,掌握所学的运动技能。避免把一个完整的运动项目割裂开来、断断续续实施教学,或在一个时间段内教授不同项目导致运动技能学习的负迁移。大单元教学既能使学生掌握所学项目的运动技能,又能加深学生对该项运动完整的体验和理解。

二、上海市新中初级足球现状

（一）课程开设现状

上海市新中初级中学(以下简称新中初)作为校园足球联盟校、静安区"紧密化集团办学体育一条龙人才培养"的龙头校,紧紧围绕"素质全面更身心健康,多元发展且学有所长"的学生培养目标,始终把学生的身心健康放在首位,高度重视校园足球特色工作的开展。做到夯实基础,落实普及,足球课程进课堂;注重结合,营造氛围,足球文化展特色;追求品质,加强提高,足球比赛结硕果。对足球课程的设置做到内容丰富、形式多样,除每周三节的体育课外还在六、七年级开设一节由专职教师授课的足球专项课,每周还有2~3天开展足球社团活动。

（二）学情分析

由于场地及师资等原因,新中初足球专项课目前只对男生开设,绝大部分学生具有一定的运动基础且对足球的运动兴趣高涨,主要是大部分学生都曾在小学阶段参与过校队训练、足球社团或其他与足球相关的活动,即得益于新中初对口的小学是足球特色校,其校园中乃至班级中足球运动氛围活跃,目前超过85％的学生已达到水平三的学业质量要求,可以继续进行水平四足球项目的学习。

（三）存在问题

上海自2017年实施"小学兴趣化教学、初中多样化教学、高中专项化教学",新中初的足球专项课不符合地方性教学要求,但是新中初校领导管理层根据学校的学生水平、师资配备、场地器材等条件前瞻性地开设新中初足球专项课程,依据《新课标》的课程性质及理念,这一课程的设置对绝大多数学校是有参考价值的,也是学科发展的趋势。

三、水平四足球大单元教学的设计思路

（一）学习目标

大单元学习目标是指期望学生通过大单元学习达成的结果。大单元学习目标要基于运动能力、健康行为和体育品德三方面核心素养设定,期望的学习结果实际上体现在核心素养发展程度方面。一般而言,大单元学习目标以设置三点目标为宜,即针对三方面的核心素养设置学习目标。如表1所示,水平四足球大单元学习目标基于运动能力、健康行为和体育品德三维核心素养设计。

表 1　水平四足球大单元学习目标

学习目标	1. 运动能力：掌握足球运动的基础知识和技战术，包括脚内侧传接球、脚背正面运球、射门、掷界外球、脚背内侧传接球、移动中接空中球/反弹球、抢断防守、1vs1 身体对抗运球过人/控球＋、3vs3/5vs5/8vs8 教学比赛及边路进攻战术、二过一战术、任意球/角球定位球战术，并能准确把握技战术应用时机；在班级展示或实战比赛中运用所学足球技战术完成得分，在比赛情境中具有观察判断后的应变能力；在运用和实战中发展速度和耐力，具备充沛体能，增强比赛能力；组织编排校内足球比赛并胜任裁判角色，能较为准确地运用专业术语对射门技战术进行评价。 2. 健康行为：积极主动地参与校内外足球活动，在不同部位的传接球、不同脚法的射门、组合技术和射门技战术学练中表现出积极向上、乐观开朗的学练态度，在足球对抗比赛中表现出较强的情绪调控能力，具有良好的团队协作能力及较强的抗压能力。 3. 体育品德：在足球对抗与比赛中形成正确的胜负观，体现出勇敢顽强、不怕苦难的意志品质，诚信困难、公平竞争的规则意识和团队协作精神

（二）教学重点和难点

大单元教学的重点和难点，顾名思义，是指教学的方方面面。大单元教学的重点和难点包括学生学习方面的重点和难点、教学内容方面的重点和难点、教学方法方面的重点和难点、教学组织方面的重点和难点等，所以，其不只是单个动作技术的重点和难点。如表 2 所示，水平四足球大单元学习的重点和难点从学生学习的重点和难点、学习内容的重点和难点、教学组织的重点和难点、教学方法的重点和难点四个方面并结合学情进行分析设计。

表 2　水平四足球大单元的学习重点和难点

学习重点和难点	学生学习的重点和难点：足球基本技战术的学习与应用；比赛中的攻防意识与团队协作；比赛或复杂情景的处理能力与创造力。 学习内容的重点和难点：在多种情景中应用脚内侧传接球、脚背正面运球、射门、掷界外球、脚背内侧传接球、移动中接空中球/反弹球、抢断防守、1vs1 身体对抗运球过人/控球＋及边路进攻战术、二过一战术、任意球/角球定位球战术，并在 3vs3/5vs5/8vs8 教学比赛中运用所学技战术得分。 教学组织的重点和难点：场地器材的合理使用、分组人数与每组练习场地的分配，教学比赛的组织与学生裁判的安排。 教学方法的重点和难点：选择技战术学习模式即在战术学习中同时学习技术，并采用合作学习、探究学习、自主学习、情景学习等学习方法激发学生顽强勇敢、积极进取团结协作等意志品质，落实"教学、勤练、常赛"，以赛代练引导学生在比赛或其他复杂情景中主动应用所学技战术，培养学生面对复杂综合知识的处理能力及创造力

(三) 大单元教学内容

大单元教学内容包括所教运动项目的基础知识、基本技能、技战术运用、体能、展示或比赛、规则与裁判方法、观赏与评价,这是一个运动项目相对完整的教学内容。大单元中主要教哪些内容是根据学生所处的学习水平、对大单元学习目标的贡献度、课时的多少等确定主要教学内容量。因此,教学内容就不能像以前理解的单个动作技术的教学内容,因为教学内容不仅是单个动作技术。水平四足球大单元教学内容是基于"目标引领内容",并落实"坚持健康第一""教会、勤练、常赛"等课程理念进行设计。如表3所示,本大单元的教学内容根据四大任务进行设计。

表3 水平四足球大单元教学内容课时分配

项目	建议课时	总计
① 脚内侧传接球/脚背正面运球＋射门＋掷界外球＋边路进攻战术	7	36
② 脚背内侧传接球＋移动中接空中球/反弹球＋抢断防守＋二过一战术	7	
③ 1vs1 身体对抗运球过人/控球＋3vs3/5vs5 教学比赛	6	
④ 跑位＋任意球/角球定位球战术＋8vs8 教学比赛	12	
⑤ 小赛季	4	

(四) 大单元学习评价

大单元学习评价是指对学生学习某一运动项目大单元后应评什么、怎么评,特别强调要结合教学内容,围绕运动能力、健康行为和体育品德三方面的核心素养,采用多样化评价方法进行大单元学习评价。如表4所示,本大单元的学习评价主要从体能、运动认知与技战术运用、比赛或展示、健康行为、体育品德等方面进行评价。

表4　水平四足球大单元学习评价

类别	内容				综合评分
体能	项目		50m	800/1000m	仰卧起坐/引体向上	
	单元初	测试成绩				
		分数				
	单元末	测试成绩				
		分数				
	进步幅度	测试成绩				
		分数				
	单项测定分数					
运动认知与技战术运用	类别	边路战术	二过一战术	任意球战术	角球战术	
	学习过程中记录3次成绩，取平均值					
比赛或展示	比赛类别	1vs1	3vs3	5vs5	8vs8	
	集体打分（赢＋2、平＋1、输＋0，MVP个人＋1）					
	规则类别	常见规则	比赛中担任裁判	组织比赛	比赛对阵表安排	
	个人评价打分					
健康行为	积极参与学习	运动中的安全意识	情绪调节	养成良好的锻炼习惯	

（续表）

类别	内容				综合评分
体育品德	遵守规则	比赛或练习中不放弃	正确的胜负观	团队协作	
附加分		总分			

本文作者：林　鹏

第三节　评议与反思

　　落实"双新"政策，其根本在于全面提高课堂的教学质量，保证学生课堂学习的实效性。由此，课堂的提质增效及教师的专业发展已成为我们不断努力和前进的方向。在此背景下，单元整体教学成为促进学生学习更适合的教学模式。从新中初级中学教师关于"单元整体"教学的探索角度看，一方面，教师注重单元主题，创设课时情境。在立足课标、基于学情的前提下分析教材和主题，结合不同的教学内容创设情境。对每个单元中呈现碎片化的板块和内容进行整合和设计。确保整个单元的话题既统一，又呈现梯度。教学目标层层递进，语言能力螺旋上升。另一方面，教师普遍注重巧妙运用资源，激发学习兴趣。充分利用图片、音频、视频等资源激发学生的学习兴趣，营造让学生感兴趣的学习氛围，让学生产生学习动机，提高学习效率。除此之外，我们还应基于具体能力培养，设计高效课堂。让学生在真实表现性任务的驱动下进一步运用所学新知进行交流和表达。此外，教师还注重通过合理的评价，引导学生多元性和持续性发展。但是，从总体上来说，学校对单元整体教学的探索还处于起步阶段，尚没有形成系统的改革成果，还需要进行持续思考。

第六章　评价与作业的改革与创新

对评价领域的改革是"双新"改革的重要领域。《义务教育课程方案(2022年版)》明确指出,要改进教育评价,"改进结果评价,强化过程评价,探索增值评价,健全综合评价""着力推进评价观念,方式方法改革"。近年来,随着教育评价改革实施方案的推进,如何建构契合时代发展和教育变革的评价体系,逐渐成为普遍关注的问题。通常而言,评价的改革是一项系统工程,其中作业的改革是一个重要领域,因为作业不仅是课程教学的一个重要领域,也是评价学生学习成效、促进学生学业质量提升的有效方式。基于这样的认识,新中初级中学在探索"双新"理念下的课程教学改革中,把评价领域的变革和作业领域的变革作为一个整体进行建构,试图通过两者的协同研究与探索,形成匹配"双新"理念的评价与作业改革之道。

第一节　对教育评价的整体认识

教育评价是教育的重要构成要素,是对教育活动及其现象作出的价值判断,发挥着导向、鉴定、改进、调控与服务等功能。长期以来,"唯分数"论一直制约着我国基础教育的发展,成为新时代教育评价健康发展的桎梏,亟待破解。近年来,围绕评价领域的变革,我国进行了一系列系统性设计和探索,其中"四个评价"的整体思路构成了评价改革的基本价值指导。

其一,改进结果评价。结果评价是以预设的教育目标为基准,对评价对象达成目标的程度,也就是最终学习结果、所取得的成绩或成就进行价值判断,通常表现为对学生学习成绩的评定,作为学生具备某种能力、获得某种资格、达到某种水平的证明。改进结果评价的关键在于"改进",现有的结果评价有不尽如人意之处,需要改进。我国目前主要采用标准化测试,通过考试的方式评价学生对学习内容的掌握,无论是中考还是高考,都是对学生一个阶段学习结果的量化判断,以知识考查为主,缺少对情境与真实性任务的考查,以所得成绩来推断学生的能力与水平,导致结果评价中出现"考什么教什么,教什么学什么"的现象,很多内容只有"是什么"的描述,缺少"为什么"的思考,这样的结果评价亟待改进。

其二,强化过程评价。过程评价是对教育过程中的教师、学生、教育活动等要素的表现与效果作出及时判断,具有针对性、实效性与动态性,旨在了解与判断教育的实然状况与发展态势,及时发现其中的成绩与问题,调节、规范教育活动的设计与进程,保证教育的整体质量提升,以实现立德树人根本任务。近年来,过程评价一直备受关注,这是破解"一考定终身"的强有力手段。强化过程评价并非忽视结果评价,过程评价本身也是兼具结果与过程双重价值取向的评价方式。通过过程评价,可以实现从"以知识为本"的评价向"以素养为本"的评价转变。① 过程评价是由近代课程发展而产生的评价理念。在将教育效果与既定目标比较的基础上,发现有些目标不可能在最后的评价中得以实现,只能借助过程来实现或评价,过程目标的核心是学生素质的全面发展,过程评价是对过程目标实现程度的判断。此外,过程评价应与教学过程相互融合,关注学生能力的生成与个性的发展,帮助学生意识到自身的不足与进步空间,使过程评价真正成为激励学生进步的手段,提升学生学习的信心。

其三,探索增值评价。增值评价作为一种前沿的教育评价方式,是通过追踪学生在一段时间内学业上的变化,考察学校或教师对学生学业成绩影响的净效应,进而实现对学校或教师效能较为科学、客观的评价。与横向比较的评价方式不同,增值评价是基于学生成绩变化能精确反映学生学业进步或退步这一假设,旨在判断评价对象的"过去""现在"与"将来"的变化状况,而非对某个时间点的成绩进行评价。增值评价在一定程度上体现了教育的可持续发展观,其核心是

① 但武刚.高师本科教育学教学"过程评价"的尝试[J].课程·教材·教法,2008(12):47-48.

人的可持续发展,教育不仅要满足人的近期发展需求,更要满足人的长远发展需求。

其四,健全综合评价。综合评价是对教育活动及其整体要素作出系统的价值判断。教育活动本身就是一个多元素、多层次、多方面相互融合的有机整体,只有各要素之间相互协调、密切配合,才能更好地实现教育目标。目前,基础教育的综合评价依然存在观照共性与发现个性之间的矛盾、精准量化与模糊描述之间的对立等问题,进一步健全综合评价体系与机制。随着综合素质评价的稳步推进,单纯知识与技能的评价方式正在渐渐改变,这是对核心素养导向教育变革的具体回应。综合评价可以扭转片面化的评价格局,消解以往偏重量化、等级评价的倾向,强化教育评价的激励功能,既关注学生的个性养成,又促进学生德智体美劳全面发展。在新一轮考试招生制度改革持续深化阶段,综合评价更是破除"唯分数"论、推进立德树人教育根本任务落实的关键环节。因此,健全"教育行政部门—学校—教育研究人员"多方主体的联动机制,共同推动综合评价在新时代教育评价中的常态化实施,对实现学生全面发展具有重要意义。①

上述分析呈现了新时代教育评价改革的基本思路,对教师而言,最为重要的是要在学科教学的过程中,特别是教学评价、学生评价的过程中真正贯彻落实"四个评价"的理念,结合学科教学的特点,探索富有价值的评价之道。

作业改革和评价改革在教育领域中都是重要的改革方向,它们之间存在密切的关系。作业改革和评价改革的共同目标是提高学生的学习效果和素养,促进其全面发展。作业是学生学习的一部分,通过作业改革可以更好地支持评价改革的目标,使学生在作业中得到更有意义的学习经验。评价改革强调从传统的考试评价向更多样化、综合性的评价方式转变。作业改革可以为这种评价方式的实施提供支持,通过设计更具挑战性和综合性的作业,促使学生在实际问题中运用知识,从而更好地反映其真实水平。作业通常是学生获取反馈的重要途径,而评价改革强调及时、有效的反馈对学生的学习至关重要。通过作业改革,可以设计更富有启发性的反馈方式,帮助学生理解自己的学习进展,促使其更好地调整学习策略。评价改革强调培养学生的综合能力,而作业改革可以通过设

---

① 朱立明,等.新时代教育评价改革的思考[J].中国考试,2020(09):57-58.

计促进学科核心素养培养的作业,更好地支持这一目标。作业不仅是知识的检验,还应能锻炼学生的批判性思维、解决问题的能力等。评价改革追求更加个性化的评价方式,强调考虑学生的个体差异。作业改革可以通过设计多样化的作业形式,满足学生不同的学习需求,促进个体发展。作业和评价的改革需要教学方法的协同。通过更加灵活和多样的作业设计,教师可以更好地实施多元化的评价方法,使评价更加全面、客观,同时激发学生的学习兴趣。总体而言,作业改革和评价改革相辅相成,共同构建了一个更加符合现代教育理念的教学和评价体系。通过统一思路和目标,学校和教育机构可以更好地推进两方面的改革,促进学生全面素质的提升。从这个角度出发,我们认为,可以从作业改革的角度入手进一步完善评价改革的体系,形成具有学校特质的改革之道。

第二节　教师的主题式行动探索

《新课标》视域下基于大观念的初中英语单元作业优化设计

一、引言

《新课标》对课程性质作了新的界定,提出发挥核心素养统领作用的课程理念,以及旨在培养和发展核心素养的英语课程理念。可见,围绕核心素养确定课程目标和理念,充分体现了当代基础教育发展从注重知识本位走向素养本位,从认知力走向胜任力。同时,《新课标》强调教师要认识到单元教学的整体性对实现学科育人的重要性,以单元学习完成后学生的核心素养综合表现作为单元教学的落脚点。这就要求教师要以核心素养为导向开展单元教学活动,设计科学合理的单元作业与之相辅相成,帮助学生架构起学科知识与核心素养之间的桥梁,"大观念"概念也因此应运而生。

那么,何为大观念?从学科本质角度看,它反映学科本质的核心知识、思想和价值,是从零散概念中统整或提炼出来的上位观念,将重要观念进行有意义联系,使之成为连贯整体。从课程内容角度看,大观念是联结教学内容的核心概念架构,是学科结构的骨架和主干部分,为课程内容的组织提供了有序框架。从过程与方法角度看,大观念是进行教学设计的核心与基础,是"统摄教与学过程的原则和方法"(王蔷等,2020)。

英语学科的大观念融合了语言大观念和主题大观念双重内涵,两者相互依存、互为补充。语言大观念是指学生在学习和使用语言的过程中,感知与体悟语言是理解和表达意义的知识结构、方法策略和学习观念。主题大观念包含在人与自我、人与社会、人与自然三大主题范畴中,为学习提供语境,并在学习内容中渗透情感态度与价值观。它是学生可以迁移到新情境中用于解决问题的关键能力、必备品格和正确的价值观的具体表现。

随着"双减"政策的实施和《新课标》的颁布,教师更应加强作业的合理分配和科学把控,切实做到减负增效,以《新课标》中所倡导的大观念理念为抓手,改变目前作业布置的弊端。例如,许多教师还未形成单元意识,布置的作业并没有考虑单元之间知识的内部联系,往往局限在单课时中;不注重对学生思维品质和文化意识的培养,作业内容过于机械化和片面化。长此以往,不利于教师专业素养的提升以及学生核心素养的发展。

二、基于大观念进行单元作业优化设计的意义

作业是课堂教学活动的延伸与拓展,它不但能检验和巩固课堂知识,更是检验教学效果和促进核心素养落地的利器。然而目前教师对单元作业的设计不够重视,存在以下误区和不足:缺乏主题引领,课时作业割裂分散;课时作业目标和单元作业目标不匹配;过于重视工具性,没有凸显育人价值等。大观念的提出不仅能解决单元作业设计缺乏纲领性统领、目标与内容碎片化、思维浅表化等问题,还能通过整合化和概念化作业,促进知识向能力、能力向素养的转化和迁移,才能真正完成对学生学习效果的检验和核心素养的落地。

(一)有利于培养学生的核心素养

《新课标》进一步指出核心素养是课程与人价值的集中体现,是学生通过课程学习逐步形成的适应个人终身发展和社会发展需要的正确价值观、必备品格和关键能力。其包含语言能力、文化意识、思维品质和学习能力四方面。大观念

作为落实核心素养的重要抓手,是链接课程内容和核心素养目标的桥梁,有利于实现内容、过程、价值的统一。

第一,大观念可以帮助学生建构知识间的联系,建构自己的知识网络。学生通过教师设计的作业进行单元知识间的梳理和整合,帮助学生理解知识的本质,在零散的知识间建立联系,形成单元的知识结构,为下一次迁移创造可能。

第二,大观念有助于在学生分析问题、解决问题的过程中提升其解决问题的能力,促进其终身素养的发展。学生必须在深入理解核心概念的基础上,在具体情境中纵向深化对学科知识本质的理解,再联系生活实际,甚至跨学科知识加以运用和迁移,从而生成新的认知结构、解决问题的思想和方法并树立正确的价值观。

（二）有利于提高教师的专业素养

大观念是一个相对概念,可以针对不同学科甚至不同人群。就教师而言,它是统领教学设计的核心理念。基于大观念进行作业设计,有助于教师打破传统的单语篇或单课时的教学瓶颈,从更上位的视角系统思考单元整体教学目标,促进教学、评价、作业和资源的一体化,提升作业质量和对单元课程的整体把握及系统设计能力,提高教学效率,从而促进教师专业素养的提升。

通过进一步探索基于大观念的单元作业设计,对教师与学生而言都是素养提升的有效方式。教师必须具备大观念意识才能看清全局,摸清教材中的脉络,为学生设计减负增效、符合学习目标的作业,并切实通过作业发展学生的语言能力,培育文化意识,提升思维品质和提高学生的学习能力,将学生的核心素养培育落到实处。

三、基于大观念进行单元作业设计的思路及案例

开展基于大观念的初中英语单元作业设计时,教师应将大观念的习得放在首要位置,以大观念作为桥梁和纽带,挖掘教材和语篇中所蕴含的内在关联和育人价值,完善单元整体育人功能。教师可以基于逆向设计的思路,从建构单元大观念出发,通过分析、重组甚至补充语篇,提炼主题大、小观念和语言大、小观念,确定单元大观念后再进行目标的制订及作业的设计。最后再通过多元评价,让核心素养在作业完成过程中具体化、可干预、可评价。

（一）研读语篇,确定单元主题与子主题间的联系,挖掘文化知识和价值观,寻找育人价值,提炼单元主题大观念

本单元"What can we learn from others"属于《新课标》"人与社会"范畴下的"文学、艺术与体育"主题群;子主题内容为"中外影视、戏剧、音乐等艺术形式中的文化价值和作品赏析",同时属于"人与自我"范畴下的"生活与学习"主题群,子主题内容为"自我认识、自我管理、自我提升"。

该单元包含三种类型的语篇,各语篇内容及其主题和主题意义如表1所示。

语篇	语篇类型	语篇主题	语篇内容	主题意义
The happy famer and his wife（HF）	记叙文	中外影视、戏剧、音乐等艺术形式中的文化价值和作品赏析	讲述农民一家拒绝仙女给予钱、房子和漂亮衣服作为愿望的童话故事	学习和感悟主人公对生活的态度和评价,思考自身对幸福生活的定义
Model students	对话	自我认识、自我管理、自我提升	胡老师要求学生投票选出班中模范生并请学生阐述理由	学习榜样,评价他人,不畏困难,提升自我
Learning from model students	应用文	自我认识、自我管理、自我提升	调查同学身上优点,并完成一份关于班级模范生的海报	发现身边同学的闪光点,向模范生学习

上表所分析的各语篇主题意义均围绕"向他人学习"展开,开启关于优良品质的主题探究。主阅读通过呈现农民与仙女的故事,引导学生向农民一家学习脚踏实地、勤劳努力的优秀品质。虽然经济条件贫困,但农民一家知足常乐,对生活充满了积极向上的态度。由此,我提炼出第一个主题小观念,"向文学作品中的人物学习,树立正确的价值观"。第二篇"Model students"通过胡老师班级选举班级模范生的课本情景,引导学生感知模范生的优秀品质,产生向他们学习的愿望。第三篇"Learning from model students"将单元主题与学生的现实生活相衔接,引导学生向班级模范生学习,找出他们克服困难的闪光点,进行同伴学习。由此,提炼出第二个主题小观念,即"向身边的人学习,不畏困难,勇于挑

战"。可见,本单元从童话故事到课本创设情景再回归学生身旁的同学,由远及近地深化向他人学习的精神,由此提炼出"向他人学习,反思自我,成为更好的自己"的单元主题大观念。

(二) 研读内容,梳理归纳服务于主题大、小观念的语言知识与技能、策略方法

语言大观念梳理主要从语言表达方式和语篇文体特征角度展开。首先,语言表达方式主要涉及描述优良品质与行为的词汇和表达方式,如 hard-working、never waste money、exercise regularly、never give up 等。语法上,要求学生理解并掌握 although 引导的让步状语从句对他人克服困难行为进行的描述。同时,在语篇文体特征层面,感知记叙文的"六要素"(when、where、who、what、why、how),运用具体事例支撑观点或主题句的学习策略等。综上所述,可以提炼出"运用描述优良品质及行为的相关语言表达,描述行为,分析品质,表达个人观点"。

(三) 基于主题大观念和语言大观念提炼单元大观念,并在此基础上,整体规划单元教学目标与课时学习目标

基于提炼出来的主题大观念,即"向他人学习,反思自我,成为更好的自己",以及语言大观念,即"运用描述优良品质及行为的相关语言表达来描述行为,分析品质,支撑观点",挖掘出单元大观念为:"善于向他人学习,客观评价他人的优秀品质,不断提升自我,成为更好的自己",并基于此制订和细化教学目标,整体安排课时目标。

(四) 立足单元教学目标与课时学习目标,根据学情,制订课时与单元作业

大观念下的单元作业应在大观念或主题意义统领下,凸显育人价值,关联知识、技能、思维及能力等多个层面进行整体设计,最终形成单元作业大任务。随后,教师以主题为纲,以单元大作业为任务线,设计由易到难的任务和环环相扣的作业内容,使主题意义的探究层层深入。值得注意的是,每一课时作业应有助于单元作业大任务的达成,指向单元作业大任务,并充分体现整体性、层次性、跨学科性、实践性等特征。下面立足学情,根据单元教学目标和课时学习目标,制订以下单元作业目标,并进行基于大观念的单元作业设计。

本单元作业目标：

1. 回顾课文内容，掌握并运用描述他人优良品质及行为的相关词汇和常用的表达。

2. 巩固重点句型 although 引导的让步状语从句的表意功能和用法。

3. 在听说活动中获取细节信息，谈论和评价他人的优点。

4. 运用记叙文"六要素"，梳理寓言类故事关键信息，掌握故事情节，理解故事背后的寓意。

5. 运用本单元所学语言知识，把握人物描写文章的内容、语言和结构。

6. 通过描写模范生的优秀品质和事例，反思自身，培养向他人学习的精神，树立正确的价值观。

（五）根据作业类型，思考作业反馈与评价方式，完成评价，给予反馈

作业评价是教学评价的重要组成部分，《新课标》强调评价活动应贯穿教与学的始终，大力推进"教—学—评"一体化的落实。因此，教师进行单元作业设计时，应根据作业类型，以核心素养为导向，设计多元评价方式，给学生及时的反馈，帮助其更好地进行自我诊断，调控自身的学习过程。采取评价主体多元化策略，改变传统的作业批改方式，将教师评价和学生评价相结合，甚至可以提供多元化的评价工具让学生进行自评和互评。例如，笔者在第 1 课时作业设计中，强调学生通过评价工具 Checklist 进行口语作业的自评。第 4 课时中，教师提供评价工具，指导学生对自身习作从结构、内容角度进行修改，也可以引导学生互相批改，促进学生的自主学习和自我发展。单元大任务是小组展示活动，我会邀请全班学生基于单元大任务活动评价量表对每个小组作业从内容、语言、展示效果、团队合作四个维度进行评价反馈。活动评价量表作为评价支架，帮助学生以更加全面、准确的角度去观察和思考，做出有理有据的针对性评价，在潜移默化中促进观察、分析、比较、批判等中高阶思维品质的提升，提高学生的核心素养。

四、大观念下的英语单元作业优化设计的实施原则

（一）提炼单元大观念，凸显育人价值

基于大观念的单元作业设计强调通过大观念的建构过程，将主题意义与语言两条明线凝结成一体，并深挖单元中的育人价值，将其融入作业设计中。教师

通过解读和分析各语篇及相关教学资源,建立单元内各语篇内容之间及语篇育人功能之间的联系,并结合学生的认知逻辑和生活经验,描绘具有整合性、结构化、发展性的单元育人蓝图,实现英语学科工具性与人文性的统一。例如,在第5课时作业中,笔者设计了两个关键问题,即"我们可以向谁学习"和"为什么要向他人学习"。第一问,引导学生根据各语篇总结学习的对象可以是艺术作品中的角色、父母、老师或同学、朋友,从而感受到向他人学习的魅力。第二个问题则通过思考向他人学习的意义,引导其领悟"反思自身,克服困难,成为更好的自己"的主题大观念,深化育人目标。

(二) 打通学科壁垒,建立学科与现实世界的关联

大观念统领下的单元作业设计,除了强调学科内知识的融合,更要求打通学科壁垒,体现跨学科性。《新课标》视域下,越来越强调学科间知识的融合,学生在完成作业的过程中通过深入思考、实际操作以及思维转换突破单一学科的束缚,从多学科出发,提高应对真实问题、解决问题的能力,指向深度学习。对学生而言,跨学科的大单元任务不仅更接近现实生活中的真实情境,并且更有利于调动学生的知识储备,激发出无限的潜能。例如,在上面的案例中,笔者创设作业情境,需要向自己的外国笔友介绍一个中国故事,设计"用英语讲中国故事"的小组展示作业,将中国经典文化融入英语学科中,实现语文、数学、历史与英语学科间的融合。

(三) 采用小步子循环的方式,形成结构化的系列作业

课时作业要基于单元作业以及单元大任务进行合理分配,教师要树立"小步子循环"的作业设计理念,在思考单课时作业与多课时作业之间序列性和进阶性时,遵循从学习理解到应用实践,再到迁移创新的能力培养,循序渐进帮助学生建构意义和内化知识,将所学知识、思想和方法用于解决实际生活情境中的问题。在案例中,每一课时作业都兼顾基础巩固性作业和拓展提升类作业,先考查学生对知识的理解与应用,再引导他们进行迁移和创新,体现作业水平从低阶到高阶的递进,并按课时序列不断螺旋式上升。

五、结语

以核心素养为导向,开展基于大观念的单元作业设计,是《新课标》理念在作

业设计方面深耕落地的重要方式。教师应根据不同学段学生的认知特点和学习需求,基于单元教学目标和单元作业目标,整体设计单元作业和课时作业,设计具有整体性、层次性、实践性和育人性的"四有作业",将学科核心素养的培养贯穿每一份作业,最终实现学科育人目标。

综上所述,通过设计基于大观念的单元作业,完成学科内知识的统整和联结,打通学科之间的壁垒,将知识与技能、方法与策略、教人与育人有机融合起来,为英语教育教学注入新鲜血液,为焕发全新的教育生命力提供新起点。

本文作者:林　洁

单元教学过程性评价的实践与探究

一、单元教学中过程性评价的缺失

《新课标》围绕学生核心素养的整体提升,提出语文课程教学要充分发挥语文课程评价的检查、诊断、反馈和激励功能,教师应把评价嵌入整个教学过程中,作为完整的教学活动设计的组成部分,引导学生进一步明确学习目标,看到学习成果,同时发现学习不足,明确改进方向。但是,在现实教学评价中,部分教师一味追求新奇,追求视角与思维的冲击力,对过程性评价的理解出现一定的偏差。单元教学是近两年的一个研究热点,针对单元设计的研究不在少数,但其中过程性评价的落实有待加强。单元教学中的过程性评价存在诸多问题,具体表现为缺少多元的评价方式、缺少对学生主体的关注、教师赞美用语的简单化和评价方法的简单化。

立足这一基本方向,我们需要从教学的整体过程出发,让语文课程的过程性评价贯穿教学前的有效预习、教学中的表现情况、教学后的调整完善,以及课后阅读的多元融合,在实际教学中达到更好的教学效果。《新课标》指出,学习任务群的评价指标应从四个方面入手,即学习方法的掌握与运用、学习的主动性和积极性、学习过程的合作与分享、学习过程的自我反思与改进。让过程性评价紧紧围绕"学生、学习、学科",定会彰显评价的魅力,促使学生的核心素养更有效落地、发芽。本文结合六下第四单元的单元设计,探究过程性评价在单元教学设计中的作用。

二、语文单元教学过程性评价维度

结合文学阅读与创意表达任务群的价值与定位,力求引导学生围绕不同的主题阅读多样的文学作品,从语言和形象等视角鉴赏、评价文本,持续积累审美体验,提升审美能力和品位,创造性地开展文学作品创作、交流、研讨等读写活动,表达自己对自然、社会、生活的个性化思考。

在语文单元教学中,过程性评价是促使学生全面成长的关键要素之一。从学习态度、学生参与和核心素养三个方面来分析单元教学过程性评价,有助于更好地将评价融入教学过程中,从而实现学生的综合发展。

(一) 学习态度

学习态度是学生心态的体现,它直接影响着他们对学习的投入程度和学习效果。在单元教学中,过程性评价可以通过观察学生的学习态度来评价。教师可以关注学生是否对学习充满热情,是否自觉完成学习任务,是否愿意积极参与课堂讨论等。通过课堂观察和访谈,教师可以获取学生的学习态度信息,进而为他们提供积极的反馈和鼓励。如果发现学生学习态度不积极,教师可以与学生进行沟通,了解原因,并帮助他们树立正确的学习态度。通过持续的过程性评价,教师在教学过程中引导学生形成积极的学习态度,从而提升他们的学习效果。

(二) 学生参与

学生参与是教学活动中的关键环节,它反映了学生在学习中是否发挥主动性和积极性。通过过程性评价,教师可以深入了解学生的参与程度。在课堂中,教师可以观察学生是否积极回答问题、参与小组讨论、提出问题等。同时,教师还可以设计任务,鼓励学生合作完成,进一步促进他们的参与。过程性评价可以及时揭示学生的参与情况,帮助教师调整教学策略,更好地满足学生的学习需求。通过激发学生的参与,教师可以培养学生的自主学习能力,提升他们的学习动力和兴趣。

（三）核心素养

核心素养是培养学生全面发展的关键,它包括批判性思维、创新能力、人际沟通等方面。过程性评价有助于评估学生核心素养的发展水平。在单元教学中,教师可以通过课堂讨论、小组合作、作业评价等方式,了解学生是否具备批判性思维,是否能够创新地运用所学知识,是否具备有效的人际沟通能力。例如,在语文课堂上,教师可以设计让学生自主提出问题、分析问题的环节,培养他们的批判性思维。通过过程性评价,教师可以发现学生核心素养的弱点,并为他们提供有针对性的辅导和训练,以促使他们全面成长。

综上所述,过程性评价在单元教学中发挥着重要的作用。从学习态度、学生参与和核心素养三个方面来看,过程性评价不仅可以帮助教师了解学生的学习情况,还可以引导学生形成积极的学习态度,提升他们的参与度,培养核心素养,从而实现更全面的教育目标。教师可以通过恰当的评价方法和策略,将过程性评价融入教学中,使之成为学生发展的强大推动力。这种以学生为中心的评价方式,将有助于培养具有创造力和批判性思维的优秀人才。

三、语文单元教学过程性评价的实施路径

（一）确定单元学习目标和核心任务

本文选取六年级下学期第四单元为例,这个单元所选的课文都是短篇小说,包括《桥》《穷人》《金色的鱼钩》在内的 3 篇课文。在简短而曲折的叙事中表现出作者深刻的洞察力和对社会人生的深切思考,围绕人性的光辉,通过描写不同社会背景不同处境下人物的做法,给学生以情感上美的体验。要引导学生在学会欣赏、品味作品语言和形象的同时,感受人物伟大的精神世界和人格力量。

《新课标》第三学段目标明确要求:(添加)将这些素养目标具体落实到本单元学习中,结合任务群要求,单元目标从文学阅读和创意表达两个大的纬度入手,设计以下几个阶段。

1. 乐识。了解小说的一般特点,感悟虚构的小说故事所反映的特定社会生活;学会梳理小说的主要情节,能分析故事情节设置的悬念和伏笔。

2. 善品。品味叙述和描写的语言,体会重要的语句和富有表现力的语言,感知人物形象,并感受人物伟大的精神世界和人格力量,认识生命的价值。

3. 多表达（多种方式、创意表达）。

（二）以单元目标导向设计过程性评价任务

基于以上单元目标，教师要设计好学习推进环节，设置好相关学习活动，并将其与评价相结合，从评价中逐步加深教学目标的落实。过程性评价的落实也有助于学生在各学习阶段更有方向地学习，并尽可能地采用量表等方式，规范评价标准，厘清评价指南，让评价过程可视化。例如，根据本单元"乐识"教学目标，在预习环节中设计如下学生活动，并根据学生活动设计即时即效的评价标准。

学生活动 1：通过交流、查阅资料等方式搜集小说故事。

学生活动 2：分享自己听到或看到的小说故事，在倾听中梳理和比较，初步感知小说故事的虚构、悬念、伏笔。

学生活动 3：试着梳理主要情节，从不同角度讲述小说故事，体会情节的跌宕起伏与扣人心弦。

【评价表 1】

评价方式	评价内容	评价标准（8分以上为优秀，6~8分为良好，6分为合格）	自评（1~10分）	他评（同伴）（1~10分）
过程性评价	小说分享会	能主动分享并简单交流自己感兴趣的小说故事		
		能梳理主要情节，能讲述人物在其中的关键描写，初步感知人物形象		
	小说文学会	能厘清小说的一些特征，表达小说情节的曲折和跌宕起伏		
		能自觉梳理小说相关文学知识，用表格、思维导图等方式表述		

（三）学生主体参与过程性评价的制订及实施

教学中学生主体参与过程性评价的制订与实施是教育中的重要环节。它不仅有助于提高评价的准确性和公正性，还能促进学生的学习动机和自主学习能力。学生是学习的主体，他们对自己的学习情况和需求了解最为清楚，因此他们参与制订和实施过程性评价能增加自主性和责任感；能使他们更加关注自己的学习过程和成果,从而培养自主学习的能力;能提高评价的准确性,学生自己提供真实的学习反馈和意见,有助于评价工具的改进和优化,从而使评价更准确地反映学生的实际情况;能促进合作与反思,学生之间和学生与教师之间的合作,能促进信息共享和互助学习,同时也鼓励他们对自己的学习进行深入反思。

在本单元设计中,我们可以通过尝试如下几种方式来考虑学生在过程性评价中的主体地位。(1)学生评价小组。在课堂中组建学生评价小组,让小组成员负责制订评价标准、设计评价工具,并对同伴进行评价。这可以促进学生合作、沟通和批判性思维。(2)撰写反思日志。要求学生定期撰写反思日志,记录他们的学习过程、困难和改进计划。教师可以定期查看这些日志,以了解学生的自主学习情况。(3)学生互相自评。引导学生学会自我评价,让他们定期回顾自己的学习成果,识别自己的优势和需要改进的地方,并提出具体的改进计划。(4)评价工具设计竞赛。组织评价工具设计竞赛,鼓励学生提出创新的评价方法和工具,从而增加他们的参与热情。

在实施这些做法时,需要教师充当引导者和支持者的角色,为学生提供指导和反馈,同时也要给他们充分的自主权和责任感。通过这些方法,可以有效地让学生参与过程性评价的制订与实施过程,从而促进他们的学习动机和学习质量的提升。

(四) 过程性评价贯穿教学的前中后过程

教学中详细量表、跟踪评价,教学后的评价也至关重要,落实教学后的评价才能使评价贯穿整个教学过程。教师可以根据评价指标,对学生的作品进行评价,并为每个指标设置不同的评价等级。这样的评价量表可以帮助教师更客观地分析学生的表现,并提供具体的反馈意见,帮助学生在创意表达中不断进步。

通过这样的实施策略,教师深入了解学生在创意表达中的能力和表现,为学生提供个性化的指导和反馈,从而促进他们的语言文字运用和表达能力的全面提升。本单元三篇主要的课文学习结束后,单元活动围绕“创意表达”,着重关注学生的语言文字运用与表达能力,具体学生活动设计为根据情景写一篇小说。可以由学生自主设计小说问题清单,师生共同协商制订如下:

1. 构成这个故事的要素是什么?

2. 所确定的故事的主人公是什么样的形象? 故事又想表达什么?

3. 这组环境与人物的修饰语和故事情节之间有怎样的联系?

4. 这些要素之间的联系,对整个故事主题的表达又如何发挥作用?

5. 我创编的故事是否有情节的起伏?

6. 在情节的起伏中,对人物的描写是否较为细致?

根据这一清单内容,给学生三个可参考的情景,并设计单元核心人物评价量表。量表需要标明评价指标,设定评价方式。

项目	写作内容	评价标准	自评 (1~10分)	他评 (1~10分)
写作能力	语言运用	语言规范,对人物和环境进行适当描写		
	情节素材	情节清晰,起伏和高潮,吸引读者		
	篇落组织	按照一定的顺序把事情写清楚,每段中心明确,有详有略		
	主题表达	故事传达明确的主题或情感		
写作情态	习惯养成	留意生活中发生的成长小事,用文字记录;遇到写作困难之处主动记录,尝试克服		
	注重规范	文中选词用句、标点符号符合规范;书写规范,页面整洁		
	分享修改	互评习作,采纳他人的修改意见		
总体评估		(1)叙事写作时能根据设定的环境与人物,合理联想与想象,充实情节;(2)运用多种描写方法塑造人物形象,表达自己的情感或主题;(3)能记录写作过程中遇到的困难或有趣经历,以及自己的心情变化		

四、过程性评价实施策略

《新课标》明确提出:过程性评价重点考查学生在语文学习过程中表现出来的学习态度、参与程度和核心素养的发展水平,应广泛收集课堂关键表现、典型作业和阶段性测试等数据,体现出多元主体、多种方式的特点。单元教学的过程性评价是培养学生语言表达、阅读理解、写作等语文能力的重要手段。为了更全面地评价学生的单元学习水平,过程性评价要包括课堂教学评价、作业评价和阶段性评价三个方面,要涵盖教师对学生的评价、学生间的自评、学生自身的评价三个维度。

（一）教师对学生的评价

教师在语文过程性评价中扮演着指导者和引导者的角色,他们可以从专业角度评价学生的表现,为学生提供有针对性的反馈和建议。

书面反馈:教师可以针对学生的写作、阅读理解等作业,提供详细的书面反馈,指出学生的优点和需要改进的地方。口头反馈:在课堂上,教师可以就学生的发言、阅读表现等给予实时的口头反馈,鼓励学生积极参与课堂讨论。个别指导:针对学生的不同需求,教师可以提供个别指导,帮助他们克服难点,提升自己的语文能力。

（二）学生间的自评

学生间的自评能培养他们的自我认知和批判性思维,同时也促进他们在语言表达和评价能力方面的发展。学生可以与同伴交换作业,进行互评,评价对方的作文、口头表达等,从中发现彼此的优势和改进空间。在小组内,学生可以共同讨论课文、文章,分享对内容的理解和感悟,激发彼此的思维火花。

（三）学生自身的评价

学生自身的评价有助于培养他们的自主学习和反思能力,提高他们对自己学习情况的了解。例如,学习日志,学生可以定期记录学习日志,总结自己的学习进展、遇到的问题以及改进计划,从而培养自我反思的能力。设计简单的自评表,让学生在完成任务后自行评价自己的表现,指出自己的亮点和不足。

在语文课堂教学中,可以包含教师评价、学生间的自评和学生自身评价。在写作任务结束后,教师首先对学生的作文进行评价,提供具体的修改建议。接下来,学生交换作文,互相进行伙伴互评,指出对方作文中的优势和有待改进的地方。最后,学生重新审视自己的作文,根据教师和同伴的反馈,进行自我评价,思考如何改进。

通过这个过程,学生不仅获得了专业的教师反馈,还通过互评和自评培养了批判性思维、自我认知和自主学习能力,从而全面提升语文素养。同时,这种多元评价方式还能减少单一评价标准带来的主观性,更准确地反映学生的实际水平。

本文作者:李子萱

"双减"背景下初中语文课外作业优化设计研究

　　作业是教学过程中至关重要的一环,是对课堂教学内容的巩固与延伸。顾明远教授曾说:"进入信息时代,教师角色应由传统教育的知识传授者转变为教育的设计者、指导者和帮助者,成为与学生共同学习的伙伴。"所以,语文教师应重视作业设计,认真研读《新课标》,吃透7～9年级的教学内容与要求,科学合理地设计作业。并且,在"双减"背景下,针对学生完成语文课外作业时所呈现出来的问题,我们要优化课外作业设计,运用多元智能理论,坚持有目标、成系统、有指导、能实践和有分层的原则,丰富语文课外作业形式,提升学生语文学习兴趣,凸显学生主体地位,实现学校育人目标。

一、初中语文作业存在的问题

(一) 作业态度消极

　　学生对家庭作业态度消极,缺少动力,被动学习。有的基础知识不扎实,好的学习习惯未养成,在过往的学习中信心不足,畏惧学习,厌倦学习,学习成为沉重的负担,作业拖延不愿完成。

(二) 作业目的不明确

　　有些学生认为作业是教师布置的,完成即可,至于为什么完成作业,从未思考。因此,做作业敷衍、应付,甚至抄袭作业,为了完成而完成,被迫成分居多。这样完成的作业质量堪忧。

(三) 家庭教育理念有问题

　　相对全国而言,上海生活节奏较快,家长压力大,无余力关注孩子学习。比如,笔者所教班的家长离婚率较高,父母分担的责任较低,孩子处于感情的夹缝中,缺少关爱,欠缺亲人的陪伴与监护。家长想要孩子成绩优异,但孩子付出努力感到辛劳时,家长就很心疼。比如,孩子写作业碰到困难,个别家长解决的方式是代替孩子写作业。不规范孩子的学习习惯,却在作业量上纠结。久而久之,孩子做作业失去意义。

（四）教师优化作业设计能力弱

教师优化作业设计、实施和评价的能力存在问题。比如，作业布置存在一定的随意性，没有针对性；作业内容的布置未体现分层，内容和形式设计单一。在评价过程中，没有做到第一时间批改，作业反馈缺失及时性。作业问题反馈方面，未真正针对性地逐一反馈，使作业反馈在一定程度上流于形式，作业设计价值大打折扣。

二、"双减"背景下初中语文课外作业优化设计策略及建议

语文具备工具性和人文性双重特点，在"双减"背景下，作业设计旨在减轻学生的作业负担，减少作业时间，消除学生写作业时带来的抵触情绪，规避作业难度大所引起的挫败感及习得性无助心理、焦虑情绪。同时，教师要以促进学生语文核心素养为出发点和落脚点，"课业质量是学生在完成课程阶段性学习后的学业成就表现，反映核心素养要求。""核心素养是学生通过课程学习逐步形成的正确价值观、必备品格和关键能力，是课程育人价值的集中体现。义务教育语文课程培养的核心素养，是学生在积极的语文实践活动中积累、建构并在真实的语言运用情境中表现出来的，是文化自信和语言运用、思维能力、审美创造的综合体现"。良好的作业设计应实现上述价值。在设计作业时，要明确作业设计目标，严格控制作业数量，精选作业内容，丰富作业形式，合理安排不同类型作业的比例，增强作业的可选择性，做到作业更有层次性，突出语文学习的人文性，实现语文作业的多样性和实践性。

（一）策略

1.作业设计目标

语文教师是作业的设计者，在学生完成作业过程中是指导者和帮助者，还是批改和统计分析作业的主要承担者，在作业系统中处于主导地位。作业设计的第一步是明确目标，包括两个方面，一是课程标准的要求，二是具体的教学目标。教师首先应深入研读《义务教育语文课程标准（2022年版）》，对规定的语文课程性质、基本特点、核心素养、学习任务群和初中阶段部编语文教材有清晰的认知。明确作业

的方向,并就此展开作业设计,这样的作业才是重点突出、有效的作业。其次教师应围绕教学目标设计作业,作业的目标应和课堂教学目标一致,确保作业内容与当天教学内容相联系,还要对作业形式、数量、难度等内容进行整体思量和把控。避免随意布置作业,使学生练有所得。具有计划性、针对性、系统性的作业能帮助学生更有效、全面、系统地获取知识和锻炼技能,提升学生的语文能力。

切实减轻学生作业负担,优化学校作业管理,可以尝试运用后"茶馆式"教学微方法。"后'茶馆式'教学微方法,针对某教学情境、教学环节、教学内容或教学对象,创造性地解决教学细节问题的方法称为教学微方法。"个性化分层布置作业,让作业更有针对性和成效性。优化初中作业设计理念,努力提高教师作业设计能力,提升作业质量,把作业管理全面落到实处。

2. 作业设计原则——突出多样性和实践性

学生是学习的主体,"双减"背景下的作业设计也要体现这一点。作业形式多样化,内容丰富,贴近生活实际,体现实践性,充满开放性,这样的作业,学生更愿意参与和探究。语文作业的内容应是丰富多彩的,语文作业的形式应是多种多样的,除了书面作业以外,还可以与听、说、读、写、演等训练形式全面结合起来,设计课本剧表演、课文改写、实地调查与访问等多种形式,逐步实现作业的多元化。既要有基础型、练习型作业,又要有拓展型、创新型作业。可以是"今天做明天交"的模式,也可以是长期作业。长期作业具有自主探究、交流合作等特点,以专题性或研究性作业为主。比如,学生在课堂上讨论了鲁迅怀念藤野先生的原因,课后可让学生探讨对课文、鲁迅或小说这一体裁的认识,给学生一定的自由和时间去独立思考和整理学习成果,时间跨度可以是两周或一个月。个人作业和小组合作作业相结合,单科作业和跨学科作业相结合,教师布置作业和学生布置作业相结合。学生通过完成多元化作业,能在语言、思维、审美、文化等方面得到提升和发展,从而提高自身语文综合能力。

语文在生活中无处不在,语文学习要注重语文和生活的联系,教学中要努力体现语文课程的实践性和综合性,这样学生才能学以致用。作业与生活相联系,一方面有利于学生理解和掌握知识,让他们有机会在真实的情境中解决问题,实现知识的运用和迁移,另一方面有利于拓展、延伸学生的学习空间和渠道。教师通过语文作业把学生引向家庭、社会和生活,突出作业的实践性。上海是国际性大都市,国际友人众多,民俗文化多姿多彩,教师可引导学生利用好书本以外的语文资源。学生通过上网、实地调查与访问,对本地民俗文化进行全方位、多角度了解。然后在课堂上进行图文展示、视听欣赏,让学生感受本地区的文化气息,培养乡土情怀。学校举行校园艺术节以及市级、区级活动时,可布置写新闻的作业,让学生报道相关实况,使他们更直观地感受新闻。

统编版七年级上册第二单元的人文主题是"亲情"。《秋天的怀念》表现了史铁生对母亲深切的怀念与追悔之情,《散步》表达的是子孙三代人传承中华美德、勇担责任与使命的亲情,《陈太丘与友期行》表达的是儿子维护父亲的情感。学完这些课文后可举办一次以"亲情"为主题的场景剧,要求剧本必须符合本次展演主题要求,可单场、多场,也可两人或多人,配乐或不配乐。

场景剧节目的设置,既是对国家"双减"政策的积极落实,也能培养学生语文核心素养,锻炼学生的语言运用能力、审美创造能力。经过本次活动,学生不仅用表演再现了亲情,也用文字表达了对亲人的爱。

3. 作业设计原则——突出作业的个性化和层次性

每个学生都是独特的个体,学生之间存在兴趣爱好、学习基础、认知能力等方面的差异。全班学生做同样的作业,无法满足每一个学生的学习需求,也会引起部分基础薄弱学生的焦虑。因此,教师在作业创新设计中,要坚持以学生为主体,结合学生的实际情况,突出作业的个性化和层次性。分层作业可以让学生在自己的"最近发展区"得到发展。后"茶馆式"教学中分层作业布置的教学微方法,在调动学生的学习积极性方面,作用显著。

（1）分层作业

每个学生因其学习基础、认知能力的差异,对知识的接受、理解和消化能力也不同,语文素养差异较大,全班都布置一样的作业,势必会造成优等生"吃不好"、中等生"吃不饱"、基础薄弱学生"吃不下"的现象。因此,语文教师要意识到这种差异给作业设计带来的挑战,设计分层作业,以满足不同层次学生的需要。对基础薄弱的学生,侧重于设计积累识记类作业,在后"茶馆式"教学中称为"基础作业"。例如,记忆新学知识、背诵课文,训练学生收集和记忆信息的能力,学生完成这些作业也不会存在很大困难。对大部分中等程度的学生,他们的基础相对较好,"基础作业"可以免去,应集中精力完成中等难度的作业,在后"茶馆式"教学中称为"整体作业"。侧重于设计理解探究、实践体验类作业,如归纳整理本课学习过的文言文常用虚词、写日记,训练学生灵活运用知识、独立思考和探究的能力。对学有余力、素养高的学生,侧重于设计读写结合、知识重建类作业,训练他们的高阶思维、读写共生的能力,在后"茶馆式"教学中称为"荣誉作业"。

分层作业既能巩固课堂知识,又能发挥学生的实践能力和自主探究能力,还能锻炼高阶思维能力。

教师在设计分层作业时,对快速掌握知识的优等生,要减少其基础性作业量,让他们有更多的时间和精力去完成拓展性、探究性、综合性作业,由于这部分作业难度较大,只要学生认真做了,就应给予鼓励,适时进行充分肯定。对成绩较差且不认真完成作业的学生,应深入挖掘其背后的原因,悄悄提醒他们做"基础作业",尊重他们的自尊心,适当增加基础性作业量,并及时表扬,其他非基础性作业可不做。这样才能保证不同层次的学生都愿意做语文作业,减少厌学、抄袭,甚至焦虑的现象,让不同层次的学生通过挖掘自身潜能摘到自己的"果子"。

比如,以统编语文教材七年级上册课文《世说新语》二则为例进行作业分层设计:

基础作业:(1)将课下注释中的词语及意思写两遍,书写工整,以练字和识记字形、字义为目标;(2)摘抄并背诵课文中的对话。

整体作业:(1)朗读古代常见的敬辞与谦辞,并尝试背诵;(2)总结文中的文言文特殊句式,如省略句。

荣誉作业:发挥合理想象,给故事续写结尾。元方入门不顾之后,友人何去何从?陈太丘回来后,又做了什么?不少于200字。

在上述作业设计中,基础作业重在引导学生积累语文基础知识;整体作业在积累的基础上引导学生进行总结与运用;荣誉作业围绕"读写共生"理念,引导学生在比较阅读和深度赏析的基础上开展写作。荣誉作业不容易得到,得到后需要通过一定努力才能完成,完成后获得征服感的愉悦。学生在完成作业的过程中,既达到了教学目标,又发展了学生的个性与自主性。

将作业布置的内容调整顺序,设置一些必要环节,也能调动学生的学习积极性。比如,基础作业,尤其抄写作业,基础与能力较强的学生,无须多次巩固。教师先进行学校默写考查,批改后在钉钉家校群表扬学校默写全对的学生,并注明免去抄写作业。相较于之前的全班全员完成抄写再默写考查而言,会有更多学生在第一遍读写的过程中,用心识记,做到手、脑、心高度合一。也可在免基础作业中,让更多学生的精力倾注在整体作业上,甚至有精力争取"荣誉作业",从而提升学生的学习能力。这是对后"茶馆式"教学的解读与运用。后"茶馆式"教学方法受众很广,因为它的教学方法符合教育发展总趋势,也是"茶馆式"教学的本质:教育要走向合作,教育要走向对话,教育要走向学习共同体。

（2）个性化作业

个性化作业是根据学生的兴趣爱好、个性特点来进行设计的,与我国古代教育家孔子、朱熹的"因材施教"教育思想相契合。学生可根据自己的特长选择完成作业的形式。这些形式无优劣之分,目的是最大限度地调动学生的积极性,发挥他们的潜能。完成这样的作业,学生一般不会产生抵触情绪,也没有心理负担,会通过作业把自己最好的一面展现出来。

统编语文教材七年级上册第二单元第七课《散文诗两首》包含两篇文章,分别是泰戈尔的《金色花》和冰心的《荷叶·母亲》。学完这一课后,可给学生布置个性化课后作业:

朗诵功底好的学生,可以用配乐朗诵的形式来展示散文诗的内容;

有写作功底和表演才能的学生,可以组成一个小组,一起合作,把课文内容编排成课本剧,用这种形式来表达自己对《金色花》或《荷叶·母亲》的一种理解;

有音乐特长的学生,可以自己创作旋律或配曲演唱其中一首散文诗;

有绘画特长的学生,可以用画的形式来表现散文诗的内容;

在书法上有造诣的学生,可以用书法的形式书写散文诗的内容。

总之,可根据学生的特点对同一篇课文设计出多种形式的作业。这样的作业是依据学生的兴趣爱好和个人特长来设计的,提供了多种作业形式供学生自主选择。个性化作业给学生提供了展示自己特长的舞台,挖掘了潜力,因此他们乐于完成,而且是高水平、高志趣地完成。

在完成个性化作业的过程中,学生的个性能得到最大限度发挥,每个学生都能在作业中体验到成功的快乐。因为是自己最擅长的,他们就能做出自己最好、最出色的作业,这又在无形中培养了学生对学习的自信心。做自己喜欢的事,学生就会全身心地投入,此时的作业对他们来说不再是负担,而是享受。

(二) 作业评价建议

作业评价是过程性评价的重要组成部分,作业设计是作业评价的关键。教师要以促进学生核心素养发展为出发点和落脚点,精心设计作业,做到用词准确、表述规范、要求明确、难度适宜。要合理安排不同类型的作业比例,增强作业的可选择性,除写字、阅读、周记、练笔等作业外,还应紧密结合课堂所学,培养学生自主学习和综合学习的能力。随着学段升高,作业设计要在识记、理解和应用的基础上加强综合性、探究性和开放性,为学生发挥创造力提供空间。教师要严格控制作业数量,用少量、优质的作业帮助学生获得典型而深刻的学习体验。教师要认真批改学生作业,针对学生素养水平和个性特点提出意见,及时反馈和讲评,激发学生的学习热情,保护学生的自尊心,尊重学生的个性差异;要对学生作业进行跟踪评价,梳理学生作业发展变化的轨迹,及时反馈不同阶段作业质量的整体情况。

"双减"背景下,初中语文作业内容的优化设计,具有重要的价值和意义。作业是检验教师教学能力及拓展学生思维能力的工具。优秀的作业设计,可以更好地实施因材施教,更好地为学生健康学习赋能。但是,在"双减"背景下,一线教师也是探索者与研究者,作业设计在渐趋完善。于漪老师说:"一辈子做教师,一辈子学做教师。"是的,教师从事教学是一场充满探索的潜心旅行。

总之,教师应根据学生的不同特点布置更适合学生的作业,让学生乐于完成、高质量完成,做出优秀的作业,展示更出色的自己。从而激发学生的学习兴趣,提高学生的学习能力。

本文作者:邱秀云

初中体育作业的创新设计与实施

一、当前初中体育作业设计实施中的问题

"双减"政策出台后,初中体育课程迎来了重要的发展契机,体育家庭作业也被提上了新的高度。深入开展体育家庭作业可以使"双减"政策进一步落地,也符合《新课标》的要求,实现学生体育核心素养的新突破。

（一）积极响应"双减"政策的实施

"双减"政策实施后，在一定程度上缓解了学生作业和培训负担，使学生有了更多的时间和精力去参与体育活动，开展体育家庭作业也具备了很好的客观条件。以往学校体育课在某种程度上属于"小三门"，体育家庭作业更处于"空白"期，不受家长和学生的重视。但是，在"双减"政策的要求下，家庭体育迎来了新的发展热潮，许多中小学开始积极设计和探索体育家庭作业路径，但大都在"摸着石头过河"。因此，如何设计、布置、上交和反馈体育家庭作业？如何做到"作业减负、运动增量、体质增强"？迫切需要一线体育教师进行深入探究和开发。

（二）符合初中体育课程《新课标》改革的迫切需要

教育部《关于进一步加强中小学生体质健康管理工作的通知》提出，中小学生每天要保障两小时体育活动时间，包括校内和校外各一小时，明确体育家庭作业制度。上海的《关于进一步减轻义务教育阶段学生作业负担和校外培训负担的实施意见》明确提出，要布置适量的思考性和锻炼性的课外作业。另外随着"学、练、赛、评"和"教会、勤练、常赛"一体化的实施，迫切需要通过开展体育家庭作业来实现"课上教、课后练"的目的。

（三）家校联合促进学生核心素养的实现

随着教育改革的不断发展，教师、学生和家长都对体育家庭作业的呼声越来越高。体育课是一门以身体练习为主要手段的课程，在课上教师教授的内容包含健康知识、基本运动技能和专项运动技能，但这些需要利用课后的巩固练习才能真正掌握。另外，体育家庭作业不仅有助于增强学生的身体素质、机能水平和心理健康，而且有助于终身体育意识和学生核心素养的提升。

二、影响学生作业质量的因素分析

（一）作业布置内容单一

初中阶段的学生需要参加体育中考，而考试内容则以体能项目为主。教师设置的课堂教学内容和作业内容过于单一，把完成体育中考的要求看作是教学目标，导致学生不喜欢体育课，并且对体育作业完成也感到枯燥无味。以中考为目的的练习，既不注重学生的全面发展，也脱离了《新课标》理念下学校课程教学的要求。

（二）作业完成消极

有些学生认为,体育作业的内容和形式十分无趣,可有可无,没有自由发挥的空间。目前的作业内容无法充分调动学生的积极性,导致学生仅以完成体育作业为目的,缺乏主动性和积极性。

（三）作业反馈不合理

《新课标》理念下,体育教师应充分利用体育作业的评价考核来反馈学生的完成情况。单纯根据结果对学生进行评价,不仅难以评定学生在参与过程中的表现,还容易使学生产生消极情绪。现在的体育作业缺乏对学生参与态度、体验乐趣、阶段进步等方面的评价。

三、思考初中体育作业的革新

有趣、多角度、多维度的体育作业才能激发学生的运动意识,也是《新课标》理念下体育课程改革的方向。初中体育作业的创新要坚持以学生为主体,鼓励教师、家长协同参与。为提高学生的体育锻炼兴趣,上海市新中初级中学以创新体育作业设计为抓手,展开研究,重新设计了"特色体育作业"。

（一）理念特征

"特色体育作业"是围绕天天锻炼,健康成长,终身受益展开的。围绕内容形式游戏化、兴趣多样化、贴近生活化、教学内容延伸化、过程陪伴化、引导科学化和考核评价多样化设计的。完成体育作业的过程既可以是同伴合作,也可以是师生协同,更可以是亲子互动完成,提高学生的参与积极性,培养学生的终身运动意识。同时,"特色体育作业"创新了评价机制,从参与记录、成绩评价、游戏比赛等方面对学生进行过程性评价。

（二）实施原则

1. 身心发展原则

良好的身体素质是学生学习和生活的基础,体育作业设计应符合青少年的成长规律和特点,即遵循身心发展原则。体育与其他学科最大区别在于,它是由身体运动发展而来的社会活动,而有效的体育作业才是提高学生活动参与程度的有效途径。

2. 多样化原则

在"特色体育作业"的设计过程中,学校在注重趣味性的基础上也考虑到时间、场地、器材等因素。"特色体育作业"符合全员参与的条件,多样化的选择使每个学生都能有适合自己的运动项目。

3. 持之以恒原则

学校体育教育的根本任务是立德树人,教师要参与并督促学生运动,让学生养成"每天课外体育锻炼 1 小时"的习惯。利用体育作业提高学生的终身体育锻炼的意识和提高运动的兴趣,对实现教育强国和体育强国具有重要意义。

四、初中体育作业变革的实践

(一) 内容形式游戏化

游戏是顺应人性的,自古以来顺应人性的都可以蓬勃生长,如象棋、投壶、射箭、蹴鞠等。

回头再看体育。

体育是不是游戏? 体育当然是游戏。足球是把球踢进球门的游戏,篮球是把球投入筐里的游戏,游泳就是浮在水面上的游戏……NBA 曾经的口号"love this game"! 用的是"game",而不是"Competition"。摔跤是把人放倒的游戏。有些快乐真是刻在基因里,看到有人被摔倒在地上,只要不是老人,是不是就能乐上一整天? 所以,体育天然具有游戏的基因,让学生参与体育不用靠教育和引导,只要不限制即可。不信,你问学生,是愿意一个下午学英语还是踢足球?

体育作业内容形式游戏化,才能丰富体育学科的核心素养,教师要不断完善作业内容、评价方式和展示环节,形成一个有效且完整的作业评价体系。作业设计的游戏要符合学生的身心发展规律,同时要符合《新课标》的理念。

(二) 项目兴趣多样化

初中阶段,不同性别的学生对体育运动项目的好感度不同,男生更喜欢具有对抗性、剧烈的运动项目,如篮球、足球等球类项目;女生通常喜欢踢毽子、健美操等小型运动项目。所以,在设计初中体育作业时,体育教师应充分把握学生的兴趣特点,有针对性地对学生进行分类设计,有效激发学生的运动内驱力。通过定期开展不同类型的体育活动,使学生建立健康的运动习惯,使其自觉地在生活中强化相关运动项目等练习,提升自身的运动能力。例如,体育教师可以面向学生开展体育兴趣调查,全面掌握学生的运动兴趣特点,并以此做好体育活动的整体性安排,定期安排不同类型的体育比赛。由学生根据自身的需要,选择一两种体育运动作为长期锻炼的内容,自觉开展长期训练。体育教师可以将学生所选的体育运动作为初中体育家庭作业中的自选内容,由学生自觉支配时间开展练习,并定期通过比赛检验学生的体育训练成果,使学生充分体验运动的快乐和提高运动的兴趣。

篮球、排球、乒乓球、羽毛球,健美操、跳绳、踢毽子……不拘泥于某一项,上海市新中初级中学的体育家庭作业有多种体育项目供学生选择。

(三)贴近生活化

贴近生活,不仅能丰富作业的内容与形式,更能使体育运动进一步贴近生活,增强体育文化运动对初中生的吸引力,有利于初中生进一步建立热爱运动的良好习惯。例如,体育教师可以将具有民族特色且易于开展的打陀螺、竹竿舞、跳皮筋等民俗活动纳入体育作业设计的范畴,由学生和家长共同完成,在体育运动中更好地感受民族文化氛围与趣味,增强体育训练的乐趣,使学生身心得到体育文化的熏陶。除了融入常见的民俗体育活动外,体育教师还可以结合当下广受关注、热门的体育运动内容,合理设计初中体育作业,必要时可以对运动项目进行一定的创编与修改,使其更加适应初中生的运动活动空间与能力。同时,体育教师可以结合初中生的家庭环境,适当对初中体育作业进行调整。对不具备活动条件的初中生,体育教师可以鼓励其利用矿泉水瓶、餐桌等作为运动器材,创意化地开展体育练习。这不仅能增强初中体育作业的趣味性,更能增进初中生与家长之间的关系。

(四)教学内容延伸化

在设计初中体育家庭作业时,体育教师需要严格按照教学需要,做好作业内容的精选,使体育家庭作业的实施内容与体育教学保持一脉相承的关联性,对初中体育教学起到及时巩固、复习的良好效果,必要时,教师可以对教学内容进行适当延伸,使体育家庭作业成为初中体育教学的有效拓展与补充,有效促进初中体育教学质量的提升。体育教师可以针对体育教学重点,根据学生的运动能力与知识、技能的掌握情况,按照体育教学的基本要求,分层次设计相应的体育家庭作业。对运动能力较强的学生,体育教师可以在设计作业内容时,以教学内容为主体进行适当延伸;对运动基础不达标的学生,以巩固练习为主,提升学生对体育动作掌握的熟练度。以篮球教学为例,体育教师可以将初中体育家庭作业设计为家庭篮球赛的形式,使学生和家长共同参与,以 3 vs 3 的模式开展篮球趣味对抗赛,不仅能增加篮球学习的趣味性,更能使初中生在与家长的良好互动中巩固篮球教学内容,提升篮球动作的熟练度,扎实掌握相关的动作要领。因此,以初中体育家庭作业的形式,可以使初中生进一步增加篮球练习的机会,更好地感受篮球运动的魅力,点燃参与运动的热情。

(五) 过程陪伴化

"由于家长工作压力大,很多家长只重视孩子的文化课成绩,但近几年,中考、高考都在不断改革,体育已经成为中考的必考项目,因此家长要从思想上认识到体育的重要性。"樊松芳认为,"只有家长从思想上认识到体育和体育家庭作业的重要性,才能调动家长的积极性,从而更好地参与和监督学生认真完成体育家庭作业。"现在的家庭作业主要以学科作业为主,运动时间受到大幅度压缩,与家长的交流互动也渐少。应该在运动中加强互动,组织家庭休闲活动,"特色体育作业"的形式能强化亲子之间的良好互动,不仅成为体育运动形式的有效创新,更是倡导了融洽、健康的生活理念,对保持学生身心健康具有一定推动作用。

体育教师要通过巧妙的设计,引导家长参与并监督学生完成体育作业,让学生与同伴、教师、家长一起运动,共同完成作业,建立融洽、和谐的互动关系。上海市新中初级中学注重体育作业的过程陪伴化,使学生在参与体育作业的同时,学会与同伴合作、互相帮助,增加学生与教师的互动机会,增进亲子关系。体育教师在设计初中体育家庭作业时,可以充分把握周末或节假日,将学生和家长的空余时间做好合理安排,根据不同的天气状况,合理布置运动内容与休闲活动。在天气情况较好时,体育教师可以为体育家庭作业设计户外爬山、骑行或游泳等作业。例如,游戏式活动最受学生欢迎,学生可以选择同伴组成小组,并进行小组间比赛,培养合作意识。学生和其选择的对象以小组的形式自行完成体育作业,一个月后,根据比赛成绩进行考评,如果学生达成目标,就获得奖励。所以,体育家庭作业应体现同伴互助、师生交流、家校共育。

（六）指导科学化

提升初中体育作业的指导能力。初中体育作业的有效实施是保证初中体育教学质量的关键。由于初中体育家庭作业是基于初中学生空闲时间,在家庭环境下所开展的体育运动内容,因此需要充分发挥家庭的指导力量,采取科学的策略,帮助学生和家长掌握体育指导的方法与技巧,发挥家长的监督与引导作用,让学生自觉、高效地完成各类体育作业,使学生形成良好的体育习惯。

（七）考核评价多样化

体育评价是依据体育教学目标和体育教学原则,对体育"教"与"学"的过程及结果进行的价值判断和质量评价。作业的评价方式应包括自评、互评、教师评价等,学校要制订相对合理的评分标准,搭建丰富多样的作业展示平台。为了更好地完成"让每个学生动起来,让每个作业活起来"的目的,使体育作业真正成为体育课堂的补充和延伸,学校需要不断地调整和更新评价内容、完善评价标准、变换评价方式。因此,上海市新中初级中学借助体育参与记录性评价、体育成绩诊断性评价、体育比赛激励性评价,构建了多样化的考核评价体系,通过评价增强学生的运动兴趣,从而树立学生的锻炼意识,为其终身发展打好基础。

1. 参与记录的评价

记录可以记载学生的成长过程,也是评价学生发展水平和进步过程的方式。体育作业有着巩固、检测、提升的作用,教师对作业参与、亲子参与、活动参与等日常情况进行记录性评价,不仅能反馈学生的知识掌握程度,还能考查学生的学习状态,有利于提高学生发展自我、完善自我的能力。

2. 成绩诊断的评价

体育作业主要以图片、视频等形式上交,教师根据家庭作业的完成情况进行诊断性评价。若教师通过记录发现学生成绩不稳定,则说明学生对运动知识的掌握程度还不够。教师要考虑学生成绩下降的原因,是练习方式错误还是态度问题,再与学生进行沟通。

3. 比赛激励的评价

比赛激励的评价结合体育比赛和活动,如"特色体育作业"中的"挑战"活动:学生利用课间、课后的时间自主设计作业,用现场抽签的形式开展比赛活动,比赛活动内容简单、形式多样,包括跳绳、俯卧撑、平板支撑、仰卧起坐等,学生到校后的第一件事就是将一天的锻炼成绩记录在班级门口的运动打卡登记表中。学校会根据登记表排名,对学生进行奖励,以达到以评促练和以评促赛的目的。

五、初中体育作业变革的成效

(一)学生对体育的喜爱度提高

学校"特色体育作业"自实施以来,受到了一致好评,学生能主动完成体育作业并享受其中,在学校每年组织的"最受学生喜欢的作业排行榜"中,体育作业始终处于前列。家庭作业的实施较好地促进了学生的身心健康发展和正确的体育价值观的形成,为培养学生的终身体育观奠定了一定的基础。

(二)学生的体育成绩有效提升

"特色体育作业"的实施让学生乐于参与运动,有效提高了学生的身体素质。近年来,上海市新中初级中学毕业的学生体育成绩、身体素质水平、身心健康水平都有显著提高。

(三)家庭氛围更加和谐

家庭教育影响学生的成长,学校实施"特色体育作业"后,教师、学生、家长的三方互动增强了青少年的感恩意识,也加深了亲子之间的感情,使家庭氛围更加和谐,为良好的家庭教育打下坚实的基础。

六、初中体育作业研究的建议

(一)提升家庭指导能力

充分发挥家庭指导能力,采取科学的引导,帮助初中生家长掌握体育指导的方法与技巧,发挥好家长的监督与引导作用。家长在初中体育家庭作业实施环节发挥着重要作用,体育教师可以预先与家长做好沟通,采用线上或线下的联系方式,科学引导家长,使家长建立对体育锻炼培养的正确认知,重视并积极支持学生参与体育锻炼。同时,体育教师可以定期开展家长体育指导的培训,由学生和家长自主学习一定的运动技巧,并主动指导学生的日常锻炼。不仅限于体育专业知识,体育教师还可以向学生和家长介绍一些有效的保护措施,使家长在亲子锻炼中起到及时的保护与帮助。在运动过程中以鼓励为主,使学生建立积极、乐观的生活态度,在与家长良好的互动中提高身体素质。此外,体育教师可以定期组织家庭与家庭之间的体育交流、互动,利用周末或节假日时间,以初中体育作业内容为主,对其进行一定的创意变形,采用趣味家庭赛等形式,为初中体育家庭作业的完成情况创设一定的展示平台,有效激发学生完成体育作业,达到锻炼身体的目的,增强学生和家庭的凝聚力。

(二)坚持寓教于乐

体育教师作为初中体育作业的设计者,在实施体育作业的过程中主要发挥着验收成果与指导帮助的作用。因此,体育教师需要始终坚持寓教于乐原则,使学生在体育家庭作业完成的环节中始终保持着快乐的情绪体验。体育教师可以采用多元化的反馈与评价方式,对初中生的作业完成情况进行正向引导,关注学生在体育运动中所取得的进步,向家长了解学生的运动情况与心理变化,记录运动日志,以数据、图片或视频等多样化形式对学生的体育运动情况进行全程记录,一旦发现学生在初中体育家庭作业完成过程中出现问题,应及时与学生和家长取得联系,用专业化的方法指导,并结合学生自身的体育锻炼目标,帮助其制订长期的体育锻炼计划。同时,定期在班级中开展初中体育家庭作业展示与评比等活动,对学生的体育运动情况进行多角度点评,包括学生运动态度的转变、运动能力的提升等内容,提高学生参加体育锻炼的兴趣。此外,体育教师在指导过程中,以专业的方法指导鼓励,充分赢得学生的信赖,使学生乐于与体育教师分享体育作业的完成情况,主动向体育教师咨询体育运动的意见与建议,建立亦师亦友的关系,更好地发挥体育教师在初中体育作业实施中的作用,促进学生建立积极向上的生活态度,乐于运动并享受运动。

(三)敢于创新

学校作为体育教学的核心力量,需要不断创新教育模式,推动学校与家庭教育力量的深度融合。在初中体育家庭作业完成过程中不断优化自身的导向能力,以体育家庭作业的形式有效地推动学生健康生活模式的形成,为实现初中学生终身运动奠定扎实的基础。例如,学校可以家长开放日作为主题,组织开展家庭体育活动,进一步完善初中体育家庭作业的教育实施计划,邀请学生代表、家长代表、学校教师共同参与初中体育家庭作业的设计与监督,悉心听取学生与家长的建议,以更加丰富的作业形式与内容增加学生的运动兴趣。

本文作者:孙　雪

《新课标》背景下初中语文作业设计实践研究
——以《壶口瀑布》作业设计为例

《新课标》将教育方针细化为本课程应着力培养的核心素养。作为教学过程中的重要组成部分,作业实施是落实学生核心素养发展的主要途径之一,肩负巩固学生知识与技能、培养自主学习能力、锻炼批判性思维、促进师生互动和反馈等功能。然而,部分传统作业因设计理念落后,无法引导学生进行深度学习,助力高效教学,因此,做好作业优化设计工作尤为重要。

鉴于上述背景,本文以初中语文教学为视角,以《新课标》为纲领指导,探讨作业设计新思路,并结合具体课文提供实践案例分析,旨在探究如何在提升语文作业价值的基础上,推动学生语文核心素养的发展,实现教学的改革与创新。

一、传统语文作业设计存在的问题

长期以来,传统语文作业设计常见的五大问题与《新课标》中的课程理念相悖,不利于形成与发展学生的核心素养:作业体系割裂,不成系统,导致课时作业的目标导向、题型及难度分布比例不合适,无法促成知识整合迈向深入;作业形式较为单一,过分强调书面作业,语言学科中同等重要的口头表达作业较少;内容方面有同质化倾向,个性化设计不多,此外,机械重复式知识型操练占主导地位,学生思维能力方面的培养比较薄弱;题干方面,问题设计过于宽泛,缺少指引,不易操作;作业量方面,因缺乏筛选而导致题量过多,占用学生自主学习的时间,但成效不大。

在大力提倡增强课程适宜性,关注学生个性化、多样化学习需要的今天,作业设计需进行与时俱进的优化调整。

二、《新课标》对作业设计的指导建议

　　《新课标》是教材编写、教学、考试评估等的直接依据,它体现国家意志,对课程实施管理具有统领性指导。根据《新课标》中课程理念部分的论述,"以识字与写字、阅读与鉴赏、表达与交流、梳理与探究等语文实践活动为主线综合构建素养型课程目标体系""以生活为基础,以语文实践活动为主线,以学习主题为引领,以学习任务为载体,整合学习内容、情境、方法和资源等要素设计语文学习任务群""创设丰富多样的学习情境,设计富有挑战性的学习任务……关注个体差异和不同的学习需求,鼓励自主阅读、自由表达……倡导少做题""义务教育语文课程评价要有利于促进学生学习,改进教师教学……关注学生学习过程和学习进步……注重评价主体的多元与互动",《新课标》对语文课程的作业目标、体系、类型、难易度、题量、评价方面皆有明确的建议,从中我们可以梳理出作业设计的新框架:

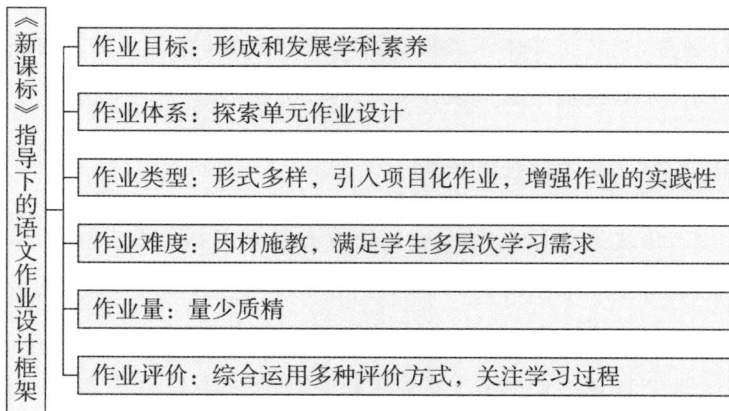

《新课标》指导下的语文作业设计框架	作业目标:形成和发展学科素养
	作业体系:探索单元作业设计
	作业类型:形式多样,引入项目化作业,增强作业的实践性
	作业难度:因材施教,满足学生多层次学习需求
	作业量:量少质精
	作业评价:综合运用多种评价方式,关注学习过程

图1　《新课标》理念下的作业设计框架

　　总之,《新课标》的出台对学科作业的优化给予指导建议,作业设计终极目的指向促进学生核心素养的发展,作业的形式及完成和评价过程能激发学生自主或合作探究学习的积极性,提升他们在真实情境中综合运用知识解决问题的能力。

三、素养本位的初中语文作业设计实践

新形势下,作业设计需要依托《新课标》理念,但更需要结合实际情况将指导建议转为具体方案,让培养学科素养的目标在作业实施过程中真正落地。笔者以统编版语文八下第五单元中的《壶口瀑布》课文为例,进行指向核心素养培养的作业设计尝试,在实践中达成育人目标。

(一) 案例材料分析

首先从单元角度来看,《壶口瀑布》隶属于统编版八下语文教材第五单元。该单元属于游记单元,由 4 篇课文组成。在初中语文教材中以"游记"单独组元的单元较为少见,且该单元中的课文没有太深刻的思想表达,有利于通过多"导"少"带"的方法激发学生学习的主动性。挑选这一单元中的课文作为作业设计材料,能让教师有充足的教学创新空间。

再从文本角度分析,《壶口瀑布》是第五单元的第一篇课文,文体层面是一篇较为典型的游记,作者以游踪为线索构架全文。语言层面,这是一篇适合学生自我品悟,从而提升鉴赏能力的文章,不包含过多理论性知识。情感层面,在赞美壶口瀑布自然伟力的同时,将河水在壶口展现出的多种形态与人生的五味杂陈相连;原本至柔至和的水受到土石压迫后"怒不可遏"地呈现出黄河"博大宽厚,柔中有刚"的伟大个性。义务教育语文课程需要培养的核心素养(文化自信、语言运用、思维能力、审美创造)在《壶口瀑布》一文中皆可挖掘。

(二) 作业设计路径

为实现作业在形成与发展学科素养方面的育人价值,需要设计目标明确、结构合理、种类多样、量少质精、综合评价的作业体系。参考 2022 年上海市教育委员会教学研究室研制发行的《上海初中语文高质量校本作业体系设计与实施指南》,作业体系设计可遵照以下路径:

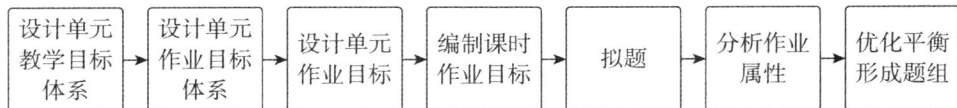

设计单元教学目标体系 → 设计单元作业目标体系 → 设计单元作业目标 → 编制课时作业目标 → 拟题 → 分析作业属性 → 优化平衡形成题组

图 2　初中语文学科作业体系设计路径

　　课时作业设计从单元整体角度出发,可以更准确地把握教材编制意图,更重要的是能有效建立单元与单元之间、课时与课时之间的联系,调控好作业的目标、类型、数量、难度,从而在体系框架下实现作业效能的衔接与递进。

　　(三) 作业设计案例

　　综合上述分析,笔者以语文学科核心素养为基石,以第五单元作业目标为起点,系统考虑整个单元的作业内容、认知水平、题型、难度等方面的结构,设计《壶口瀑布》作业方案。

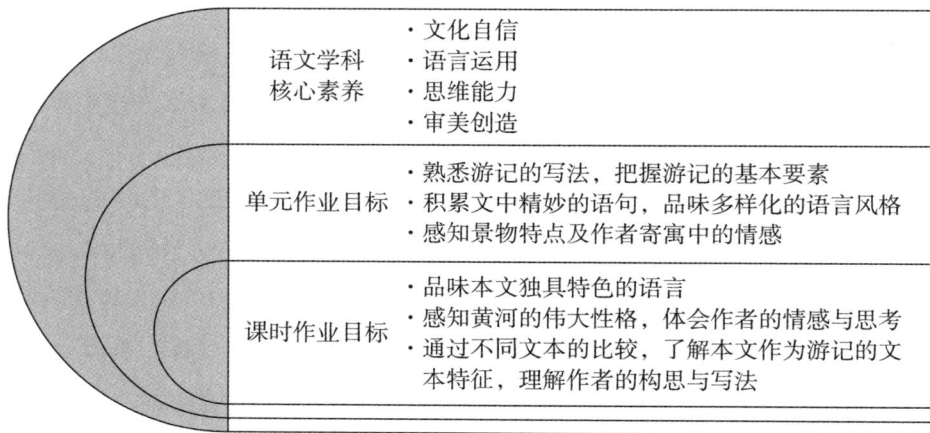

图 3 《壶口瀑布》作业设计路径

《壶口瀑布》作业方案

　　题1:请结合加点字词,品味语言的妙处。(在两题中任选一题完成)

　　(1) 第3段"河水从五百米宽的河道上排排涌来,其势如千军万马,互相挤着、撞着,推推搡搡,前呼后拥,撞向石壁,排排黄浪霎时碎成堆堆白雪。山是青冷的灰,天是寂寂的蓝,宇宙间仿佛只有这水的存在。"

　　(2) 第4段"于是洪流便向两边涌去,沿着龙槽的边沿轰然而下,平平的,大大的,浑厚庄重如一卷飞毯从空抖落。不,简直如一卷钢板出轧,的确有那种凝重,那种猛烈。"

表 1　第一题作业属性表

题目序号	1			
作业目标	品味本文独具特色的语言			
认知水平	知道	理解	运用	综合
		✓		
类型	阅读类	写作类	口语交际类	综合性学习类
	✓			
作业难度	易		中等	难
	✓			
预估作业时间	5 分钟			

　　题 2：文末写道："正像一个人，经了许多磨难便有了自己的个性。"冲破壶口的一刹那，黄河也闪现出了自己的伟大个性。请选取下图中的局部位置，为之配文，以展现黄河的伟大性格。（不少于 150 字）

表 2　第二题作业属性表

题目序号	2			
作业目标	感知黄河的伟大性格，体会作者的情感与思考			
认知水平	知道	理解	运用	综合
			✓	
类型	阅读类	写作类	口语交际类	综合性学习类
		✓		
作业难度	易		中等	难
			✓	
预估作业时间	10 分钟			

题3:结合下面材料,完成阅读任务。(选做任务,为期一周)

材料一:欣赏《黄河大合唱》第七乐章《保卫黄河》。

材料二:阅读《黄河大合唱》第二乐章《黄河颂》选段。

材料三:阅读《壶口瀑布》第4段。

任务一:同样以黄河为素材创作的作品,作品中同样有对黄河精神的挖掘,但《黄河颂》和《壶口瀑布》给读者留下的印象不同,请结合文体特点,思考原因。

任务二:你认为《黄河大合唱》适合作为《壶口瀑布》第四段朗诵的配乐吗?如果不适合,请说明原因。如果适合,请配乐朗诵。(均以音频形式提交)

表3 第三题作业属性表

题目序号	3			
作业目标	通过不同文本的比较,了解本文作为游记的文本特征,理解作者的构思与写法			
认知水平	知道	理解	运用	综合
				✓
类型	阅读类	写作类	口语交际类	综合性学习类
			✓	
作业难度	易		中等	难
				✓
预估作业时间	长作业,为期一周			

四、作业情况反馈

从"语句赏析"到"为图配文"再到"乐曲品鉴""比较阅读""配乐朗读",《壶口瀑布》的作业设计用三种形式的题目巩固课堂所学,又有课外拓展延伸,兼顾知识与能力、阅读与表达、理解与运用等方面的培养,难度循序渐进。

结合学生答题情况来看,第一题的题干中将值得品析的语言加点,是给学生一点启发,打开他们的思路,拓宽他们的视野。学习能力较弱的学生虽然表述能力不强,但是能结合一些醒目的词语进行简单的修辞手法赏析;学习能力强的学生能先从加点词语中迅速提炼出修辞、用词等赏析角度,再组织语言进行表述。

表4　第一题学生答题情况举例

能力水平	答题举例	评价
水平一	第2句用了比喻的修辞手法，形象地写出了黄河的气势	修辞手法判断正确，能进行基本的语言赏析
水平二	第一处比喻把洪流比作从空中抖落的飞毯，写出瀑布平而大的特点。但是，瀑布的气势更为盛大，并不能完全表现水流的内在力量，于是再用钢板作为喻体，体现出黄河水的浑厚、庄重、刚强有力，面对山石的压迫与阻挠展现出强大的抗争力量	能从修辞手法出发感知景物特点，体悟作者寄寓其中的情感

第二题借助"为图配文"的作业形式，加强学生对文本的熟悉程度。学困生大多简单摘抄课文内容，但与此同时也达到了积累语言的效果；资优生不但描述图中景色，还配以一定的感悟或思考，在游记中的"所见""所思"之间建立起联系，深入理解作者眼中黄河博大厚、柔中带刚、挟而不服、遇强则抗、勇往直前的伟大性格。

表5　第二题学生答题情况举例

能力水平	答题举例	评价
水平一	黄河在这里由宽而窄，由高到低，只见那平坦如席的大水像是被一个无形的大洞吸着，顿然拢成一束，向龙槽里隆隆冲去，先跌在石上，翻个身再跌下去，三跌、四跌，一川大水硬是这样被跌得粉碎，碎成点，碎成雾	准确定位课文语句，为相关图片配文
水平二	到了壶口，滚滚黄河水在远方浩浩荡荡，像千军万马，踏起黄沙，尘土飞扬，一路风驰电掣。那势不可挡、无坚不摧的威力，向着壶口扑面而来。冲锋在中央的那排巨浪，翻滚不断，突然腾空而起，涛声轰鸣，壮志凌云。震耳欲聋的响声在深渊炸开，汹涌的河水让人心潮澎湃。正如"黄河之水天上来，奔流到海不复回"，有时在那些崎岖的路上，我们需要像黄河一般有着一股前进的力量支撑着我们前行，以自强不息、百折不挠的精神抵达成功的彼岸，实现自身的理想	语言表现力强，能灵活使用多种修辞手法描绘图中景色，凸显景物特点，并引发相关的人生思考

第三题有难度,故设置为选做作业,且有一周的准备时间。作业实施以任务形式进行驱动,且融合音乐学科知识形成跨学科主题学习,上述设计在一定程度上提升了部分学生的学习积极性。两项任务皆为开放题,允许学生对文本进行多元解读,以尊重学生的主体性。在任务实施的过程中,能感受到学生通过欣赏"黄河"主题音乐作品及配乐朗诵,对母亲河、对民族的深情在不断升华,素养水平较高的学生还会深入思考音乐和文章表达情感的异同。

表6 第三题学生答题情况举例

答题举例	评价
《壶口瀑布》是一篇游记散文,材料内容广泛,但中心明确而集中。《黄河颂》是一首现代诗,现代诗比散文短,但是许多句子重复,形成气势。两部作品虽然同样是以黄河为素材,但是因为体裁不一样,语言表现形式也就不一样,所以读者读后的感觉非常不同,《壶口瀑布》比较深沉,《黄河颂》非常激昂	准确把握两部作品的体裁,并能结合文体知识分析作者的构思与写法,品味作品独特的风格

从作业情况反馈来看,三道题考虑了不同层次学生的实际学情,选择性、限量、长作业等方式有效减轻了学生的作业负担,文化自信、语言运用、思维能力、审美创造的语文课程核心素养在一定程度上得到了形成和发展。

五、结语

通过开展基于《新课标》理念的语文作业设计实践研究,我们发现作业实施在形成和发展学科核心素养方面的巨大作用。顺应新形势要求的语文作业设计细则总结如下:

以始为终,将培养核心素养的作业目标贯穿始终。核心素养是作业设计的起点,也是学生能力提升的归宿。因此,在作业实施过程的每一个节点中都要嵌入核心素养导向。此外,语文课程核心素养虽有四方面,但整体交融互相促进,因而在设定作业目标时既要有所侧重,又要注意目标之间的关联性。

化零为整,将作业设计建立在单元框架之下。想设计好课时作业,先要完善单元教学目标体系、单元作业目标体系,从整体出发通盘规划学习内容,合理平衡作业的层次结构、题型结构等,让知识不断勾连、渐进形成体系。

拓展形式,注重多方式整合作业内容。语文作业依照听、说、读、写的大任务常可分为四大类型:口语交际类、阅读类、口语交际类、综合性学习类。教师在结合教学内容和学生情况的前提下,在"压总量、控时间"的基础上,尽可能安排多种形式的学习任务,使核心素养得到多维度的提升,还可以适当融合一些长期作业或小组合作作业,丰富学生学习经历。

创设情境,加强语文学习的实践性。培养核心素养的最终目的是让学生自如地应对真实生活中的各种挑战。在设计作业时,要建立语文学习与学生日常经验之间的关联,只有在真实的、符合学生认知水平的情境中开展实践,才能激发学生主动探索的积极性,养成解决真实情况的能力。

提供支架,在题目设计中植入思维抓手或明确过程性要求。指向清晰的题干是保障作业实施的基本条件。对一些学习能力较弱的学生,为其提供思维支架、提示性导语、辅助资料等,可以极好地打开他们的思路,逐步引导其构建自己的认知体系。

本文作者:张露璐

第三节　评议与反思

教育评价改革旨在针对不同的评价主体提出有差异性的评价内容,构建一个科学的评价标准,形成一个全面性的教育评价体系。然而,这些只是教育评价改革的初衷,如何将它落到实处,中间还有一段很长的路程,其中学科领域的评价改革探索是基础性的。通过新中初级中学教师的探索发现,目前学科教学中学生评价的改革主要围绕如何将表现性评价、过程性评价、发展性评价等理念融入评价实践,通过多元化评价建构指向学生成长和教学改进体系。值得一提的是,新中初级中学的学生评价探索,是与作业改革密切关联的,这种系统性的思维方式有助于教师和学生更好地理解新时代评价体系,更好地通过作业的改革撬动课程教学的整体变革。

第七章　信息技术支撑的课程教学变革

随着全球范围内新技术革命的兴起,新一代信息产业的发展每年都以惊人的速度攀升,信息技术的快速发展正在改变这个世界,从产业模式和运营模式,到消费结构和思维方式,信息技术对城市、地区甚至对国家的发展进程的影响程度越来越深。其自身的发展趋势也会根据"科研技术进展"和"市场热度"不断变化,如今,"数字经济""人工智能""跨界融合"和"大工程、大平台模式"已成为新一代信息产业发展的新趋势。信息技术的快速发展和广泛应用深刻改变了人们的生产生活方式,也必然会给教育变革带来直观可见的机遇与挑战,如何抓住信息技术的优势,推动技术赋能的教育变革,显然已经成为当今时代教育整体改革与发展的重要问题域。从义务教育"双新"改革角度看,在课程实施、课程评价等相关领域,均包含了依托信息技术改进课程教学实施与评价的要求,由此,探索信息技术支撑的课程教学改革也是落实"双新"不容忽视的重要领域。

第一节　信息技术的整体认识

通过信息技术这一方式,当今世界已充分彻底地进入技术之中,被技术所包围、沉浸和裹挟,这其中既有信息技术发展带给人类社会的诸多贡献,也有令人担忧的数据安全、伦理道德等问题。从社会贡献的角度看,过去十几年,信息技术对教育的渗透和支持已成为常态,但是这种渗透支持更多的是一种实践层面的意义。比如,培养了大量的信息化人才;依托信息技术推动学科融合和知识创新;重构学校教育和课堂教学的样态,提供了更为丰富的、可视化的教学载体手段;提升了教师基于信息技术开展教学的意识和能力;提高了教育管理决策水平的科学化、精准化程度;依托教育信息化,促进教育现代化;提升全民的信息科学素养等。① 然而,实际上,信息时代的教育变革,是一场从理念到实践,从微观到宏观的系统变革,要把握信息技术带来的教育变革契机,就要进一步明晰现代信息技术的"教育责任"②,明确信息时代背景下教育改革发展的现实需要。

信息技术变革了教育学理论的存在方式、表述方式和传播方式,为教育学理论带来了新的"价值尺度""理论边界"和"生产机制"。③ 在此基础上,可以清晰地发现,信息技术引发了教育实践形态变革、促进了学校认识论的转换、革新了教育知识生产的逻辑,从而孕育着深刻的、新的教育理论需求④,也形成了信息时代教育改革与发展亟待研究的问题体系。

其一,信息技术引发了教育实践形态变革,促使传统教育理论革新。教育理论与实践的关系是教育活动的基本关系,一般而言,教育实践是教育理论滋生和创新的"母体",而教育理论对教育实践的再变革、再生长提供支持和引领。自现代教育体系建构以来,教育活动一般都是围绕教师、学生、知识三个核心要素开展的,而技术的发展,则在很大程度上影响着三者之间的关系形态,进而寻求和实现教育理论的变革。与以往的教育技术革新相比,信息技术的充分运用对教师、学生、知识之间关系的重构程度是前所未有的。在信息技术的支持下,知识的承载媒介从语言、文字、书籍到网络,知识的获取方式和便利程度极大丰富与提升,这不仅重构了教育的基本形态,也重塑着教育主体之间的权力关系。在信息技术的支撑下,个性化学习、自主学习、网络公开课、远程学习等个性化学习环境日益成为现实,这在很大程度上挑战了原有的教育体系中的师生关系,在个性化学习环境下,学习者能组成自己的课程,传统教育形态中的师生关系被打破,学习者可以自主寻找、处理、分类信息,而不是完全依赖教师的传授,真正让传统

① 王运武,黄荣怀,杨萍,李璐,王宇茹.改革开放40年中国特色信息技术学的回顾与前瞻[J].现代远程教育研究,2019(3):45-46.
② 李政涛.现代信息技术的"教育责任"[J].开放教育研究,2020(2):67-68.
③ 李政涛,罗艺.面对信息技术,教育学理论何为[J].华东师范大学学报(教育科学版),2019(4):71-72.
④ 李云星,王良辉,周跃良.信息技术的教育理论意蕴及其限度[J].华东师范大学学报(教育科学版),2019(5):31-32.

教育体系中的学生得到发展。不仅如此,信息技术的发展,在重塑的教育空间中随时学习、随地学习成为可能,教师和学生之间不再需要处于同一空间就可以完成学习,传统的教育三要素被解构,物理形态的教室在未来的教学中可能不复存在。这种教育样态、教育权利关系的变革,必然呼唤新的教育理念的产生,因此现代信息技术的"教育责任"首先应体现在新的教育理论的建构上,要通过系统性研究,明确教育领域中信息技术的界定及其合理性,明确技术进步与教育发展的关系,明确依托信息技术促进教育变革应坚守的基本理念、原则和伦理等,只有在这一系列理性问题的认识上取得突破,信息技术支撑的教育教学变革才能保证正确的方向,真正为"立德树人"的教育根本任务服务。

其二,信息技术提出了新的学校教育认识论,催生教育实践样态的变革。信息技术,不仅是一种新的技术样态,也是一种新的教育理念,这一理念隐含人们对信息时代教育现象(活动)的理性认识、理想追求及其所形成的教育思想观念和教育哲学观点[①],这一理念催生和促进信息时代的教育教学目的、价值、转型和实践样态的变革。首先,信息技术的理念催生教育教学目的与价值的转型。任何技术,都没有办法改变教育为了人的发展的目的。但是,新的技术理念的生成,对培养怎样的人及怎样培养人进行新领域的建构。信息时代的教育,同样以"促进人的全面发展"为最终价值旨归,以发展生命作为信息技术改造教育的目的,进而构筑支持学习者物质生命与精神生命、思想与行动、知识与能力得到全面和谐发展的场域,实现根据"生命的特征,凭借信息技术的优势去帮助学生挖掘生命潜能,促成全面发展"[②],这就是信息技术理念对教育教学目的和价值的重塑;其次,信息技术的发展能深刻改变教育的面貌,改变教育的实践样态。信息技术能重构教育内容,这种重构,不仅体现在依托信息技术能更便捷地获取新的学习资源,拓展学习的载体之上,而且体现在信息技术本身就是一种重要的学习领域;信息技术能重构教学的样态,推动教与学方式的转变是信息技术介入教育变革的"牛鼻子",也是其最有价值之处:信息技术成为"革命性影响因素"的真正体现,是信息技术改变了教与学的方式,教学的价值重构、结构重组、流程重塑和

---

① 韩延明.理念、教育理念及大学理念探析[J].教育研究,2003(9):45-46.

② 任友群,等.追寻常态:从生态视角看信息技术与教育教学的融合[J].中国电化教育,2015(1):65-66.

空间重建①,体现了信息技术对教与学方式的全方位系统性变革;信息技术能重构教育评价的理念和范式,特别是依托数据的搜集和分析,能更精准地建构个性化、真实性的评价体系,为个性化教学、个别化指导提供依据。除此之外,信息技术的广泛应用,也能使教学管理体系不断优化,让学校管理、教育治理真正从经验走向科学。由此可见,信息技术对教育教学的影响是全方位系统性的,特别是需要在实践领域积极探索契合信息时代需要、充分利用信息技术便利的教学与评价方式,建构真正指向未来时代、未来教育的教学与评价体系,这也正是更好地落实"双新"改革的题中之义。

第二节　教师的主题式行动探索

浅析新媒体环境下初中课堂德育提升路径
——以道德与法治学科为例

一、引言

根据课程标准,初中道德与法治课程应围绕核心素养,体现课程性质,反映课程理念,确立课程目标。主要有以下五点:政治认同、道德修养、法治观念、健全人格、责任意识。要落实好这五点核心素养,与我们的课堂德育效果密切相关。初中道法德育旨在培养学生正确的价值观、道德观和法治意识,引导他们树立健康的人生观,可以说初中道法的课堂德育是落实核心素养的一种载体。通过培养学生的道德品质和法治意识,有助于形成积极向上的人格,为核心素养的养成提供坚实的道德基础。反之,核心素养的培养也促进了道法德育的深入实施。正确的政治认同能使他们更好地融入社会发展,与时代同频;良好的道德修

---

①　吴南中,夏海鹰,张岩.信息技术推动教育形态变革的逻辑、形式、内容与路径[J].中国电化教育,2019(11):73-74.

养与法治观念相辅相成,能让学生更好地思考日常生活中良法善治与道德伦理问题;健全的人格能使他们更好地与他人交往,正确表达自己的观点和理解;健全的责任意识能引导他们积极参与社会公益活动,实现人生价值。因此,初中道法德育与核心素养之间相辅相成,共同构建学生全面发展的教育体系,为培养具有高尚品德和全面素质的新一代提供了有力支持。

目前我国经济已由高速发展转向高质量发展。人们的生活领域在互联网的影响下进入"互联网+"时代。层出不穷的新媒体技术改变着人们的生产生活方式,教育领域亦是如此。在新媒体背景下,初中阶段的学生作为网络时代、新媒体环境下成长的一代,对新媒体技术的接受度以及需求度空前旺盛。尤其是新时代的青年教师,对新媒体技术的接受度和掌握度都较高。如何融合好新媒体技术,用符合教育教学规范的、学生能接受的教学方式与手段,把德育融入课堂教学。这是一个值得研究的重要课题。

二、新媒体环境下课堂德育面临的问题分析

课堂德育是指基于日常课堂教学,对学生进行思想、政治、道德、法律以及心理健康等的综合性教育,它是道德与法治课堂的重点任务之一,也是学校教育工作的重要组成部分,与智育、体育、美育、劳育等相互联系,彼此渗透,密切协调,对学生健康成长成才和学校工作具有重要的导向、动力和保证作用。各级各类学校应把德育工作摆在素质教育的首要位置。如今,新媒体对初中道德与法治课堂德育产生了深刻的影响。新媒体的兴起和普及,如社交媒体、在线视频平台、论坛等,已经在很大程度上改变了学生的信息获取方式、思维模式以及社会互动方式,从而也对课堂德育带来了以下影响。

(一) 参与意识增强与价值观冲突

在新媒体环境下,学生借助多平台、多方式广泛地表达自己的观点和声音。尤其是对九年级学生,在学过"民主"相关知识点后,可以借助网络环境更加便捷及多元化地发表自己对教育、社会等方面的看法与建议,积极参与民主生活。但是,由于社交媒体的传播迅速,能迅速引发热点话题,容易在短时间内影响学生的观念和价值观。且学生通过新媒体获取信息更为便捷,这意味着他们能接触到更广泛的观点、文化和价值观。然而,也存在信息真实性难以辨别的问题。给

我们德育教育带来一定冲击,在进行课堂德育时,我们需要关注这些影响,通过讨论和引导使学生形成健康的态度和批判性思维。

（二）多元意识增强与信息碎片化

新媒体传播方式多样,学生通过新媒体获取信息更为多元化。但与此同时带来的多元化信息往往呈现出碎片化特点,即"东一个热点,西一个新闻",导致学生难以形成系统性的法律和道德知识体系。这对初中道法课堂德育又是一个不小的挑战。如何在借助新媒体多元化信息的基础上,把握好课堂德育的统一性与整体性？是一个值得研讨的问题。

三、新媒体技术之于德育变革的意义

（一）有利于教学与学习方式变革

新媒体互动性和多媒体特性改变了传统的教学方式。在线视频、教学应用和互动平台等工具丰富了课堂内容,激发了学生的学习兴趣。与此同时,新媒体为教育提供了个性化学习机会,教师和学生可以根据需求选择适合的教材、资源和学习进度,提高学习效率。

（二）有助于泛在化学习开展

通过把新媒体技术引入课堂,除了德育目标的灵活达成,还从侧面影响学生学习和教师教学的理念转变,即知识不一定来自课本与文字,知识可以来自网络、在线平台等。也就是强化师生的"泛在化学习"意识。教师与学生可以通过在线图书馆、开放式课程资源等获取更多的教学学习资料,丰富课程内容。还可以借助互联网媒体突破地域限制,通过网络学习来自世界各地的知识和文化。教育内容和理念可以在全球范围内分享和传播,帮助学生更好地了解世界的多样性。实现在"互联网+"与新媒体技术结合背景下,泛在化"教学相长"。

（三）有利于师生角色再定义

课程德育的良性变革,很大一部分基于师生角色的再定义。在新媒体技术下,学生可以通过讨论论坛、在线问答等方式与教师和同学互动,促进学习交流和合作。教师不仅仅是知识的传授者,更是学生学习的引导者和促进者。甚至在特定情况下,作为互联网时代的学生一代,在某些新媒体技术的运用与资源寻找及利用上并不弱于或强于教师。在这种情境下,为了更好地达成教学目标与创设德育情景,教师完全可以尝试把课堂"还"给学生,采取从旁辅助的方式,聆听观看学生的成果,让学生"上"一堂课。不仅可以更有成效地完成教学目标,还可以激发学生的学习主动性,有利于良性师生关系与角色的再定义。

综上所述,新媒体的发展对教育产生了深远的影响,改变了教学方式、学习模式和师生角色。然而,这种影响既带来了机遇,也带来了挑战,需要教育界持续关注和适应。

四、新媒体环境下课堂德育提升路径

要想运用新媒体辅助好课堂德育,首先教师要正确认识新媒体技术。作为一种全新形式的媒体形态,教师需要用发展的眼光看待新技术,着力提升自身数字化教育教学能力和综合素养,主动探索如何更好地利用新媒体开展教学,将其作为提高学生道德素质、提升学生综合能力的重要手段。

(一) 营造课堂良好文化氛围

班级是学生学习的重要场所,其以班级为单位的课堂文化氛围非常重要,能在潜移默化中影响学生各方面行为习惯、思想观念的形成。在新媒体环境下开展课堂德育工作,需要丰富道德与法治课堂的形式。教师可以转变教学理念,从单一的教材辅助转向丰富化的新媒体教具辅助。可以利用各类载体传播,如多媒体音频视频、班级黑板报、班级网站等。在这些众多的传播渠道中,可以很好地将德育工作渗透到学生的日常生活及道德与法治的课堂中。在上好一堂课的同时,营造良好的德育文化氛围,让学生身临其境,在耳濡目染、潜移默化中接受德育,提升个人素质与思想道德水平。以道德与法治课堂为例,教师可以在对本课题进行解读以及学生学情了解的基础上,选取合适的音频,运用新媒体技术进行课前导入,让学生在整顿课前物品及纪律的同时,感受良好的文化氛围。例如,在讲述九年级上册《延续文化血脉》一课时,采取课前播放河南卫视春晚《唐宫夜宴》的舞蹈片段的方式,在调动学生学习积极性的同时引入传统文化知识,烘托良好文化自信氛围。德育结合美育,双管齐下,促进学生道德思维发展。

（二）依托新媒体选取优秀德育案例

在初中学段道德与法治课堂上开展德育工作，其关键点在于培养青春期学生的世界观、人生观、价值观。由于传统德育工作缺乏多样性，使新一代学生较难从较为单一的说教或案例中获得德育体验。基于新媒体环境下，便能打造多元化教育方式，给学生呈现一个又一个崭新的德育教育形式，使学生充分领悟。现阶段，学生通过互联网学到很多知识，不仅可以开阔个人视野，还能提高各方面能力，不过随着用户基数越来越大，在互联网上，也常常存在不良信息，若学生缺乏辨别是非能力，那么就难抵制各类诱惑，在这样的情况下，很容易导致学生价值观扭曲，所以在新媒体环境下，借助学生熟悉的方式开展德育工作，使其全身心投入其中，进而更好地渗透，以此形成正确的价值观。

以道德与法治课堂为例，教师在对本课题进行解读的基础上，依托本土资源、校本资源，选取贴近学生生活与学习的生动案例，运用新媒体技术引入，形式不拘泥于文字展示，可以配合图文案例、图音案例、视频案例、多媒体动画切换等多样化形式，调动学生的积极性。例如，在讲述六年级《爱在家人间》一课时，教师事先做好资料搜集工作，选取符合学生家庭生活实际的矛盾与情境案例，并把案例结合"互动式"PPT插件，在课堂上呈现给学生。即课堂上创设一个常见家庭矛盾案例情境，给学生多种反应模式选择，每种反应模式对应一个情境超链接。让学生从理性客观的第三方视角做出选择，身临其境地了解亲子矛盾的正确处理方式。同时，也要注意选取信息与材料的统整性，避免过多碎片化信息的呈现，造成学生知识体系紊乱，让课堂德育在细水长流中发生，润物细无声。

（三）强化学生德育主体地位

教师尤其需要注意的是要把课堂还给学生。避免课堂变成教师的"一言堂"，要强化学生德育主体地位，把课堂"还"给学生。此时新媒体技术的运用，便可作为颠覆传统以教师为主体的"教育者施加影响，改造受教育者"模式的金钥匙，在新媒体背景下的课堂，教师不再充当权威教育角色，学生也不再是被动地接受教育。也就是在教师课堂展示道德与法治案例的同时，也可以采用学生活动的方式增加学生互动性。例如，教师通过课前布置任务单，引导学生关注生活中的事或时事热点，主动探寻德育关键点，自我总结，自我提升。当然，这里所述的学生活动也可以适当采用新媒体技术,现在的初中生乐于运用网络、电脑等媒介展示自己的学习成果。以我校初中道德与法治课堂实践为例,教师借助本课程的特殊性给六至九年级学生课前布置"小小新闻家"任务,即发挥学生的主体性作用,在课前自主收集相关新闻,可以是近期与国家政治、经济、科技、生态、文化等领域相关的热点新闻,也可以是与本课时知识点相关的新闻。教师负责辅助学生收集提炼信息、提供平台,让学生在充分运用多媒体技术(PPT、视频等)的基础上,掌握学科知识,发挥积极性。

与此同时,教师要根据不同年龄学生的特点、道德认知水平、学习方式和接受程度,运用图片、视频、互动等新媒体技术拓展教育方式和内容,充分发挥学生加强道德教育、参与道德建设的积极性和主动性。在这样的新媒体环境下的课堂德育中,通过生生互动、师生互动,学生在交流学习新媒体技术的同时共同参与德育教育,真正成为德育的主人。

五、小结

在新媒体不断发展的时代背景下,初中道德与法治课堂德育面临着新的挑战和机遇。本文探讨了新媒体对初中道德与法治课堂德育的影响,揭示了参与意识增强与价值观冲突、多元意识增强与信息碎片化等方面的挑战。然而,我们也要意识到新媒体带来的机遇,如提供多样化的学习资源、创新教学方式等,为《新课标》指导下德育的深入推进提供新的手段。在此环境下,教师可以结合实际课堂教学所感,在自身的专业领域中结合《新课标》核心素养的相关要求,充分挖掘道德教育的优质资源,不仅有利于学生快捷便利地获取各类教育素材,也有利于全方位互动性地呈现教育影响,充分彰显德育教育内容的丰富性、教育方式的多样化。此外,针对这些挑战和机遇,我们还需要从多个层面出发,形成合力共促德育教育全面深入有效地推进。首先,教师应积极引导学生正确使用新媒体。教师可以通过培养学生的媒体素养,教导他们辨别信息的真伪,提高信息获取的能力,从而降低虚假信息的影响。其次,家庭和学校要共同合作,加强德育教育。家长应与孩子沟通,关注他们在网络上的行为和言论,帮助他们建立正确的价值观。学校可以充分利用新媒体平台与家长分享德育教育的内容和方法,形成合力,共同培养学生。

综上所述,新媒体环境下课堂德育面临诸多挑战,但也孕育着丰富的机遇。通过教师引导、学生积极、家校共促,我们有信心克服挑战,培养更加全面、健康的新一代,使他们在新媒体时代成为具有良好道德素质和法治意识的有益社会成员。

本文作者:鲍雪琦

借助虚拟实验平台提升初中生化学核心素养

《义务教育化学课程标准(2022年版)》强调:实验是学习化学的重要途径。同时运用现代化信息技术优化教学过程,促进素质教育,是教育现代化的主要目标。在化学教学中合理运用信息技术辅助教学,相比传统的实验教学,不仅能实现学生的个性化教学要求,还可以培养学生的各项能力,发展实践、创新和合作意识,使学生的认知能力得到提升,提高学生的学习兴趣和求知欲,培养学生的化学学科核心素养。

在化学线上教学中,实验教学难成为一个显著的问题。教师无法进行演示实验,学生无法在演示过程中体验到化学实验的乐趣,也不能进入实验室操作,不利于培养学生的操作能力和观察能力,更无法在实验探究中产生新的想法和认知。因此,如何有效地开展实验教学成为亟待解决的一个问题。

随着计算机和网络的迅速发展,许多新的信息技术随之产生,其中依靠虚拟现实技术而产生的虚拟实验室也逐渐引起人们的关注,学习者可在虚拟仿真实验室中自主进行化学实验操作与设计。NOBOOK是笔者在教学中选用的一款虚拟实验平台软件,其软件账号在不同设备和系统上登录使用时,支持数据云端储存,资源自动实现同步。教师可随时随地进行实验资源的管理,可针对课后反馈和思考,在原实验的基础上不断进行改进,实现教学效果的螺旋式上升。

一、意义价值

1. 解决"无法进行演示实验"的困境

第三单元"木炭还原氧化铜"实验中,高温条件下较难达到;"一氧化碳还原氧化铜"实验中的一氧化碳有毒。对于此类较难进行演示的实验,教师可以在化学虚拟实验室中选择所需仪器和药品,开展化学实验教学,让学生体验到化学探究过程中的乐趣。在这些有危险性的实验中可能会出现一些因操作不当而造成的后果,而虚拟实验平台的视觉和音效为学习者提供真实实验情境,也会把不同操作的不同后果展现出来。例如,在操作时,如玻璃管炸裂等实验现象,给学生带来身临其境般的感受,能在一定程度上让学生感受到操作失误后的后果,避免今后在真实实验操作中产生类似的错误。有助于培养学生严谨求实的科学态度,培养学生严谨的实验安全意识。

同时"用红磷测定空气中氧气体积分数"实验中还能即时体现变化过程中各因素的变化,利用初中化学实验室中无法提供的现代化仪器,实现对实验现象的有效观察,对实验数据的准确收集。

2. 解决"实验现象难以观察、实验过程难以理解"的难题

在实验过程中,有些现象难以观察,借助软件让每位学生清晰观察到。例如,第三单元"电解水""氢气燃烧"实验中可以将不明显的现象放大,有利于观察。第二单元"构成物质的微粒",在化学变化过程中,微观粒子的变化是肉眼无法观察到的,可以利用 NOBOOK 实验平台将构成物质的微观粒子进行展示,而且是动态的变化过程,学生对分子、原子等微粒模型就有了更深的理解,有利于培养学生"模型认知"的科学素养,同时对化学变化的本质问题也有了更清楚的认识。

3. 提升课堂效率

很多实验需要点燃、加热、高温等条件,通过虚拟实验,可以缩短实验装置的搭建、组装等所需的时间,演示过程中可以把实验的重心放在实验的核心部分,提高实验教学效率。

4. 新的作业形式

利用 NOBOOK 化学虚拟实验室进行实验操作可以作为一种新的作业形式。例如,课后不布置传统的纸质作业,而是让学生借助软件,自行设计实验方案,进行实验。有利于提高学生的动手操作能力,同时在探究过程中不断思考,培养其科学探究精神。

二、教学实施

（一）利用虚拟实验平台优化化学教学

综上所述,虚拟实验可以解决"无法进行演示实验"的困境、"实验现象难以观察、实验过程难以理解"的难题、"实验装置搭建、组建慢"的问题。

以沪教版九年级化学教材实验内容为依据,对教材实验内容进行统计与分类,分析某些实验所存在的不足,对适合采用虚拟实验教学的实验进行教学设计。例如,第二单元中"红磷测定空气中氧气的体积分数""物质在氧气中燃烧""构成物质的微粒"实验;第三单元中"电解水""氢气燃烧"实验;第三单元中"二氧化碳和水反应""活性炭的吸附实验""木炭还原氧化铜""一氧化碳还原氧化铜"实验;第五、六单元中"酸和碱的性质研究""金属的化学性质""盐的化学性质""物质的检验与鉴别"实验。

（二）以"一氧化碳"教学为例

1. 化学性质——可燃性

【虚拟实验操作1】探究CO可燃性:点燃CO,在其火焰上方罩一只烧杯,一段时间后,往烧杯中倒入澄清石灰水。

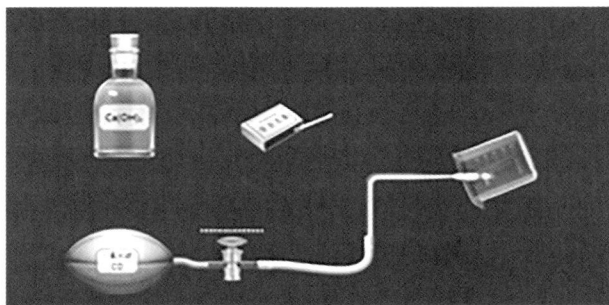

对于此类有毒有危险的实验,借助信息平台来观察,使实验现象清晰可见,同时培养学生的观察能力及表达能力。

2. 化学性质——还原性

【虚拟实验操作2】一氧化碳还原氧化铜

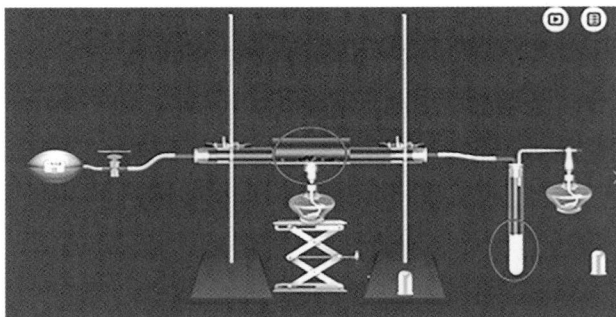

通过虚拟实验可以放大实验现象,同时每个学生都可借助软件演示实验,培养学生的科学探究能力。同时,通过对部分学生出现的错误操作进行思考,培养学生的科学思维。例如:

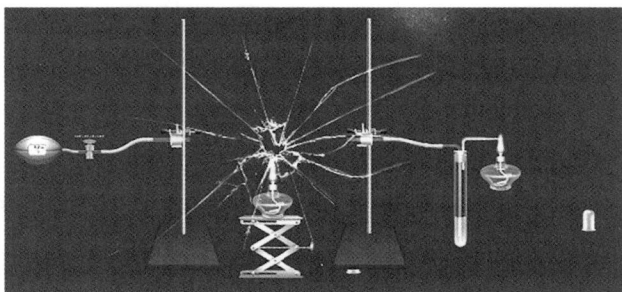

错误操作一:学生 A 先点燃酒精灯,后通入 CO 气体,导致玻璃管炸裂。

大家共同思考,积极回答,通过探讨,得出原因:玻璃管内 CO 不纯,高温加热引发爆炸。总结考点一:在操作中应先通一段时间 CO 气体,再点燃酒精灯。

在这个过程中,学生说出答案,而不是教师灌输,培养学生"发现问题,思考问题,解决问题"的能力,突出学生的主体地位。

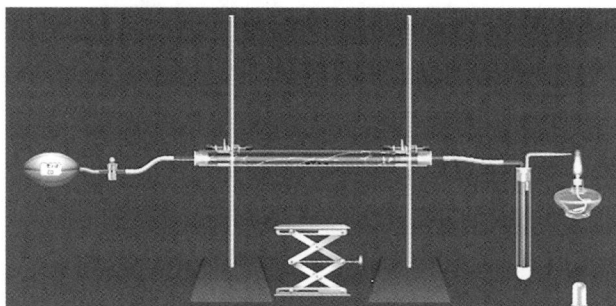

错误操作二:实验结束后,先停止通入 CO,再熄灭酒精灯,观察到玻璃管炸裂。

在这个过程中,同样通过学生讨论得出答案:停止加热后,玻璃管内压强小于外压,液体倒流进玻璃管中而使玻璃管炸裂。

总结考点二:应先熄灭酒精灯,再停止通入 CO。

通过问题讨论,培养学生交流的能力、分析解决问题的能力及总结归纳的能力,培养学生思考问题的严密性。

3. 课后作业

利用 NOBOOK 软件进行实验操作:改变作业形式,学生在家只要有手机、平板、电脑都可以登录。可以随时随地进行实验探究,并且根据操作顺序不同会看到不同的现象,培养学生科学探究与创新精神。

4. 教学后反思

在本节课一氧化碳性质的探究活动中,由于一氧化碳有毒,若在实验室开展,不仅耗时长且危险,玻璃管及尾气处理处都可能发生爆炸。相对于视频播放,虚拟实验可以放大反应现象,根据不同学生的操作会出现不同的现象,有利于培养学生科学探究与创新精神、证据推理与模型认知等化学学科核心素养。同时利用虚拟实验室给学生布置新形式的作业:进行课堂中一氧化碳相关化学实验操作。只要家里有平板、手机、电脑都可以随时进行操作。同时,学生已学了木炭还原氧化铜的实验,具有一定的实验基础,学生还可以选择不同的仪器搭建装置,进行实验改进。

(三) 实践成效

通过虚拟实验室的教学实践,学生自主学习、自主探究的能力有了一定程度的提高,学生可以借助软件随时进行课前预习和课后复习,在操作过程中有利于提升初中生的化学核心素养。在回家练习时学生可以同步根据实验需要进行仪器的选择、药品的取用、装置的搭建等。对课上实验进行重复,出现不同现象时寻找原因、解决问题,有利于提高学生的科学探究与创新意识。同时对现实生活中无法进行的实验,有些学生在学习化学后容易产生非常有趣而又有创意的想法,有些实验在实验室中无法完成,只有依靠网络多媒体信息技术进行模拟,有些实验需要借助最新的实验仪器,学校实验室无法满足。这样,借助网络多媒体信息技术不仅满足了学生的好奇心,帮助学生解决了心中的疑惑,而且激发他们对化学及化学实验的兴趣,提升他们的发散思维能力和创造能力,更有利于他们日后的学习。虚拟实验改变了以往传统实验中存在的不足,提高了学生的参与度,促进学生实验创新能力和科学探究能力素养的提升,为学生提供了一个充分发挥想象力和创造力的平台。

在教学完成后,我通过问卷调查及与学生谈话的形式,了解学生对线上教学模式的态度和教学效果,发现学生对知识的理解能力更强,学习兴趣更浓。学生的化学核心素养主要包括化学观念、科学思维、科学探究与实践、科学态度与责任,都有了一定程度的提升。在虚拟实验教学过程中,大部分学生认为自己的想象力和创造力得到了提升。

在《新课标》理念的指导下,化学教师应树立全新的实验教学资源观,尝试把虚拟实验和真实实验有效地结合起来,相互补充,相辅相成。信息技术带来的不仅是丰富的教学资源,更为重要的是教学理念的转变。作为与生活密切相关的化学学科,更应将现代化信息技术手段巧妙地运用到教学过程中,丰富化学课堂教学信息,真正落实化学新课程的实施要求,使化学教学呈现出创新活力和勃勃生机。进一步激发每一个学生的创新和探索能力,充分调动每一个学生学习化学的积极性,不断提高整个化学学科的教学效率,为学生的学习带来更多丰富的学习体验,方便学生更加积极自主地开展学习探究,从而进一步培养学生的学习兴趣,以此促进学生化学核心素养的提高。

本文作者:李佳茜

利用互联网实现初中英语课堂中的因材施教

一、利用互联网实现因材施教的背景

目前,我国初中英语课堂教学都是采用班级为单位,班级授课制有其优势,如能提高教学效率,教学质量较为稳定。但是,在教学中,每个初中生都有其极大的差异性,每个学生生长发育的不平衡性和差异性,学习背景的不同,性格和主观能动性的不同都会影响其学习的效率和效果。"孔子教人，各因其材"是宋代朱熹对孔子教育实践的概括，经后人实践与发展概括为"因材施教"。"因材施教"既不是新课题，也不是新要求，而是我们应传承的优秀教育原则和方法。《义务教育英语课程标准(2022年版)》指出，要满足学生因起点不同而学习要求不同的情况，为学有余力的学生提供选择课程，有利于因材施教，确定起始年级和学习内容的要求，灵活安排教学进度。

初中英语在课堂教学中也应在关注整体学生的基础上，加大对每个学生的关注，使每个学生在学习中都能有所学，有所进步，提升对英语学习的兴趣和主动性。但是，由于时间和空间的影响，因材施教的教学在开展过程中并不十分顺畅。"互联网+"教育使英语课堂教学突破了传统教学的时空限制，使师生的交流能在更加丰富的层面上展开，实现了英语教与学的开放性、交互性、共享性、协作性和自主性。英语教师可以利用互联网教育的特性更好地在备课过程中对课堂内容进行深加工，对教学的过程勤思考，对课后的作业进行精准备，以便在预习、课堂和课后等方面全面培养所有学生的英语学科素养。同时，更加关注学生的主体性，充分考虑学生的个体差异，利用互联网促进学生的个性化发展，更好地实现英语课堂教学中的因材施教。

二、互联网教学对初中英语课堂教学中因材施教实施的意义

(一) 互联网教学在备课期间为因材施教提供基础

利用互联网教学给备课提供更多素材。在英语课堂教学中，每个学生在接受知识时高效的方法是有差异的。有些学生对图片的敏感度较高，有些对声音、文字等的敏感度较高。在利用互联网备课时，可以参考空中课堂等专家的课例，引用其中适合不同学生的教法和教学资料，同时也可以收集更多的视频、声音、文字等内容的材料，给课文多一些助力，帮助不同学生进行行之有效的学习。

(二) 互联网教学在教学过程中令因材施教更加实际

互联网教学使课堂的因材施教变得可能。教师可以使用SPOC模式或翻转课堂实现教学的个别化和分层教学。教师可以提前录制相关的导入课，或在相应平台中提前提供有关的影音或文字材料，给学生更多的学习自主权。对基础较薄弱的学生通过反复观看达到学习效果。在课堂中，教师引导学生培养解决

问题的能力,通过师生交流,生生活动交流,实现学习内容的答疑解惑以及深入思考,即为基础薄弱的学生提供再次学习,获得教师和同伴的帮助,使其学会基础性知识及一些学习策略。同时对中等和较高水平的学生,提供对自己学习进行反思和深化的目的。在交流和生生的互助中,使其解决问题的能力得到提高,培养其批判性思维能力和创造性思维能力。使其在英语课堂教学中因材施教的实施更加有效更加切合实际。

(三) 互联网教学在课后评价和作业布置使因材施教更具效果

传统课堂教学中,教师在布置作业时虽然也会针对不同学生布置分层作业,但在实际操作中,由于班级授课的限制,分层作业的讲评比较困难。而互联网教学在这一点上提供了助力。不同的学生在作业上的问题不同,教师针对不同的作业可以通过提前录制的微课给学生进行核对和解答。一方面节约了课堂中的时间,另一方面也让不同层次的学生根据教师所给的评价和讲解更高效地学习,更实际地解决学习中和作业中的问题。同时,教师也可以提取各类学生的共性问题,并在课堂中讲解和巩固,给学生更多的学习建议,使学生在课后有更多的进步空间。

三、利用互联网在初中英语课堂中因材施教实施的实践以及效果

《义务教育英语课程标准(2022 年版)》指出要大力开发和利用数字学习资源。计算机和数字技术为学生的个性化学习和自主学习创造了有利条件。通过互联网,学生可以根据自己的需要选择学习内容,使学生之间更有效地互相帮助,分享学习资源。因此,利用互联网帮助实现因材施教要贯彻此思想原则。要尝试在课前、课中、课后利用互联网进行备课、上课的预习以及回家作业的布置与评价。结合我校对线上教学的要求以及教研组、备课组的规划,考虑到学生的差异性,以牛津(上海版)unit 2 Going to see a film 中的第一课时 Reading:Choosing a film 为例,简述利用互联网教学在初中英语课堂中实施因材施教的实践及效果。

(一) 备课阶段

1. 教学内容和学生情况分析

(1) 教学内容

本篇阅读是以对话方式呈现的语篇,内容是学习如何阅读观影指南并根据

个人喜好发表意见。这个话题的讨论非常贴近学生,贴近生活,但其难点在于同意或不同意的意见表达。第10页上列出了一个电影指南,学生可以模仿第9页上学到的对话,讨论看哪一部电影。

(2) 学生情况

初一(5)班一共34人,其中女生13人,男生21人,学生英语基础较薄弱,英语表达能力也相对较弱。学生不善于用自己的语言来表达自己的感受。班级中在初一时转走了3个好学生,因此课堂气氛比较沉闷。虽然不善于表达,但本班学生善于找细节,因此能通过一些给定信息生成一些短对话。在不断充实丰富的过程中,使学生的表达尽可能真实、自然与丰富。

2. 备课

利用网络资源,寻找一段介绍电影的英语视频,并且根据不同水平的学生选择简单、中等、困难三种不一样的电影预告片,还有一些关于不同电影题材用英语介绍的改编版本。将这些学习材料提前放在钉钉群中。给不同学生提供不同的词汇帮助和拓展,并让学生在看完视频后选一个自己学到的关于电影的词,用自己喜欢的方式展示出对单词的理解,并放在钉钉群中。

3. 效果

根据统计,班中的学生都观看了不止一个视频,有些视频更是多次回看。每个学生都根据兴趣选出了一个自己学到的词汇,有些把读音、拼写呈现了出来;有些将自己的读音和造句进行了分享;还有一些为单词配了图片。每一个学生都根据自己的学习方式进行了对词汇的学习。

(二) 课堂教学阶段

1. 分享环节

在本环节中,教师将来自不同学生的学习模式和单词进行展示和交流,如播放学生的读音,让其他学生拼写和释义,并与专业的读音进行对比,找出异同和修改的地方;对学生画的图片进行展示,并要求其他学生说出单词;对学生的句子进行修改和填空,帮助其他学生学习词汇和运用词汇。

设计意图与效果:让每个学生的优点和长处都得到肯定和鼓励,几乎所有的单词都运用了学生提供的素材,促进了生生互动。同时,在课堂中,由于材料来自学生,学生学习的热情十分高涨,也推动其他学生的学习和成长。

2. 引入课文,并进行填表

教师设计相应的图表,引导学生阅读课文,并用自己的语言进行相应的描述。

设计意图和效果:利用此表来检查学生的听课情况。学生在复述过程中复习本课出现的新授词汇和句型,增加了新知识点复现率。对基础较差的学生,此过程也能帮助其完成表格,梳理课堂内容。

3. 运用课文,结合已观看的视频进行观点的表达

让学生用固定的表达对课文中的电影进行观点表达和阐述,再对自己已看的视频进行观点表达和阐述。

设计意图和效果:通过书本和学生自己感兴趣的材料进行观点表达,更贴近实际,部分优秀学生能运用在视频中的词汇对自己的表达进行润色;基础较薄弱的学生也可根据课文进行相应表达,巩固已学的单词和句型,再次增加了知识的复现率,使学习更有效。大部分基础较为薄弱的学生也能用正确简单的词来表达自己的观点。

4. 交流自己喜欢的电影

教师邀请学生根据课堂所给模板来交流自己喜欢的电影,并交流分享。其他学生做记录。

设计意图与效果:英语学科重在交流和分享,而这个活动本是同一课的post-task,对基础薄弱的学生在课前提供一些影音的视频和文字资料,在课堂上对一些有关词汇和句型进行多次操练;基础较好的学生观看相应电影的完整版。因此,在课上提供学生更多的机会交流自己所喜欢的电影,既符合他们的兴趣,也符合他们的年龄特征,让他们更加具有表达的欲望。这样一来让学生有锻炼口语的机会。其他学生利用表格对所分享同学的内容进行记录,锻炼听力。

(三)课后作业与评价阶段

作业布置:完成homework sheet;利用芝士网进行课文跟读;选择一个喜欢的电影片段进行配音并发送到钉钉群,每个学生需要对其他同学的配音进行评价。

设计意图与效果:对不同层次的学生进行作业布置,如对基础较弱的学生要求完成相应的练习,跟读文章即可。对基础较好的学生要求除前几项作业外额

外增加电影的配音和评价。在实际操作中,几乎所有的学生都进行了不同难度不同类型的电影配音,第二天在课堂反馈中,选取部分学生的优秀作品及部分学生的评价。

四、利用互联网在初中英语课堂教学中因材施教实施的总结

英语课堂教学既要保证全体学生的学习效率,又要为不同的学生谋划不同的学习方式和学习内容。利用好互联网这个工具,对教材进行深加工,在课堂教学中运用更多的教学方法,保证学生的主体地位,激发学生的学习热情和求知欲,发挥学生对学习的主观能动性。需要注意的是,英语学科强调的是语言的运用和输出,通过各类活动提高学生的听说读写能力。因此,将网上与教材内容有关的优秀素材加入课堂教学中,让能力较强的学生有继续开口和创新的机会,让能力较弱的学生也能对关键知识点进行复习,对听说读写技巧进行初步训练。

通过互联网技术,采用拍照的形式直接呈现课堂教学的学习成果,并在第一时间分享。在这一部分中,教师需要在课前做更多的准备工作,如关注不同层面的学生,观察课堂教学的学习情况;对所有学生作业进行整合和整理。互动形式也可多种多样,对不同学生要求不同,互动时注意同伴的互助和合作,增强学生学习能力,培养学生的合作能力、合作精神以及助人为乐的精神。除此之外,精选作业,着重反馈,促进巩固的有效性。例如,在课堂中没有办法让每个学生进行同样内容的重复和读音的纠正,而英语学习中的语音语调又非常重要,因此使用芝士网的跟读功能,对学生的语音进行打分,让学生更直观地纠正自己的语音语调。

总之,为了实现每个学生的个性化发展,实现初中英语课堂的因材施教,可以利用互联网这个助手,遵循英语教学规律,面向全体学生,关注学生个体差异,充分挖掘各层次学生的潜能,并作出及时、科学、有效的评价,使英语教学跟上时代的步伐,增进教学的有效性。

本文作者:陆壬佳

第三节 评议与反思

从当前的情况看,随着信息技术在教育领域中的充分应用,我国已经在基础教育信息化促进教育公平和信息技术与课程整合等方面开展了较多的实践探索。伴随着信息技术与教育教学的深度融合,技术赋能已经成为教育信息化领域的研究热点和实践突破口。[①] 信息技术对赋能教育改革发展,课程教学领域的改革是一个重要的领域,也是一个需要攻关的困难领域。当前,我国教育改革正围绕教育发展的重大问题和群众关心的热点问题向纵深推进,如何借助信息技术的便利打造更优质的教育教学体系是一个重要的改革方向。从新中初级中学的改革角度看,教师已经普遍树立了信息技术和数据驱动的改革意识,在教学过程中的探索也已经逐步实施,但是总体而言,这些探索还相对零散。如何真正适应信息技术变革需要,建构系统的"线上线下"融合的新时代教育教学和评价体系,更好地落实"双新"改革,学校还需要有更系统的设计和更持久的努力。

---

① 万昆,任友群.技术赋能:教育信息化2.0时代基础教育信息化转型发展方向[J].电化教育研究,2020(6):45-46.

主要参考文献

1. 赫尔巴特.普通教育学·教育学讲授纲要[M].李其龙,译.北京:人民教育出版社,1989.

2. 吴志宏,陈韶峰,汤林春.教育政策与教育法规[M].上海:华东师范大学出版社,2003.

3. 杜威.道德教育原理[M].王承绪,译.杭州:浙江教育出版社,2003.

4. 扬·麦克.未来的课程[M].谢维和,王晓阳,等译.上海:华东师范大学出版社,2003.

5. 胡定荣.课程改革的文化研究[M].北京:教育科学出版社,2005.

6. [美]巴克教育研究所.项目学习教师指南——21世纪的中学教学法[M].任伟,译.北京:教育科学出版社.2008.

7. 胡惠闵,王建军.教师专业发展[M].上海:华东师范大学出版社,2014.

8. 林崇德.21世纪学生发展核心素养研究[M].北京:北京师范大学出版社,2016.

9. 夏雪梅.项目化学习设计:学习素养视角下的国际与本土实践[M].北京:教育科学出版社,2019.

10. 中华人民共和国教育部.义务教育课程方案(2022年版)[S].北京:北京师范大学出版社,2022.

11. 韩延明.理念、教育理念及大学理念探析[J].教育研究,2003(9):65-66.

12. 张行涛.教育与社会共变格局与过程[J].集美大学学报,2004,5(01):48-49.

13. 陆旭东.教师课程权利意识薄弱的成因及对策[J].教育发展研究,2005(01):61-62.

14. 彭寿清.学科德育:一种有效的德育模式[J].重庆大学学报(社会科学版),2005,11(05):71-72.

15. 王兆璟.论有意义的教育研究[J].教育研究,2008(7):58-59.

16. 郑金洲.教师教育科研三十年的变迁进程[J].上海教育科研,2008(10):67-68.

17. 但武刚.高师本科教育学教学"过程评价"的尝试[J].课程·教材·教法,2008(12):73-74.

18. 王艳华.跨学科理论及其发展综述[J].科技创新导报,2009(33):65-66.

19. 郭方玲,吉标.新课程改革中的教师消极心态:反思与改造[J].当代教育科学,2010(07):57-58.

20. 胡惠闵.从区域推进到以校为本:校本研修实践范式研究[J].教育发展研究,2010(24):71-72.

21. 张侨平,林智中,黄毅英.课程改革中的教师参与[J].全球教育展望,2012(06):68-69.

22. 刘涛.教师成为研究者:急需澄清的三个问题[J].教育发展研究,2012(12):71-72.

23. 李辉.我国基础教育学校课堂改革概览与展望[J].中国教育学刊,2013(08):81-82.

24. 陈时见.高质量教师队伍建设是教育强国建设的中坚力量[J].中国电化教育,2013(10):68-69.

25. 李·舒尔曼.标志性的专业教学法:给教师教育的建议[J].全球教育展望,2014(1):64-65.

26. 崔允漷,王少非.教师专业发展即专业实践的改善[J].教育研究,2014(09):55-56.

27. 刘冬梅.教学改革境界论[J].教育理论与实践,2014(19):69-70.

28. 任友群,等.追寻常态:从生态视角看信息技术与教育教学的融合[J].中国电化教育,2015(1):81-82.

29. 郭冉,赵胜男,储春艳.基于项目的协作学习在大学英语听说教学中的实践与研究[J].价值工程,2015,34(06):71-72.

30. 张紫屏.基于核心素养的教学变革——源自英国的经验与启示[J].全球教育展望,2016(7):76-77.

31. 中国教育科学院课程教学改革研究所.深化课程改革是落实立德树人根本任务的必由之路[J].中国教育学刊,2017(07):78-79.

32. 曹培杰.未来学校的兴起、挑战及发展趋势——基于"互联网+"教育的学校结构性变革[J].中国电化教育,2017(7):67-68.

33. 范敏,刘义兵.斯腾豪斯的"教师成为研究者"思想[J].全球教育展望,2017(08):71-72.

34. 夏雪梅.项目化学习:连接儿童学习的当下与未来[J].人民教育,2017(23):68-69.

35. 余文森.论学科核心素养形成的机制[J].课程·教材·教法,2018(01):69-70.

36. 刘铁芳,位涛.教育研究的意蕴与教育研究方法的多样性[J].吉首大学学报(社会科学版),2018,39(01):45-46.

37. 杨宗凯,吴砥等.教育信息化2.0:新时代信息技术变革教育的关键历史跃迁[J].教育研究,2018,39(04):56-57.

38. 朱旭东,李育球.新时代教育强国的新内涵建构[J].重庆高教研究,2018,6(03):65-66.

39. 王定华.新时代我国教师队伍建设的形势与任务[J].教育研究,2018(03):69-70.

40. 胡定荣.全面发展·综合素质·核心素养[J].新疆师范大学学报(哲学社会科学版),2018,39(06):71-72.

41. 谭维智.教育学核心概念的嬗变与重构——基于新时代中国特色教育学话语体系建构的思考[J].教育研究,2018(11):76-77.

42. 白显良,崔建西.新时代立德树人的价值定位、时代内涵与实践要旨[J].思想理论教育,2018(11):81-82.

43. 赵虹元.学科德育的价值及边界[J].中国德育,2018(22):85-86.

44. 王枬.未来学校的时空变革[J].全球教育展望,2019(2):71-72.

45. 崔允漷.如何开展指向学科核心素养的大单元设计[J].北京教育(普教

版),2019(02):78-79.

46. 邹广文,杨景玉.新时代教育如何立德树人[J].人民论坛,2019(2下):56-57.

47. 王运武,黄荣怀,杨萍,李璐,王宇茹.改革开放40年中国特色信息技术学的回顾与前瞻[J].现代远程教育研究,2019(3):65-66.

48. 李政涛,罗艺.面对信息技术,教育学理论何为[J].华东师范大学学报(教育科学版),2019(4):65-66.

49. 李云星,王良辉,周跃良.信息技术的教育理论意蕴及其限度[J].华东师范大学学报(教育科学版),2019(5):68-69.

50. 汪桂琼.校本研修:20年实践回顾及未来展望[J].教育科学论坛,2019(05):57-58.

51. 郭华.70年:课堂教学改革之立场、思想与方法[J].中小学管理,2019(09):51-52.

52. 李润洲.指向学科核心素养的教学变革[J].教育科学研究,2019(09):65-66.

53. 牛楠森."办学理念":概念辨析及其"诞生"[J].中小学管理,2019(11):45-46.

54. 吴南中,夏海鹰,张岩.信息技术推动教育形态变革的逻辑、形式、内容与路径[J].中国电化教育,2019(11):48-49.

55. 王欣玉,张姜坤.学科德育的基本要素分析[J].中国德育,2019(11):54-55.

56. 任兆妮."立德树人"教育理念的发展脉络及其内涵研究[J].南方论丛,2019(12):71-72.

57. 荀渊.未来教师的角色与素养[J].人民教育,2019(12):63-64.

58. 侯玉雪,杨烁,赵树贤.学校治理背景下教师参与学校管理的困境及对策研究[J].教育理论与实践,2019,39(13):71-72.

59. 韩喜平,李帅.习近平关于新时代教师职业重要论述的价值意蕴[J].福建师范大学学报(哲学社会科学版),2020(01):81-82.

60. 罗生全,王素月.未来学校的内涵、表现形态及其建设机制[J].中国电化教育,2020(1):56-57.

61. 王嘉毅,曹红丽.新中国70年教育研究方法:变迁、反思与展望[J].中国教育科学,2020,3(01):54-55.

62. 李政涛.现代信息技术的"教育责任"[J].开放教育研究,2020(2):67-68.

63. 刘微."大概念"视角下的单元整体教学构型——兼论素养导向的课堂变革[J].教育研究,2020(06):61-62.

64. 万昆,任友群.技术赋能:教育信息化2.0时代基础教育信息化转型发展方向[J].电化教育研究,2020(6):73-74.

65. 王菲菲,陈爱武.跨学科课程及其实践探索[J].教育与教学研究,2020,34(07):54-55.

66. 朱立明,等.新时代教育评价改革的思考[J].中国考试,2020(09):59-60.

67. 郭华.教学改革的初心与坚守[J].中小学管理,2021(05):71-72.

68. 张敬威,于伟.学科核心素养:哲学审思、实践向度与教学设计[J].教育科学,2021,37(07):65-66.

69. 程天君.谁来评价、评价什么与如何评价——深化教育评价改革的三个基本问题[J].中国电化教育,2021(07):73-74.

70. 王晓莉,赵兰.卓越教师适应性专长发展的叙事研究[J].全球教育展望,2021(09):67-68.

71. 赵冬冬,朱益明.普通高中育人方式改革的理论要义、现实挑战与实施建议[J].中国教育学刊,2021(9):49-50.

72. 张志勇,张广斌.义务教育课程改革的政策逻辑与生态构建——《义务教育课程方案和课程标准(2022年版)》解读[J].中国教育学刊,2022(05):59-60.

73. 谢登科.对高中"双新"改革中五对关系的思考[J].中小学校长,2022(06):65-66.

74. 于建涛.培养学科核心素养的"三大策略"[J].中国教育学刊,2022(08):71-72.

75. 夏雪梅.指向核心素养的项目化学习评价[J].中国教育学刊,2022(09):67-68.

76. 夏雪梅.跨学科项目化学习:内涵、设计逻辑与实践原型[J].课程·

教材·教法,2022,42(10):68-69.

77. 赵雪晶.深度教研:从流程规范走向品质提升[J].人民教育,2022(19):48-49.

78. 王鉴.我国基础教育课堂教学方法改革及体系建构[J].课程·教材·教法,2023,43(03):77-78.

79. 汤雪萍,郭元祥.指向学科核心素养的学习任务单设计[J].中国教育学刊,2023(07):65-66.